湖南师范大学社会学省级一流本科专业建设点资助成果

社会融入视角下的新生代农民工就业质量研究

郭　庆◎著

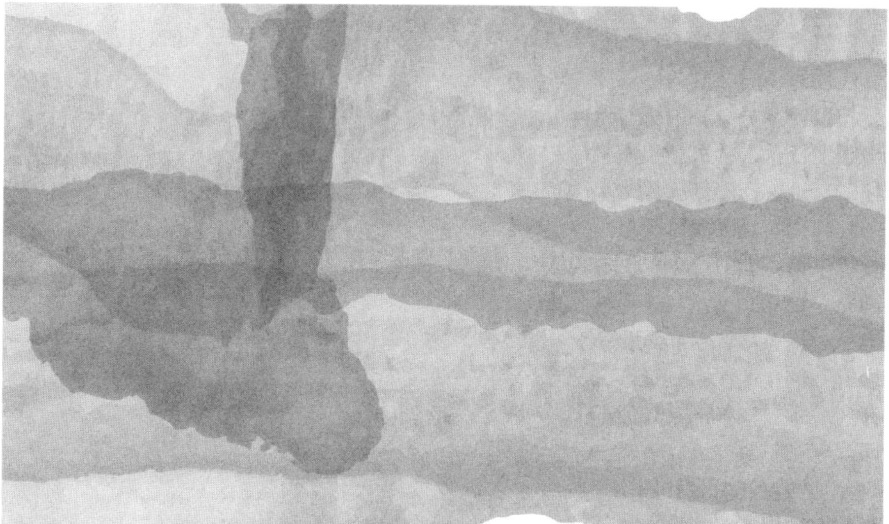

吉林大学出版社
长春

图书在版编目（CIP）数据

社会融入视角下的新生代农民工就业质量研究 / 郭庆著. -- 长春：吉林大学出版社，2021.6
ISBN 978-7-5692-8481-2

Ⅰ. ①社… Ⅱ. ①郭… Ⅲ. ①民工—劳动就业—质量—研究—中国 Ⅳ. ① D669.2

中国版本图书馆 CIP 数据核字（2021）第 127204 号

书　　名：社会融入视角下的新生代农民工就业质量研究
SHEHUI RONGRU SHIJIAO XIA DE XINSHENGDAI NONGMINGONG JIUYE ZHILIANG YANJIU
作　　者：郭　庆 著
策划编辑：卢　婵
责任编辑：卢　婵
责任校对：周　鑫
装帧设计：黄　灿
出版发行：吉林大学出版社
社　　址：长春市人民大街 4059 号
邮政编码：130021
发行电话：0431-89580028/29/21
网　　址：http://www.jlup.com.cn
电子邮箱：jdcbs@jlu.edu.cn
印　　刷：武汉鑫佳捷印务有限公司
开　　本：787mm × 1092mm　1/16
印　　张：21
字　　数：260 千字
版　　次：2021 年 6 月　第 1 版
印　　次：2021 年 6 月　第 1 次
书　　号：ISBN 978-7-5692-8481-2
定　　价：168.00 元

前　言

就业是民生之本、富民之基，也是经济发展的重中之重。我们党和政府历来高度重视就业质量问题，十九届五中全会进一步提出要提高人民收入水平，强化就业优先政策。

作为一个特殊的乡城移民群体，新生代农民工的就业质量是一项复杂、特殊的系统工程，它不仅仅是物质待遇上的强大，而且是认知、精神和行为上的强大，涉及职业待遇、职业行为、文化观念、职业精神、身份意识等多个层面对非农职业的适应、转变与融入。因此，新生代农民工就业质量与社会融入紧密相关，对新生代农民工就业质量的研究不能仅仅考察其普适性的就业问题，还必须充分关注其特殊的社会融入性问题。鉴于此，本研究立足于社会融入视角，探讨新生代农民工就业质量的理论内涵、结构维度、影响机制和提升路径等问题，以期掌握新生代农民工就业质量的独特规律，并为相关部门提供决策参考和依据。

本研究采用定量分析为主、定性分析为辅的方法进行研究。首先，通过四阶段随机抽样、配额抽样等多种抽样方式在上海市、湖南省长沙市、江西省新余市展开问卷调查，共收集了3105份样本数据；其次，通过深度访谈和小组座谈的形式，对部分典型调查对象进行了访谈和座谈。

研究分析的主要内容和主要结论体现在以下6个方面：

第一，新生代农民工就业质量的理论内涵研究。本研究根据社会融入理论对新生代农民工就业质量的特殊内涵进行阐释。研究表明，新生代农民工的就业质量的提升是一个由结构融入到内核融入的全方位进程，即由就业权益扩大、经济地位提升等外在表现，逐步过渡到对职业行为、职业文化、职业身份等方面的内在适应、接纳与认同。

第二，新生代农民工就业质量的指标测量和结构维度研究。本研究从社会融入视角构建新生代农民工就业质量的测量指标体系，并利用因子分析法、信效度检验等方法进行验证。研究表明，新生代农民工就业质量由职业待遇整合、职业文化接纳、职业行为适应和职业身份认同4个维度构成，各维度的因子载荷系数、方差贡献率、模型拟合指数等均较为理想，具有良好的信度和效度。

第三，新生代农民工就业质量的基本状况研究。本研究利用频数分析、访谈资料分析以及因子综合测评分析等方法，探讨了新生代农民工就业质量的基本状况。研究表明，一方面，新生代农民工就业质量的总体状况仍然不够理想，主要表现为：在职业待遇整合上，工作时间长，而工资水平低；社会保险权益缺失的问题还比较突出；就业培训参与比例低，缺少职业晋升的渠道和机会。在职业行为适应上，职业知识技能存在“浅层适应、深度区隔”的问题；与上司/雇主、同事以及顾客之间均存在不同程度的职场人际交往困局；职业心理适应还存在职业压力难以调适、职业发展信心和自我价值感缺失等消极因素。在职业文化接纳上，组织文化融入明显不足，敬业精神、工匠精神、团队精神等职业精神存在系统性缺失问题。在职业身份认同上，身份归属比较多元与模糊，职业情感比较消极。另一方面，不同维度间的就业质量发展水平并不一致，具体表现为职业待遇整合>职业行为适应>职业身份认同>职业文化接纳，即新生代农民工职业待遇整合的绝对水平虽然不高，但发展相对较快，而在职业行为适应、文化观念、身份认同等更为深刻的领域的发展则尤为滞后。

第四，新生代农民工就业质量的影响机制研究。本研究利用多元回归模型，考察了新生代农民工就业质量的影响机制。研究表明，个体特征、流动特征、就业特征、人力资本特征、社会资本特征变量均在不同程度上发挥着显著影响，凸显了新生代农民工就业质量影响因素的多元化和差异性。此外，研究还发现，新生代农民工个体的各种资源禀赋对职业待遇整合的解释程度最高，其次是职业行为适应和职业身份认同，对职业文化接纳的解释力最小，说明已有的政策重点依旧集中在工资、社保等领域，对职业适应与身份认同等社会心理层面的关注度非常欠缺，其作用力也非常有限，“经济接纳、社会拒入”现象在就业质量领域也得到了体现。

第五，社会融入对新生代农民工就业质量的影响及其地区差异研究。本研究利用结构方程模型，探讨了社会融入因素对新生代农民工就业质量的影响效应及其地区差异。研究表明，总体上，新生代农民工的社会融入状况对其就业质量具有显著的正向影响。此外，从地区差异看，社会融入因素对不同类型城市新生代农民工就业质量的影响存在显著差异，其中对超大城市的影响作用最为突出，其次是大城市，对中小城市的影响最小，说明大城市尤其是超大城市新生代农民工面临的社会融入环境更加复杂，对其就业质量的影响也更加突出，中小城市新生代农民工面临的社会融入环境更加单一，对其就业质量的影响也相对简单。

第六，全面提升新生代农民工就业质量的对策研究。本研究从“多元主体整合、四个维度引领、城市融入驱动”三个方面提出促进新生代农民工就业质量提升的对策体系。一是要建立起社会协同的就业支持系统，通过政府、用人单位和新生代农民工自身的共同努力，实现新生代农民工高质量就业。二是要找准职业待遇整合、职业行为适应、职业文化接纳和职业身份认同四个维度的着力点，不仅要继续完善工资、社保等直接的劳动权益保障，同时要使其在就业行为、文化和心理上都展现良好的适应、接纳与认同状态。三是要推动制度融入、经济融入、文化融入、社会关系融入和心理融入等全方位的融入，为新生代农民工就业质量的提升构建良好的社会融入环境。

本研究可能的创新点有三个方面：一是在研究视角上，始终围绕新生代农民工的特殊问题，从社会融入角度对新生代农民工就业质量的概念和维度进行了重新认识和思考，有助于克服以往单纯考察就业理论的局限性。二是在研究内容上，全面考察了新生代农民工在职业待遇整合、职业行为适应、职业文化接纳和职业身份认同上的基本状况、差异特征和影响因素。三是在研究方法上，采用不同计量方法探讨了新生代农民工就业质量的测量指标、基本现状和影响因素，同时利用访谈和座谈资料来充实模型分析结果，进一步增强了结论的稳健性。

目　录

第1章 绪 论

1.1 问题的提出

就业是民生之本、富民之基，也是经济发展的重中之重。其中，农民工群体的就业质量是党和政府高度重视的民生问题。自2006年1月国务院印发《关于解决农民工问题的若干意见》以来，国家对农民工就业工作的重视程度不断提高。2014年9月，国务院颁布《关于进一步做好为农民工服务工作的意见》，强调“各地区、各有关部门要进一步做好新形势下为农民工服务工作，着力稳定和扩大农民工就业创业、着力维护农民工的劳动保障权益”。2016年5月，李克强总理在就业工作座谈会上的讲话中指出：“农民工是庞大而特殊的就业群体，要围绕促进农民工就业，加强就业指导、职业介绍、权益保护等服务。”2017年11月，习近平总书记在党的十九大报告提出：“提供全方位公共就业服务，促进农民工多渠道就业创业。”2020年10月，党的十九届五中全会又进一步提出要提高人民收入水平，强化就业优先政策。尽管党中央国务院在解决农民工就业问题上取得了一定的成绩，但不得不说，这一群体的就业质量依然不容乐观。2019 年《全国农民工监测调查报告》数据显示，农民工月均收入 3962 元，他们主要在制造业、建筑业、批发和零售业、居民服务修理等门槛较低的行业就业，这些就业行业普遍存在工资待遇低、工作强度大、社会保险参保率不足、工作缺乏稳定性等就业质量较差问题。

当前，新生代农民工成为农民工和产业工人队伍的主体力量，他们既和过去的老一代农民工一样面临共同的就业难题，同时在新时代的背景下也具有了新的内涵与特征：一方面，他们具有较强的城市融入愿望。新生代农民工从传统的小农经济和农业耕种活动中脱离出来，通过进城就业创业成为“工薪一族”、个体工商户或私营企业主，直接参与到现代产业经营活动之中，并渴望在城市购房、成家立业，实现他们的城市梦；另一方面，他们对就业有了更高的追求，既希望在工作上增加收入，获得相关的职业知识与技能，同时又希望在工作中得到平等的对待和社会的尊重，并收获友谊、扩大朋友圈、倾诉情感困境等，反映出新生代农民工对职业物质与精神需要的全方位升级。

然而，从现实上来讲，新生代农民工的就业质量与城市融入状况却依然堪忧。尽管他们与农业、农村的联系减少，但这并不能改变他们农村人、外来人的身份。相反，低学历、身份歧视和流动性因素的存在，使得新生代农民工在进城之初就被贴上了素质低下等负面的标签和“人设”，并出现种种就业区隔问题：收入低、劳动强度大、社会保障权益难以得到满足；①

① 徐道稳. 生存境遇、心理压力与生活满意度——来自深圳富士康员工的调查［J］. 中国人口科学，2010（04）：104–110，112.

职业规划等职业文化素养缺乏，影响了就业的稳定性；长期漂泊在外，职业心理紧张与无助导致职业适应性差、抗压能力不足，产生职业角色认同危机；等等。[①] 当新生代农民工难以适应和融入现代企业文化的时候，打工的意义可能就此轰然坍塌，前方城市融入之路被堵死，后方返回农村之路也几乎封闭，身处这种两难处境中的新生代农民工不知何去何从，由此带来一系列的职业发展与社会融入危机，甚至走向绝望的不归之路。2010年某大公司十几连跳自杀悲剧的发生与轰动，正是新生代农民工追求职业适应与职业发展无望时的绝望表达。

因此，新生代农民工的这些就业诉求和就业变化，使得他们的就业质量变得更加复杂和特殊。换句话说，作为一个特殊的移民群体，新生代农民工在就业质量的表现方面也具有一定的特殊性，其在就业中遇到的收入低、劳动强度大、短工化、抗压能力不足等种种问题，从根本上来说反映了新生代农民工就业的城市融入性不足。因此，社会融入是新生代农民工面临的特殊问题，如何将新生代农民工的就业质量与城市融入联系起来，构建具有新生代农民工特色的就业质量理论体系与现实对策，成为新时代下决策者和研究者需要重点关注的方向。

基于以上理论和现实背景，本研究从社会融入的视角出发，对新生代农民工就业质量的概念内涵和结构维度进行理论思考，在此基础上，利用微观调查数据和数理统计模型，对新生代农民工就业质量的结构构成进行实证检验，并进一步分析新生代农民工就业质量的影响因素，以期为研究新生代农民工的就业质量问题提供新思路、新方法，同时为相关部门全方

① 谭明，方翰青．新生代农民工职业心理困境与成人心理教育对策研究［J］．职教论坛，2012（04）：47-51.

位地提升新生代农民工的就业质量和推进以人为本的新型城镇化战略提供重要的政策参考意义。

1.2 研究意义

如何有效提升新生代农民工的就业质量历来是党和政府高度重视的民生问题，同时也是社会学、经济学、管理学等各个学科广泛关注的议题。本研究从社会融入理论的角度构建新生代农民工就业质量的研究框架，并基于新生代农民工的抽样调查数据进行实证分析，这无论从理论的角度，还是从现实的角度，都具有重要的研究意义。

1.2.1 理论意义

第一，掌握新生代农民工就业质量研究的特殊性规律。新生代农民工具有与老一代农民工、大学生、普通就业者等不同的就业特征。对于新生代农民工来讲，就业与城市融入紧密相关，就业的意义不仅意味着挣钱谋生，同时也意味着融入城市，就业质量的提升过程，也应是其城市融入的过程。然而，直到目前为止，相关研究仍然倾向于简单的套用一般的就业质量研究框架，还没有很好地掌握新生代农民工就业质量的特殊性。对此，本研究以社会融入为理论视角，针对新生代农民工的性质、特点，从经济、文化、心理等全方位社会融入的理论层面对新生代农民工就业质量进行概念重构和实证测量，有助于克服以往单纯考察就业领域质量状况的局限性，丰富和深化新生代农民工就业质量的理论内涵与理论解释。

第二，完善新生代农民工就业质量的测评体系，特别是构建了针对新生代农民工特点的、可操作性强的评价指标。本研究从社会融入的视角对新生代农民工的就业质量进行评价，如何准确有效地展示就业质量指标的社会融入特征，并能与测量理论相对应，成为本研究的一大重点和难点。对此，本研究通过广泛收集相关文献，从职业待遇、职业适应、职业认同等方面编制新生代农民工就业质量指标体系，进而利用因子分析方法对新生代农民工就业质量的结构维度进行验证，这对于科学地探索新生代农民工就业质量的结构维度有十分重要的理论意义。

第三，以社会融入视角解释新生代农民工的就业质量，也可以弥补社会融入理论应用不足的缺陷，提升社会融入理论的解释力，拓展社会融入理论的研究应用范围。

1.2.2　现实意义

第一，维护新生代农民工的就业权益，助力相对贫困治理。新生代农民工普遍年龄较小，收入不高，买房、育儿等经济支出压力大，容易陷入相对贫困之中。习总书记提出：一人就业，全家脱贫。稳定和提升就业质量是反贫困最有效最直接的方式。因此，通过探究新生代农民工就业权益保护的现状、问题与对策，不仅有助于提升新生代农民工的就业保障水平，改善新生代农民工的生计状况，同时对于新时期的反贫困和相对贫困治理工作也具有重大推动意义。

第二，提升劳动力素质，推动供给侧结构性改革。社会理论研究需要回应现实，并服务于政策实践。在传统的研究框架下，就业质量研究总是使相关政策部门基于生存取向来认识和保障新生代农民工的就业质量，而对于其社会融入和发展需要等问题却有意无意地忽略与回避。如果说在老一代农民工占主体地位的劳动力富裕时代，农民工的就业政策还很少关注其社会融入与发展，那么到了新一代农民工占主体地位以及民工荒现象频发的今天，就业保障政策便不能仅限于维持就业生存，而是要向兼顾就业与融入、发展等转变，这对劳动力供给侧改革、经济结构调整和转型升级无疑具有更加重要的现实指导意义，也有助于新生代农民工更好地适应和融入现代企业发展之中（比如按时上下班、加班、工作任务大量分配等）。

第三，推进以人为核心的农业转移人口市民化战略，满足新生代农民工的美好生活需要。党的十八大报告明确指出，要“有序推进农业转移人口市民化”，党的十九大报告进一步指出要“加快农业转移人口市民化”，将农业转移人口的市民化战略提升到一个新的高度。新生代农民工是农业转移人口市民化的主要目标群体，他们在城市的就业质量状况则是农业转移人口市民化有序推进的基础。因此，研究新生代农民工在城市的就业质量状况，尤其是从社会融入的角度构建新生代农民工就业质量的研究框架，有助于为科学制定新生代农民工就业质量的相关政策提供借鉴，使新生代农民工在就业质量提升过程中融入城市，最终实现以人为本的农业人口市民化战略，满足新生代农民工的美好生活需要。

1.3 国内外研究现状评述

就业是安邦之计、民生之本。长期以来，世界各国政府普遍重视解决就业问题，不仅要扩大就业规模，更加要注重提升就业质量。在我国，以习近平同志为核心的党中央高度重视就业质量问题，强调“就业是最大的民生”，把实现更高质量和更充分就业摆在更加突出的位置。那么，何谓就业质量？就业质量的理论内涵是什么？或者说，一份好的工作应该是什么样的？……针对以上种种问题，国内外学者进行了大量富有成效的研究。

1.3.1　国外研究现状

国外早在 20 世纪 70 年代就开始了对就业质量问题的研究，并在理论和经验上都取得了较为丰硕的研究成果。

1. 关于就业质量相关概念及理论内涵的研究

就业质量的概念并非凭空产生的，而是国外在反思“数量型”就业模式的基础上提出来的。受充分就业等思想的影响，国外发达国家经历了一段片面地追求就业数量和就业规模的时期，认为提高就业率、控制失业率是最重要的、第一位的，而忽视了社会福利待遇、职业发展前景等劳动者的就业保护。在此背景下，人们开始关注劳动者的工资福利、工作环境等权益能否得到切实保护，就业质量保护成为就业问题研究的新方向。

从就业质量的相关概念及发展历程来看，在 20 世纪 70 年代，美国提出“工作生活质量”，可以说是就业质量研究的雏形，到了 20 世纪 90 年代，国际劳工组织和欧盟相继提出“体面劳动”和“工作质量”的概念，进一步推动了就业质量问题研究的发展，而在 2007 年以来，“高质量就业”和“就业质量指数”的提出，使得就业质量的研究范式不断成熟、就业质量的研究内容不断丰富完善。

（1）工作生活质量

20 世纪 70 年代末，美国职业培训和开发委员会提出了“工作生活质量（quality of work life）”的理念。这一概念主张企业工会和相关职能部门要注重改善员工生活福利和工作环境，使人与技术、人与岗位协调一致，从而提高员工的满意度，最终让员工更好地完成工作任务、提高生产效率。[①]可见，工作生活质量的概念偏向企业管理、人力资源管理的范畴，因此还只是就业质量的雏形阶段。

（2）体面劳动

在1999年的国际劳工大会上，国际劳工组织局长Juan Somavia首次提出了体面劳动（decent work）的概念，并把它定义为“在自由、平等、安全和保障人格尊严的条件下，不论男女均能获得体面的、生产性的工作机会”，其具体战略目标包括创造工作岗位、促进工作权利、加强社会保护、开展社会对话等4个方面。[②]且包括6个方面的基本理念，即“足够的就业机会、生产性的工作、自由的工作、平等的工作、安全的工作、有尊严的工作”。[③]由此可见，体面劳动反映了就业数量和就业质量两方面的内容，但从狭义上来说，它是一个就业质量概念，因此是国外研究就业质量的基础，同时已经成为全球性的共识与承诺。

（3）工作质量

工作质量（quality of work）的概念由欧盟委员会在20世纪90年代后期提出。面对欧洲“失业率高”和“招聘难”的结构性矛盾，欧盟提出通过提高工作的吸引力，即改善工作质量的办法来增加劳动供给，缓解招聘困难。因此，自2000年以来，欧盟委员会就一直致力于推广“工作质量”

① 杨益成. 大学生就业质量研究综述［J］. 当代经济，2014（11）：94-96.

② ILO. Report of the Director-General：Decent Work. International Labor Conference［R］. 87th session，Geneva，1999.

③ 曹兆文. 国际劳工组织体面劳动衡量指标探要［J］. 人口与经济，2011（06）：57-61.

的概念，2001年6月，欧盟理事会在一篇名为《就业与社会政策：一个投资于质量的框架》的通讯中，进一步完善了工作质量的内涵，认为工作质量即良好的工作，是一个相对的、多维度的概念，不仅包含着单个就业者和单项工作的特点（如工资、工时、技能要求等），而且还关注更广泛的劳动力市场的特点（如就业机会、就业结构等）。2003年，欧盟委员会宣布了“新欧洲就业战略（2003—2010年）”，把改善工作质量作为社会政策议程的“指导原则”，以实现“全球最具竞争力的知识经济实体”[①]。

（4）高质量就业和就业质量指数

根据弗瑞德瑞克·K.施罗德（Fredric K.Schroeder）的观点，就业质量不是一个褒义的概念，而是一个偏中性的概念，即就业质量水平有高低之分，并非一定指向好的工作，具体可以划分为高质量就业和低质量就业两种类型。由此，弗瑞德瑞克·K.施罗德提出了高质量就业（high quality employment）的概念，认为收入并非衡量就业质量水平高低的唯一指标，所谓高质量就业，实际上是更高的收益和回报，例如退休金、职业培训、医疗保险等。[②]

2. 关于就业质量评价指标的研究

在理论内涵的基础上，诸多国际组织和国外学者还基于不同的设计理念，构建了多种评价就业质量的指标体系，并用于对不同国家、不同地区、不同行业的就业质量水平进行实证检验，从而为相关部门提升就业质量水

① 国福丽. 国外劳动领域的质量探讨：就业质量的相关范畴［J］. 北京行政学院学报，2009（01）：86-91.

② FREDRIC K. SCHROEDER. Workplace Issues and Placement：What is High Quality Employment？［J］. Work，2007，Vol. 29（4）.

平、加强就业保护提供基础数据和参考依据。

（1）国际组织和机构构建的就业质量评价指标体系

在国际组织和机构构建的就业质量评价指标中，国际劳工组织、欧盟、欧洲基金会提出的指标体系比较有影响力。此外，联合国欧洲经济委员会提出的指标体系也正在广泛地被用来衡量各地区的就业质量。

首先，国际劳工组织构建的“体面劳动”指标体系包括6个维度、11个属性、40个指标，其中，6个维度分别是：工作机会、在自由的条件下工作、生产性的工作、工作平等、工作安全和工作尊严。上述6个维度又可以通过11个测量属性来表达，具体包括：①就业机会；②不可接受的工作；③足够的工作收入和生产性的工作；④合宜的工作时间；⑤工作的稳定性与安全性；⑥就业中的公平待遇；⑦劳动安全；⑧社会保障；⑨工作与家庭生活；⑩社会对话与劳动关系；⑪体面劳动的经济和社会环境。最后，国际劳工组织又用40个具体的衡量指标来测量上述11个属性，使得6个维度、11个属性、40个指标之间形成了一个有机的、相互对应的整体。

其次，欧盟委员会提出的“工作质量”评价指标体系主要包括10个基本维度和28个建议指标。其中，10个基本维度分别是：①工作内在质量；②技能、终身学习和职业发展；③性别平等；④健康与工作安全；⑤灵活性与安全性；⑥包容性与劳动力市场进入；⑦工作与生活的平衡；⑧社会对话和员工参与；⑨多样性与非歧视性；⑩总体工作表现。[①]

① EUROPEAN COMMISSION. Employment and social policies: a framework for investing in quality [J]. Communication, 2001 (6).

再次，欧洲基金会提出的“工作和就业质量”评价指标体系，主要包含四大类指标：①职业和就业安全（就业状况、收入、社会保护、工人权利）；②健康与福利（健康问题、风险承担、工会组织）；③技能培养（任职资格、培训、学习组织、事业发展）；④工作和日常生活的协调性（工作和休息的时间、社会公共设施情况）。[①]

应该说，国际劳工组织提出的“体面劳动”指标、欧盟提出的“工作质量”指标，以及欧洲基金会提出的“工作和就业质量”指标为测量各地区的就业质量水平提供了重要的借鉴意义和参考价值。但是，以上就业质量的指标体系更多是各国际组织根据自身的工作特点而提出的，仍没有形成一个广泛的、整体的统计测量框架。

对此，联合国欧洲经济委员会（UNECE）在整合现存指标的基础上，2010 年 2 月编制完成了更具广泛用途的“就业质量（quality of employment）”的评价指标体系，并成功应用于测量加拿大、芬兰、法国、德国、以色列、意大利、墨西哥、摩尔多瓦和乌克兰等 9 个国家的就业质量指数。这一指标体系主要包括 7 个维度：就业的安全保护和道德规范（工作安全、童工和强迫劳动、就业中的公平待遇）、就业中得到的收入和福利（收入、非工资性的金钱福利）、工作时间和工作与日常生活的平衡（工作时间、工作时间安排、平衡工作与日常生活）、就业的安全性和社会保障（就业的安全性、社会保障）、社会对话、技能发展与培训、职场人际关系和工作积极性（职场的人际关系、工作动机）。[②]

① ROOPALI JOHRI. Work Values and the Quality of Employment: A Literature Review [J]. Department of Labor, 2005.

② UNECE. Task Force on the Measurement of Quality of Employment, Measuring Quality of Employment Country Pilot Reports [J]. United Nations Geneva, 2010.

（2）国外学者构建的就业质量评价指标体系

国外学者在研究就业质量的过程中也提出了诸多的评价指标体系，概况来讲，主要有两种取向：

一是基于工作满意度的方法测量就业质量。工作满意度虽然是一种主观的测量指标，但却能很好地反映就业本身的特性对就业者福祉的影响，因此可以用来衡量就业质量。Mireille Razafindrakoto 和 Francois Roubaud 认为工作满意度是一个很好的衡量就业质量的指标，并将工作满意度划分为三个层面，即基于劳动力状态的工作满意水平（包括就业工人、失业者、长期失业人口和怠惰工人的工作满意水平）、基于个人特征的工作满意水平（根据性别、家庭地位、婚姻状况、年龄、教育水平、迁徙路径来考虑）和基于工作特征的工作满意水平（根据机构部门、工业门类、工资和非工资地位、社会经济组织来考虑）[①]。

二是基于经济学和社会学相结合的方法测量就业质量。这种方法更加侧重理论深度，认为选择就业质量的测量指标需要有一定的经济学和社会学理论依据。从经济学的角度看，工资是主要指标，而从社会学的角度看，雇佣关系、工作自主性等则是重点考虑的指标。在实际研究中，鲁帕里·约荷瑞就曾使用这种方法，从薪酬、工作满意程度（对工作内容、提升机会、收入水平及社会保障的感受）、雇佣关系（信赖度、应承担的义务、员工

① MIREILLE RAZAFINDRAKOTO，FRANCOIS ROUBAUD．Job Satisfaction：A Measurement of Employment Quality Compared with Aspirations in eight African Capitals［J］．Development Institutions and Mondialisation，2011，12．

对工作决策的影响和沟通）3个方面对新西兰的就业质量进行了测量。[①]这些指标兼顾了主观和客观指标，可以从经济学和社会学的角度对就业质量进行综合测量。

（3）就业质量评价指标体系的基本维度和特点

国际组织和国外学者基于各自对就业质量的理解，形成了各不相同的评价指标体系，但仍可总结出就业质量的基本维度，具体表现在以下两方面：

一是注重宏观与微观层面就业质量的测量。宏观指标的就业质量大多集中在国家、地区层面，例如，Ghai对法国、日本、新西兰等22个国家的体面劳动水平进行测算和比较。[②]Bescond对各个国家的体面劳动水平进行了测量。[③]除了从宏观角度对国家和地区就业质量的测量之外，还有学者从微观角度对企业和个人的就业质量进行了测量。例如，Kantor等测量了印度苏拉特市非正规经济下工作的劳动者的就业质量。[④]

二是注重主观与客观层面就业质量的测量。从指标体系来看，大多数文献都是基于客观性指标和主观性指标的考虑来选择指标。例如，Esser &

① 田永坡，满子会. 就业质量内涵及测量：基于国际对比的研究[J]. 第一资源，2013(04)：127-141.

② GHAI D. Decent work：Concept and indicators [J]. International Labor Review，2003，142（2）.

③ BESCOND D，CHATAIGNIER A，MEHRAN F. Seven indicators to measure decent work：An international comparison [J]. International Labor Review，2003，142（2）.

④ KANTOR P，RANI U，UNNI J. Decent Work Deficits in Informal Economy Case of Surat [J]. Economic and Political Weekly，2006（27）.

Olsen 认为主观指标包括工作满意度、感知的就业质量等。[①]Davoine et al.[②]、Leschke & Watt[③] 认为客观指标涉及体面的工资、技能和培训、工作条件、兼顾工作和家庭的能力、性别平等、工作自主权和晋升机会等。

3. 关于国际移民就业质量的研究

相对于就业质量内涵与评价指标的研究，国外对移民就业质量的研究文献起步较晚，为数不多的文献主要从以下两方面进行研究：

一是考察国际移民就业质量的现状，例如，Diaz–Serrano，L 对西班牙境内的移民和原住民的就业质量状况进行对比研究，发现移民通常被雇用在低质量的工作岗位，他们对于低工资、差的工作环境的忍耐度更高，也更容易发生身体伤害。[④]

二是论述就业质量与移民流入时间、社会化等因素的关系。Bean，D et al. 基于美国的研究发现，移民并不完全被限制在低端工作岗位，移民流入的时间序列数据显示，移民可能会经历从低到中再到高的、持续的向上流动。[⑤]Meurs，D et al. 对法国的研究发现，虽然二代移民在劳动力市场上

① ESSER I，K M OLSEN. Perceived Job Quality：Autonomy and Job Security within a Multi-Level Framework［J］. European Sociological Review，2012（28）.

② LUCIE DAVOINE，CHRISTINE EHREL. Monitoring Employment Quality in Europe：European Employment Strategy Indicators and Beyond［J］. International Labor Review，2008，Vol. 147（2）.

③ JANINE LESCHKE，ANDREW WATT. Job Quality in Europe，European Trade Union Institute for Research［J］. Education and Health and Safety（ETUI — REHS），2008（7）.

④ SOLÉ M，DIAZ–SERRANO L，RODRÍGUEZ M. Disparities in work，risk and health between immigrants and native–born Spaniards. Social Science & Medicine，2013，76（1）：179–187.

⑤ BEAN D F . Immigrant Job Quality and Mobility in the United States［J］. Work & Occupations, 2004, 31（4）：499–518.

仍然面临诸如失业、缺乏劳动保护等不利处境，但是其职业隔离正在减小，而这得益于其在法国接受学校教育与社会化的结果。[①]Nick Drydakis 探讨了族群认同对希腊移民就业水平的影响，通过实证研究发现，移民的就业水平与同化和融合呈正相关，与分离和边缘化负相关，同化提供了最高的就业回报，而边缘化则提供了最高的就业损失，表明移民采取同化和融合策略对劳动力市场的结果是有益的。[②]

1.3.2 国内研究现状

概括而言，国内对农民工就业质量研究的相关文献大致包括以下两种研究路径：一是基于理论研究的范式对就业质量进行宏观上的思辨；二是基于实证研究的范式对就业质量指数进行微观上的测量。下面我们对以上两类研究进行具体的综述：

1. 关于就业质量测度理论与指标体系的研究

就业质量研究框架的核心内容是就业质量的理论内涵与结构维度，其中理论内涵研究是基础和前提，它为经验测量研究提供指导，并通过经验研究来验证相关理论。

（1）就业质量的理论内涵

以往研究表明，就业质量有宏观和微观两个层次上的理论内涵。在宏

① MEURS D，PAILHE A，SIMON P. The persistence of intergenerational inequalities linked to immigration：Labour market outcomes for immigrants and their descendants in France［J］. population，2006（61）.

② NICK DRYDAKIS. The effect of ethnic identity on the employment of immigrants［J］. Review of Economics of the Household，2013，11（2）.

观层次上，就业质量的内涵体现为一种国家或地区视角的充分就业或劳动力资源配置状况。例如，赖德胜等认为一个地区的就业质量较高，可从这个地区的就业结构、就业效率等方面去分析解释，至少应包括劳动力供给与需求相匹配、就业结构逐步优化等6个方面的特点。[①]与之相比，更多的学者基于微观、个体的理论视角（包括一般就业理论、工作搜寻和发展理论以及就业满意度理论等）来阐述就业质量的涵义。这些研究更为关注与劳动者个体有关的就业内容。例如，李军峰将就业质量的内涵界定为个人在工作性质、工作条件、稳定与安全、个人尊重、健康与福利、社会保障、职业发展、劳资关系、机会平等9方面的就业状况。[②]此外，还有学者从宏观和微观理论相结合的层面诠释就业质量的内涵。例如，刘素华认为就业质量是反映个人具体就业状况之优劣程度的综合性范畴。在微观层面，是指与劳动者个人工作状况相关的要素；在宏观层面，指在某个范围之内整个地区的就业状况的优劣程度。[③]

对于农民工就业质量的理论内涵，也有学者进行了明确的界定。例如，张昱、杨彩云认为农民工就业质量是反映就业机会可得性、工作稳定性、工作场所的尊严和安全、机会平等、收入、个人发展、劳资关系及工作满意度等具体就业状况优劣程度的多维概念，[④]谢勇认为农民工的就业质量

---

① 赖德胜. 2011中国劳动力市场报告——包容性增长背景下的就业质量［M］. 北京：北京师范大学出版社，2011.

② 李军峰. 就业质量的性别比较分析［J］. 市场与人口分析，2003（06）：1-7.

③ 刘素华. 就业质量：内涵及其与就业数量的关系［J］. 内蒙古社会科学（汉文版），2005（05）：125-128.

④ 张昱，杨彩云. 社会资本对新生代农民工就业质量的影响分析——基于上海市的调查数据［J］. 华东理工大学学报（社会科学版），2011，26（05）：9-20.

是一个多维度概念，包括工资水平、就业的稳定性、工作条件和劳动权益的保障等多个方面。[①]很明显，国内学者大多以微观理论为指导，并在套用就业质量一般性内涵的基础上，对农民工群体就业质量概念的理论内涵进行分析。

（2）就业质量的测量指标体系

与内涵理解一致，对于就业质量的指标体系，国内学者也主要从宏观和微观层面来选取具体的衡量的指标。与此同时，在诸多的宏观、微观指标之中，大多数学者更倾向于以微观指标为主，对国家、地区或行业等宏观指标的评价相对不足。

首先，在宏观层面的指标体系中，比较有代表性的研究是：赖德胜等从就业环境、就业能力、就业状况、社会保护、劳动者报酬、劳动关系6个方面构建了测量我国各个地区就业质量的基本维度。[②]张抗私等以劳动报酬、就业能力、劳动关系为测量指标，计算了辽宁省2001—2012年就业质量指数。[③]

其次，对于微观层面的指标体系，可以根据研究对象的不同，将这些研究划分为以下三种类型：

一是针对各个就业者群体、普遍适用的测量研究。例如，刘素华从聘用条件、工作环境、劳动关系和社会保障4个方面构建了比较全面的就业

① 谢勇. 基于就业主体视角的农民工就业质量的影响因素研究——以南京市为例［J］. 财贸研究，2009，20（05）：34-38.

② 赖德胜，石丹淅. 我国就业质量状况研究：基于问卷数据的分析［J］. 中国经济问题，2013（05）：39-48.

③ 张抗私，朱晨. 大学毕业生就业质量的影响因素［J］. 人口与经济，2017（01）：75-84.

质量评价指标体系。[①]研究认为，保证劳动者工资水平相对合理是保证高质量就业的首要条件；符合国家规定的劳动时间、良好的劳动安全卫生保障体现了用人单位对于劳动者身心健康的保护；基本养老保险、基本医疗保险、失业保险、工伤保险、生育保险和住房公积金等“五险一金”越健全，越能够有力地促进劳动者就业水平；工作稳定性较高，劳动力越容易具备稳定的工资来源，并越有可能提升专用性人力资本。因此，就业质量的测量指标主要集中在收入、五险一金、工作时间、职业发展前景、工作环境、就业满意度等领域。[②③]此外，随着劳动力市场的不断变化和人们对尊严、职业发展的认识的不断深入，不少学者拓展了就业质量的内涵，认为广阔的职业发展空间、适度的工作挑战性、工作决策空间的相对自由性、利益表达机制的相对完备性也是反映就业质量的重要指标，[④]从而进一步丰富了就业质量评价指标的完整性和全面性。

二是针对大学生群体的测量研究。例如，杨河清则从工作条件、劳动关系和社会保障 3 个方面构建就业质量的评价指标体系。[⑤]石红梅、丁煜认为高校毕业生就业质量的评价指标体系包括就业的工资水平、就业单位

---

① 刘素华. 就业质量：内涵及其与就业数量的关系［J］. 内蒙古社会科学（汉文版），2005（05）：125–128.

② 苏丽锋，陈建伟. 我国新时期个人就业质量影响因素研究——基于调查数据的实证分析［J］. 人口与经济，2015（04）：107–118.

③ 尹海洁，王翌佳. 东北地区城市工作贫困群体就业质量研究——来自哈尔滨、长春和沈阳市的调查［J］. 中国人口科学，2015（03）：116–125.

④ 陈成文，周静雅. 论高质量就业的评价指标体系［J］. 山东社会科学，2014（7）：37–43.

⑤ 杨河清，李佳. 大学毕业生就业质量评价指标体系的建立与应用［J］. 中国人才，2007（15）：28–29.

类型和主观满意度3个维度。[①] 李善乐从专业对口度、合同类型、工资增长情况、工作与健康、职业危机等10个方面测量了大学生的就业质量。[②] 张抗私、朱晨把大学生就业质量操作化为4个维度：即对自身收入满意、喜欢和自己共事的人、工作使人感到愉快、对晋升机会感到满意。[③]

三是针对农民工群体的测量研究。早期的研究中，谢勇认为农民工的就业质量包括工资水平、就业的稳定性、工作条件和劳动权益的保障等多个方面。[④] 马继迁将农民工的就业质量操作化为劳动报酬、工作稳定性、工作环境、福利与保障、劳资关系、职业发展6个方面进行测量。[⑤] 钱芳、陈东有等确定了5个关于农民工的就业质量的测量指标，包括工作质量、劳动权益保障、工作稳定性、职业发展与就业前景、就业满意度。[⑥] 徐延辉、王高哲认为农民工的就业质量包括就业状况（是否就业）、就业类型、职业分层、工作薪资、就业培训（是否参加过培训）、失业风险、社会保障参与度、工作满意度和工作期望9个指标，其中前7个指标是客观就业指标，

① 石红梅，丁煜．人力资本、社会资本与高校毕业生就业质量［J］．人口与经济，2017(03)：90-97.

② 李善乐．大学生就业质量：基于个体问卷数据的分析［J］．人口与发展，2017，23(02)：30-39，60.

③ 张抗私，李善乐．我国就业质量评价研究——基于2000—2012年辽宁宏观数据的分析［J］．人口与经济，2015（06）：62-72.

④ 谢勇．基于人力资本和社会资本视角的农民工就业境况研究——以南京市为例［J］．中国农村观察，2009（05）：49-55.

⑤ 马继迁．农民工就业质量的省际差异：江苏与浙江的比较［J］．华东经济管理，2013(12)：135-139.

⑥ 钱芳，陈东有，周小刚．农民工就业质量测算指标体系的构建［J］．江西社会科学，2013（9）：189-192.

后两个指标是主观心理评价指标。[①] 近来的研究中，聂伟、风笑天将农民工的就业质量操作化为工作时间、劳资关系、工作环境、社会保障、职业发展、主观满意度。[②] 李中建、袁璐璐从工资水平、工作强度、就业稳定性、工作福利等方面对农民工的就业质量进行测量。[③] 卢海阳等选取工作时间、劳动报酬、劳动合同签订状况、工作类型、是否参加养老保险和是否参加医疗保险 6 个指标来测量农民工的就业质量。[④] 沈诗杰从主客观相结合的原则出发，将新生代农民工的就业质量测量指标确定为工资福利、就业稳定性、工作满意度、工作与家庭和谐度和职业声望 5 个方面。[⑤] 上述指标体系的具体构成虽然存在差异，但仍有其共同的核心维度。大多研究认为，获得稳定的收入是农民工进城务工的初衷，也是农民工群体最为关心的问题；[⑥] 农民工在城市劳动力市场中处于不利地位，更加需要对工作时间、劳动关系、工作环境等就业权益进行社会保护。[⑦] 因此，概括而言，反映

① 徐延辉，王高哲. 就业质量对社会融合的影响研究——基于深圳市的实证研究［J］. 学习与实践，2014（02）：101-111.

② 聂伟，风笑天. 就业质量、社会交往与农民工入户意愿——基于珠三角和长三角的农民工调查［J］. 农业经济问题，2016（6）：34-42.

③ 李中建，袁璐璐. 务工距离对农民工就业质量的影响分析［J］. 中国农村经济，2017（6）：70-83 .

④ 卢海阳，杨龙，李宝值. 就业质量、社会认知与农民工幸福感［J］. 中国农村观察，2017（3）：57-71 .

⑤ 沈诗杰. 东北地区新生代农民工“就业质量”影响因素探析——以“人力资本”和“社会资本”为中心［J］. 江海学刊，2018（02）：229-237.

⑥ 卢海阳，杨龙，李宝值. 就业质量、社会认知与农民工幸福感［J］. 中国农村观察，2017（3）：57-71 .

⑦ 庞子渊. 农民工就业质量及其社会与法律因素探析——基于珠三角的实证分析［J］. 社会科学研究，2013（06）：100-105.

农民工就业质量的指标主要涉及工作收入、工作环境、工作时间、职业发展、就业满意度、心理契约等维度。

进一步地，对以上文献，我们可以进行如下整理（具体见表 1–1）。

表 1–1　就业质量测量指标研究的总结

作者与文献时间	测量指标	针对群体
刘素华（2005）	聘用条件；工作环境；劳动关系；社会保障	各就业者群体
谢勇（2009）	劳动合同的签订情况；就业的稳定性；工资水平	农民工
陈成文等(2014)	人职匹配度；工作稳定性；劳动报酬；劳动条件晋升机会；社会保护；工作挑战性；利益表达机制；工作自由性；工作满意度	各就业者群体
徐延辉、王高哲（2014）	就业状况；就业类型；职业分层；工作薪资；就业培训；失业风险；社会保障参与度；工作满意度和工作期望	农民工
尹海洁、王翌佳（2015）	劳动保障；收入；劳动时间；岗位发展；工作环境	各就业者群体
聂伟、风笑天（2016）	工作时间；劳资关系；工作环境；社会保障；职业发展；主观满意度	农民工
苏丽锋、陈建伟（2015）	劳动报酬；工作时间；职业发展；职业尊重	各就业者群体
石丹淅、赖德胜、李宏兵（2015）	职业和就业安全；健康和福利；技能发展；工作和非工作生活的和谐	新生代农民工
卢海阳等(2017)	工作时间；劳动报酬；劳动合同签订状况；工作类型；是否参加养老保险；是否参加医疗保险	农民工
沈诗杰（2018）	工资福利；就业稳定性；工作满意度；工作与家庭和谐度；职业声望	新生代农民工

2. 关于农民工就业质量经验性测度的研究

在对就业质量的内涵与指标体系进行理论构建的同时，学者们还基于实证研究的范式，利用各项抽样调查数据，对农民工就业质量的指数进行深入的实证测量。

（1）测度方法

总体来讲，学者倾向于多种测度方法的相结合。从简单的描述性统计方法，发展到因子分析法、层次分析法、等价收入指标指数与客观指标指数，标志着农民工就业质量测度方法越来越复杂、多样。具体而言：

有些学者采用描述性统计方法对农民工就业质量的各个代理变量进行单项的描述统计。例如，石丹淅、赖德胜等利用频数分析方法，分别对新生代农民工的职业和就业安全、健康和福利、技能发展、工作和非工作生活的平衡度等内容进行了详细的描述统计。① 彭国胜采用同样的描述统计法，对青年农民工的职业稳定性、职业收入水平、职业声望、职业发展机会进行了调查统计研究。②

另外有些学者则采用综合指数方法将多个就业质量指标拟合成一个综合的就业质量指数。这些方法中有的比较偏重于主观判断，例如，钱芳等采用层次分析法、德尔菲法确定就业质量各指标的权重和总指数。③ 有的则相对比较客观，例如，林竹采用因子分析法计算各因子以及总的就业质量指数。④ 李中建、袁璐璐首先对数据进行标准化处理，其次采用等权平均法（简单平均法）确定各项指标的权重来计算就业质量指数。⑤ 与此同时，明娟采用等价收入指标指数与客观指标指数对农民工的就业质量进行测量，进一步丰富和补充了农民工就业质量测量的方法。⑥

① 石丹淅，赖德胜，李宏兵. 新生代农民工就业质量及其影响因素研究［J］. 经济经纬，2014（3）：31-36.

② 彭国胜. 人力资本与青年农民工的就业质量——基于长沙市的实证调查［J］. 湖北社会科学，2009（10）：102-105.

③ 钱芳，陈东有，周小刚. 农民工就业质量测算指标体系的构建［J］. 江西社会科学，2013（9）：189-192.

④ 林竹. 新生代农民工就业质量测量与分析［J］. 贵州社会科学，2013（01）：85-89.

⑤ 李中建，袁璐璐. 务工距离对农民工就业质量的影响分析［J］. 中国农村经济，2017（6）：70-83.

⑥ 明娟. 农民工就业质量状况及变动趋势［J］. 城市问题，2016（03）：83-91.

（2）测度结果

虽然学者们对农民工就业质量测度的具体结果存在差异，但实际上都大同小异。这些研究普遍发现目前新生代农民工就业质量的整体水平仍然是比较低的。林竹的测量结果表明，新生代农民工就业质量得分仅为 2.69，[①] 李中建、袁璐璐发现农民工就业质量的平均得分仅为 43.63，比非农业户籍流动人口就业质量的平均得分低了 18 个百分点。[②] 从分项指标看，庞子渊的调查研究表明，农民工的工作不够稳定，职业收入不高，劳动权益得不到有效保障，各项福利待遇的覆盖面不广。[③] 赵蒙成、李丹阳对苏州市新生代农民工就业质量的调查结果表明，新生代农民工的就业存在着工作时间长、工作压力大、就业能力不高、社会保障低、就业满意度不高等问题。[④] 肖小勇、黄静等的调查表明，农民工的月平均收入为 3158 元，月均工作时间为 225 小时，仅有 24% 的外来务工人员签订了长期或固定合同，享有工作福利的比例也仅为 28%。[⑤]

对于农民工就业质量偏低的原因，学者也进行了进一步的探讨。彭国胜、陈成文认为社会制度缺陷是导致农民工就业质量偏低的主要原因。[⑥]

---

① 林竹. 新生代农民工就业质量测量与分析［J］. 贵州社会科学，2013（01）：85-89.

② 李中建，袁璐璐. 务工距离对农民工就业质量的影响分析［J］. 中国农村经济，2017（6）：70-83 .

③ 庞子渊. 农民工就业质量及其社会与法律因素探析——基于珠三角的实证分析［J］. 社会科学研究，2013（06）：100-105.

④ 赵蒙成，李丹阳. 新生代农民工就业质量的调查研究——苏州市新生代农民工的案例研究［J］. 中国职业技术教育，2016（11）：41-46.

⑤ 肖小勇，黄静，郭慧颖. 教育能够提高农民工就业质量吗？——基于 CHIP 外来务工住户调查数据的实证分析［J］. 华中农业大学学报（社会科学版），2019（02）：135-143，169.

⑥ 彭国胜，陈成文. 社会制度与青年农民工的就业质量——基于湖南长沙市的实证调查［J］. 四川行政学院学报，2009（03）：91-94.

石莹、黄镇国认为户籍制度以及由此衍生的就业管理制度、社会保障制度，使农民工在就业准入、就业服务、社会保障、就业待遇等方面遭遇排斥，是形成农民工就业歧视和就业质量较低的最重要原因。[①] 俞玲认为农民工人力资本贫乏和就业中不公平对待是其收入不高的重要诱因，这进一步会影响该群体的就业质量。[②] 赵蒙成认为当前新生代农民工的社会资本存量较低，且以同质性社会资本为主，不利于其职业发展。[③] 可见，农民工就业质量偏低是由人力资本、社会资本、社会制度等因素综合作用的结果，并进一步形成了解释农民工就业质量偏低的三种常用的研究视角。

随着研究的推进，一些学者开始探讨其他因素对农民工就业质量的影响效应。例如，李中建、袁璐璐认为务工距离是影响农民工就业质量的关键因素，随着务工距离的增加，农民工的就业质量先下降后上升。[④] 明娟基于工作转换的角度，认为农民工在行业内和行业间的转换会对其就业质量产生显著的不利影响。[⑤] 沈诗杰认为心理资本在人力资本、社会资本影响新生代农民工的就业质量中具有调节作用。[⑥] 这些研究进一步丰富了农

① 石莹，黄镇国. 我国劳动力市场中的性别歧视和户籍歧视[J]. 东岳论丛，2011，32(10)：134-138.

② 俞玲．人力资本、歧视与农民工收入——基于浙江省问卷调查数据的实证研究［J］．特区经济，2012（04）：68-70.

③ 赵蒙成．社会资本对新生代农民工就业质量影响的调查研究——SZ 市新生代农民工的案例研究［J］．人口与发展，2016，22（02）：48-55.

④ 李中建，袁璐璐. 务工距离对农民工就业质量的影响分析[J]. 中国农村经济，2017(6)：70-83 .

⑤ 明娟．工作转换对农民工就业质量影响的实证分析——基于工作原因、行业、城市转换维度［J］．湖南农业大学学报（社会科学版），2018，19（01）：38-45.

⑥ 沈诗杰．心理资本调节下新生代农民工就业质量影响因素研究——基于吉林省调查数据的分析［J］．学习与探索，2018（06）：42-51.

民工就业质量的解释视角。

1.3.3　研究评述

综上所述，国内外有关就业质量理论及测量的研究成果颇丰，为本课题的研究提供了重要的参考和借鉴意义。不过，对于新生代农民工的就业质量，以往研究仍有改进的空间，比如：

第一，在理论视角上略显单一，局限于用一般的微观就业理论框架来讨论新生代农民工的就业质量，缺乏社会文化等其他方面的理论。

第二，在内涵界定、指标构建上忽视了新生代农民工的特殊性。已有研究大多套用收入、权益等普适性的测量指标，对新生代农民工特殊的职业适应与身份认同等社会融入问题关注较少，缺乏一套客观的、完整的、系统的反映新生代农民工特殊背景的就业质量测量指标，因此有待于进一步完善。

第三，在新生代农民工就业质量的影响因素研究中，缺乏社会融入的影响及地区差异分析。以往研究多从个体的“人力资本”“社会资本”的角度来检验新生代农民工就业质量的影响机制，较少关注个体与流入地的社会融入关系状况对新生代农民工就业质量的影响研究。

总之，以往研究的不足为本课题的研究留下了一定的空间。以社会融入为理论视角，利用数理模型的方法来研究新生代农民工就业质量的特殊规律，仍是一个有待开拓的全新学术领域，具有重要的理论和现实意义。

1.4 研究设计

1.4.1 研究内容

本研究期望从理论和实证上回答新生代农民工就业质量研究的7个关键性问题：（1）为什么要从社会融入的角度评析新生代农民工就业质量？（2）基于社会融入视角的新生代农民工就业质量该如何测量？（3）新生代农民工就业质量的发展现状如何？（4）新生代农民工的就业质量受哪些因素的影响？（5）新生代农民工的就业质量是否会随着社会融入进程的不断推进而提高？（6）社会融入对新生代农民工就业质量的影响效应在不同城市地区间是否存在差异？（7）如何从社会融入角度提升新生代农民工的就业质量？围绕以上问题，本研究拟沿着“基础理论研究—经验性测量研究—影响因素实证研究—对策建议研究”的总体框架来展开研究。具体而言，本研究的主要内容总共包括8个部分：

第1章，绪论。提出本研究的问题意识和研究意义，回顾国内外研究的现状，明确本研究的内容和思路，并提出本研究的分析方法等。

第2章，由生存到融入：新生代农民工就业质量研究的理论思考。首先探讨新生代农民工就业质量研究由生存扩展至融入的必要性和重要性，其次介绍国内外社会融入理论的形成、发展、基本观点、主要内容和测量指标，再次以社会融入理论为基础，从职业待遇整合、职业行为适应、职业文化接纳和职业身份认同4个方面建构新生代农民工就业质量的内涵与维度。

第3章，新生代农民工就业质量指标体系的测量与验证。首先，借鉴国内外成熟的测量量表，并结合本研究的需要，编制新生代农民工就业质量的初始指标。其次，采集调查数据，运用因子分析和信效度检验等方法，对初始指标进行验证分析，并在基础上确定最终的指标体系。

第4章，新生代农民工就业质量的基本状况分析。首先利用单个指标法和访谈分析法，对新生代农民工各指标的就业质量状况进行描述性分析。然后利用因子分析法，对新生代农民工的就业质量进行综合测评。

第5章，新生代农民工就业质量的影响因素研究。不同新生代农民工的就业质量存在一定的群体差异，那么这种差异是如何形成的？对此，本部分研究通过建立相关的回归模型来探讨新生代农民工就业质量的影响机制。

第6章，社会融入对新生代农民工就业质量的影响及其地区差异研究。新生代农民工的就业质量可能会随着社会融入的进程而逐渐提高，因此，本研究首先分析社会融入因素（制度融入、经济融入、文化融入、社会关系融入和心理融入）对新生代农民工社会就业质量的影响效应。另外，不同城市新生代农民工社会融入的环境各不相同，由此可能影响到其就业质量表现，使得社会融入对新生代农民工就业质量的影响可能呈现出地区差异。因此，本研究进一步分析社会融入对新生代农民工就业质量的影响及其地区差异。

第7章，全面提升新生代农民工就业质量的对策建议。本部分研究基于前文的理论和实证分析结果，对新生代农民工的就业质量和社会融入问题提出一些相关的对策建议和措施。

第8章，结论与展望。本部分内容尝试对全文研究进行总结和归纳，得出主要的研究结论，并分析本研究的不足，提出未来的研究方向。

1.4.2 研究方法

按照思维逻辑和研究范式的不同，社会科学研究方法可以分为定量研究和定性研究两种基本方法。其中，定量研究通常以数字的形式收集材料，同时用数理统计的方法分析材料，从而对研究者的某些理论假设进行检验。定性研究通常以文字的形式收集材料，同时用思辨、理解的方法分析材料，从而达到对理论的建构。二者不存在孰优孰劣的问题，同样一个选题，既可以使用定量研究方法，也可以使用定性研究方法，但由于二者各有其优缺点，因此在研究中通常结合使用，以弥补各自的缺点。

对于本研究而言，由于研究重点是要分析新生代农民工就业质量的结构维度、水平测度与影响因素，因此需要采用以问卷调查为主的定量统计方法进行研究。但由于定量研究难以获得其背后的行为逻辑，因此，本研究还需要辅之以深度访谈进行定性研究，用访谈信息来佐证问卷资料信息的结论，以尽可能使研究结果具有较高的信度和效度。

1. 资料收集方法

本研究试图采取以问卷调查为主，深度访谈和小组座谈为辅的方式进行资料收集。

（1）问卷调查法

问卷调查法的优点在于便于对调查结果进行统计处理与分析，从而容易得到量化结果。本研究首先以“农民工就业质量”“职业适应”“职业认同”“社会融入”为搜索主线，广泛收集文献资料，编制了新生代农民工就业质量的调查问卷。其次在上海市、湖南省长沙市和江西省新余市开展了实地的问卷调查，调查的具体过程与方法参见第 3.2.1 章节的内容。

（2）深度访谈法

深度访谈法是一对一、一问一答式的面谈。一份高质量的研究报告不是单单靠调查数据的拼凑，而是还要进一步通过深度访谈法，深入研究对象的内心世界，去理解研究对象内心是怎么想的，将问卷调查的结果置于一定的生活环境和社会关系之中，这样才能获得更加生动、丰富的研究资料。由此，本研究在问卷调查的基础上，进一步采用“目的性抽样”“异质性抽样”和“滚雪球式抽样”相结合的抽样方法[①]对部分问卷调查对象进行一对一的半结构式访谈，访谈内容包括访谈对象的基本情况、就业质量表现以及社会融入状况。另外，每次访谈结束后，本研究都会尽快对具体的、零散的笔录材料进行加工和整理，提炼和归纳成为具有一定意义关联的解释材料，从而为本研究提供翔实的第一手研究资料，以便于进行社会学和人口学上的意义理解。通过以上方式，本次调查共访谈了34名新生代农民工，其中男性23人，女性11人，访谈对象的具体资料见附录3。

（3）小组座谈法

小组座谈法是一对多比较正式的面谈，它是在主持人的引导下，让座谈成员畅所欲言，从而获得对有关问题深入了解的方法，其优点在于简单易行，有助于节省人力、物力、财力和时间成本，同时能得到具体、生动、丰富的微观资料。2018年8月，借助于湖南团省委重大课题“社会主要矛盾变化后湖南青年需求状况研究”的调研机会，本研究在长沙地区组织了1场农村进城务工青年专场座谈会、1场青年企业家专场座谈会，得到了青年农民工、青年企业家的热情回应与详细解答。通过与青年农民工、青

① WEISS，ROBERT S. Learning from Strangers：The Art and Method of QualitativeInterview Studies［M］. New York：The Free Press，1994.

年企业家的对话、交谈，笔者对青年农民工的就业、适应、认同、融入等问题有了更深一步的了解。

2. 资料分析方法

在资料处理上，本研究主要采用定量与定性两种方法手段来进行分析。

第一，对于问卷调查资料，本研究主要利用 SPSS22.0 统计软件进行定量分析。首先，用频数分析法计算出各变量的频数与百分比，通过对频数与百分比的对比分析，来考察新生代农民工的样本特征以及就业质量的基本状况。其次，用因子分析法、信效度检验等方法对新生代农民工就业质量的结构维度和发展水平进行测评。再次，用多元回归模型技术来考察新生代农民工不同维度就业质量的影响因素。这种方法主要是采用逻辑回归和相关分析模型对一些变量进行处理、分析、整合，然后拟合出一个数理模型来考察自变量对因变量的影响机制。最后，用结构方程模型考察社会融入与不同维度就业质量之间的相关关系和显著度。这种方法能同时处理多个自变量和因变量，满足本研究的需求。

第二，对于深度访谈资料，本研究首先根据学术规范，将被访人的真实姓名隐去，全部用化名代替，其次将访谈录音资料导入电脑资料库，并利用 Nvivo11 软件对访谈资料进行编码，梳理出本研究需要的主要内容信息，以“深入事实内部”，获得解释性理解。

1.4.3 技术路线

根据以上研究内容与研究方法，可得出本研究的技术路线，具体如图 1-1 所示：

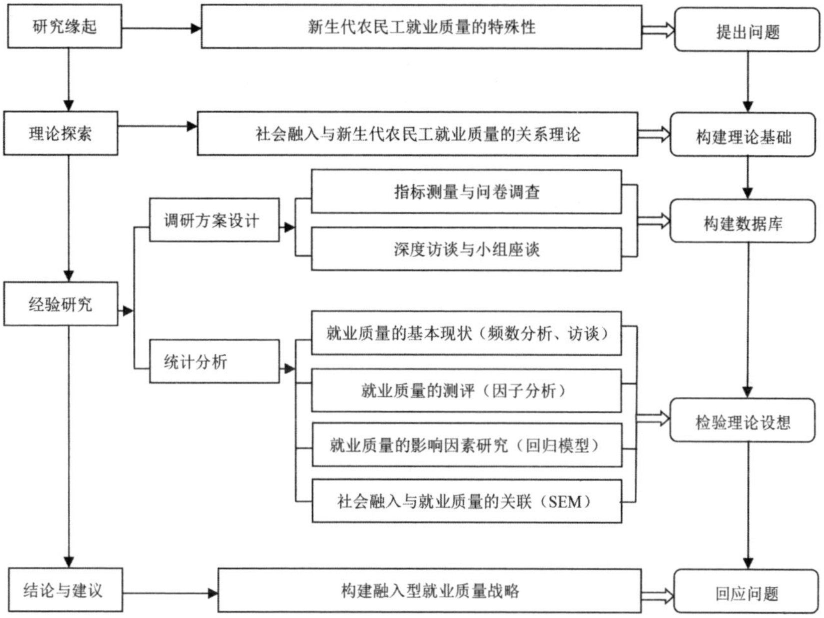

图 1-1 本研究的技术路线

1.5 创新之处

本研究的创新之处体现在研究视角、研究内容以及研究方法等 3 个方面：

1. 在理论框架与研究视角上，本研究基于社会融入的理论框架对新生代农民工的就业质量进行分析，具有重要的创新意义。

2. 在研究内容上，本研究立足于新生代农民工的群体特征，较系统地分析了新生代农民工在职业待遇整合、职业行为适应、职业文化接纳和职业身份认同中的基本情况和差异特征，并找出了其中的原因，因此可以更加准确地把握新生代农民工在不同维度就业质量上的发展特征。

3. 在研究方法上，本研究利用定量与定性相结合的混合研究方法对就业质量进行研究，既可以为数据提供文字解释，理解数据背后的意义，也可以为文字提供实证支撑，增加文字表述的准确性，从而弥补单一研究方法的不足，提升研究结果的信度和效度。

第 2 章　由生存到融入：新生代农民工就业质量研究的理论思考

社会科学研究总是在范式的变迁和转换中实现自己的进步与发展的，范式转换是成熟科学通常的发展模式，“是科学革命所赖以转动的轴心”。[①]适应理论和现实的要求，本章节试图探索中国新生代农民工就业质量的研究范式从生存向融入的转变的必要性和重要性，并从社会融入理论上建构新生代农民工就业质量的内涵与维度，从而为后续研究奠定理论基础。

2.1　新生代农民工就业质量研究的理论反思

在就业质量的研究中，无论是内涵的界定，还是指标的构建，都需要在一定的理论指导下进行。前文的研究综述表明，已有的新生代农民工就业质量研究比较宽泛，缺乏针对性。究其原因，是由于其理论指导框架过

① 托马斯·库恩著. 科学革命的结构［M］. 金吾伦，胡新，译. 北京：北京大学出版社，2004.

于单一、集中在微观就业理论领域所导致的。也就是说，在很长一段时间内，甚至直到今天，学者一直是在生存论的研究预设下，使用针对一般人群的普适性定义，对新生代农民工的就业质量进行分析和叙事。恰如学者所言，以往研究往往存在一种“生存经济学”的理论预设，[①]认为新生代农民工迫于物质的需要和生存的压力而外出务工，这种经济需要的满足程度与表现就构成了新生代农民工就业质量的本质意义，实际上是一种生存主导下的就业质量研究范式。

本研究并不否定这种在生存论预设之下形成的就业质量研究范式，对于职业生涯刚刚起步的新生代农民工，这种研究范式依然具有很强的生命力与解释力。但是，随着新生代农民工打工进程的推移和社会的发展变迁，这种普适性的研究范式便不足以解释新生代农民工的特殊社会问题，无论是从新生代农民工自身的角度，还是从社会发展变迁的角度，这种范式都具有其不足和局限性。

一是，从新生代农民工的个体需求来看，新生代农民工就业的需要、目标、追求是在职业认知与职业实践基础上不断调适与修正的。新生代农民工在进城之初可能是为了获得在城市立足的经济基础，但是随着城市务工实践的展开，他们的就业目标也开始适时地发生变化，并不局限于满足生存需求，而是向自我实现、社会融入等多重目标转变。因此，就业质量与社会融入紧密相关，对新生代农民工就业质量的研究不能仅仅关注其生存问题，还必须充分关注其社会融入性问题。

二是，从城市工业部门的社会需求来看，产业结构的优化升级以及现

① 王小章. 从“生存”到“承认”：公民权视野下的农民工问题［J］. 社会学研究，2009，24（01）：121-138，244-245.

代城市文明发展进程的加快，对新生代农民工就业素质的要求越来越高，不但要其掌握新的工作技能等，还需要具备良好的职业适应能力、职业观念等市民化素养。因此，引入社会融入视角研究就业质量，可以促进培养有市民化素养的新型新生代农民工，从而满足现代工业化生产对劳动者的能力需求。

三是，从人口转变的时代需求来看，当前我国正处于从民工潮到民工荒的深刻变局过程中，农村富余劳动力转移速度趋于缓慢。在农村新生劳动力供给逐渐减少的情况下，如果不能全方位提高新生代农民工在就业过程中的工资福利待遇、职业适应、认同与归属感，就难免会影响他们在城镇就业的稳定性和融合度，甚至会形成逆城镇化现象，进一步加剧劳动力短缺，不利于经济保持稳定、中高速增长。因此，在经济新常态下，我国劳动力供求关系呈现新特点，这就要求对新生代农民工就业质量的研究顺应新的人口和就业形势。

可见，新生代农民工的就业与发展环境有其特殊背景，传统的微观就业理论框架较好地解释了新生代农民工基本就业状况的优劣程度，却不能很好地阐释新生代农民工就业质量的特殊性。因此，要对新生代农民工就业质量的内涵与现状进行更加精准的认识，就不仅要从传统的微观就业理论角度展开分析，同时还要从社会融入理论的角度分析其职业适应、职业认同等特殊性的就业质量问题，从而为多层次地提升新生代农民工的就业质量提供理论基础，帮助新生代农民工最终成为真正的现代城市产业工人。

2.2　社会融入理论概述

所谓社会融入理论，是用来分析移民经济、社会文化、心理、生活等状态变迁的一种理论。移民的社会融入问题一直是社会学者和人口学者最感兴趣的研究领域之一。它最早起源于美国社会学者对国际移民的研究。随着我国农村劳动力迁移现象的不断涌现，社会融入理论常常被用来帮助解决这些乡—城移民群体在流入地的生存和发展问题。

2.2.1 社会融入的概念化

由于发达国家城市化进程开始得较早，国外学者对城市化进程中出现的社会融入问题也进行了较早的研究，目前无论在概念内涵层面，还是在经验测量层面，都已经形成了历史悠久、内容成熟、成果丰富的理论体系，其中尤以同化论、多元文化论和区隔融合论最为典型。当然，不同的理论对社会融入的研究旨趣和研究视角不同，加之移民的社会融入本身是一个复杂的议题，使得社会融入的概念呈现出复杂性和多样性。

在西方，学者对社会融入概念的界定大致划分为“同化论”“多元文化论”和“区隔融合论”3种视角。

一是同化论，早期的社会融入概念强调“同化”，即主张移民单方面地融入主流社会，接纳异地文化。例如，Park and E.Burgess 提出，族群融合与同化是“移民和当地居民之间相互渗透、交往，相互分享各自的文化记忆、情感和态度，并和所在的城市相互适应，共享他们的经历和历史，汇入一种共同的文化生活的过程”。[①] 到了20世纪中叶，戈登对同化论加以完善，他提出衡量族群关系社会融合程度的7个维度：文化接触、结构性同化、通婚、族群认同、偏见、歧视、价值和权力冲突。[②]

① PARK R AND E BURGESS. Introduction to the Science of Sociology［M］. Chicago: Univerityof Chicago Press，1924.

② GORDON. MILTON. Assimilation in American Life［M］. Glencoe，IL：Free Press，1964.

二是多元文化论。与“同化论”不同，“多元文化论”学者认识到不同族群、不同文化之间可以在一个体系内实现多元共存，因而更加强调“大熔炉”的概念。例如，Alba and Nee 对传统的社会融入定义进行修正，他们从客观的、中立的民族差异角度，认为社会融入意味着“种族差异的消减，以及由种族差异所导致的文化和社会差异的消减”，从而避免了民族优越感的价值争论。①

三是区隔融合论。这种观点从社会融入的结果出发，认为移民群体中和群体间将存在 3 种不同的融合结果和模式：融合于主流社会、融合于城市贫困文化和有选择性的融合等。

从以上 3 种理论来看，学者们对于社会融入概念的理解是不断深化的，总体上呈现从单一向多元化发展的态势，较好地解释了不同移民的社会融入过程、状态和结果。

在我国，不同学者根据研究的需要提出了很多相关概念来讨论农民工的社会融入问题，比如城市适应、农民工市民化、社会融合、城市融合、社会适应、城市融入，等等。根据农民工与城市居民在社会融入中的地位和互动方式不同，可以将以上概念总结为融入与融合两种基本观点。

第一，融入观点认为，社会融入是农民工在经济就业、生活方式、价值观念、社会交往等各个方面做出种种调节，从而逐步适应与融入城市生活的过程。②③ 这种观点认为，新生代农民工在城市处于弱势地位，体现在

① ALBA R，NEE V．Remaking the American mainstream：assimilation and contemporary immigration［M］．Boston：Harvard University Press，2005.

② 田凯．关于农民工的城市适应性的调查分析与思考［J］．社会科学研究，1995（05）：90–95.

③ 杨菊华．从隔离、选择融入到融合：流动人口社会融入问题的理论思考［J］．人口研究，2009，33（01）：17–29.

经济、行为、文化和观念等很多方面，因此需要积极融入城市主流社会体系中。如果新生代农民工不能很好地适应新的社会环境，就很容易陷入困惑和失调中。融入的观点虽然暗示着一种单向的、不平等的互动关系，但并不意味着新生代农民工就是一个完全被动的从属群体，事实上，新生代农民工在融入城市的过程中也是有能动性和主体性的。正如有研究所指出的，社会融入是处于弱势地位的主体能动地与特定社区中的个体与群体进行反思性、持续性互动的社会行动过程。①

第二，融合观点认为，农民工社会融合“是个体和个体之间、不同群体之间，或不同文化之间互相配合、互相适应的过程”。②这种观点强调了农民工与城市居民之间互相渗透、相互融汇，因而是双向的。例如，悦中山、李树茁等认为社会融合是一个农民工与市民群体之间在就业、社会经济地位等方面差异逐渐消减、相互适应的过程。③

从以上分析中可以看出，社会融入与社会融合的概念确实有其差异性。但是，以往一些文献往往忽视了社会融入和社会融合的差别，在研究中甚至交互使用、互相代替。不可否认，社会融入与社会融合有一定的相通之处，但相对而言，“融入”比“融合”更好地体现了农民工流动的原因、农民工在流入地的社会融入过程及农民工对流入地经济、社会、文化的影响。因为，第一，农民工作为从属和弱势的一方，客观上难以传播乡土文化。

① 陈成文，孙嘉悦．社会融入：一个概念的社会学意义［J］．湖南师范大学社会科学学报，2012，41（06）：66–71．

② 任远，邬民乐．城市流动人口的社会融合：文献述评［J］．人口研究，2006（03）：87–94．

③ 悦中山，李树茁，费尔德曼．农民工社会融合的概念建构与实证分析［J］．当代经济科学，2012，34（01）：1–11，124．

第二，从主观意愿看，流动民工也无心传播家乡文化。第三，从长期发展趋势来看，城市工业社会的文化最终会取代农民工所带来的乡土文化。[①]

由此，本研究认为，社会融入理论比社会融合理论对新生代农民工的就业质量具有更强的借鉴意义，采用社会融入的概念来分析比较合适。具体而言，农村代表着“老土”、保守、落后的弱势文化，城市则是现代性、先进性和创新性文化的象征。新生代农民工在城市的职场竞争中处于弱势地位，他们想获得高质量的就业，一个重要任务就是要摒弃传统的乡土文化和习惯对其就业发展的不利影响，通过在职业经济、社会、文化、心理等层面进行自我调整和改变，以不断适应和融入城镇主流的职业方式和价值观念之中。因此，新生代农民工在获取高质量就业过程中不涉及新生代农民工对流入地就业文化、生活的影响和渗透，强调的是新生代农民工逐步接受、适应与认同城市生活和工作方式的状态和过程。当然，这种观点并不否认新生代农民工在城市互动中的平等性、能动性。新生代农民工仍然可以采取策略性行动，来平等地、能动地融入城市非农职业之中。

2.2.2　社会融入的操作化

国外学者在对移民社会融入进行具体考察时，通常从多个层次、多个指标衡量移民社会融入的程度，其中比较有影响力的测量方法有“二维度”模型、“三维度”模型和“四维度”模型，[②]具体而言：

M. 戈登（M.Gordon）首先提出“二维度”模型，他认为移民的社会融

① 杨菊华. 从隔离、选择融入到融合：流动人口社会融入问题的理论思考［J］. 人口研究，2009，33（01）：17–29.

② 郭庆. 农民工的社会信任与城市融合研究［D］. 上海：华东师范大学，2013.

入包括结构性融入与文化性融入两个维度，其中，结构性融入主要指移民在流入国不断提高社会经济地位，文化性融入主要指移民在文化观念、风俗习惯上的转变和同化。与此同时，戈登还提出了 7 个具体指标去测量移民的社会融入程度：文化接触、结构性同化、通婚、族群认同、偏见、歧视、价值和权力冲突。[①]

杨格 – 塔斯（Junger–Tas）等在前人研究的基础上提出了“三维度”测量模型，他认为社会融入可以划分为结构性融入、社会 – 文化性融入以及政治 – 合法性融入 3 个层面。[②] 其中，结构性融入涉及移民在教育、劳动力市场、收入与住房等诸多方面享有平等机会。社会 – 文化融入主要体现为语言使用、通婚、群际间友谊、人群间的隔离程度、个人自主性与群体间协调性的关系等指标。政治 – 合法性融入则主要包括选举权、被选举权等政治合法权利。“三维度”测量模型的进步在于突出了政治与合法性权利对于社会融入的重要意义。

以恩泽格尔（Rentzinger）等为代表的学者提出了“四维度”测量模型，即认为社会融入包括四个测量维度：社会经济融入、政治融入、文化融入和主体社会的接纳程度。[③] 其中，社会经济融入主要指职业流动、工作就业、收入水平、社会保障与社会福利、社会活动与社会组织参与等方面的改善状况。政治融入主要涉及移民群体的合法政治身份的获得情况。文化融入

① GORDON, MILTON. Assimilation in American Life [M] . Glencoe, IL: Free Press, 1964.

② JOSINE JUNGER–TAS. Ethnic mi — norities, social integration and crime [J] . European Journal on criminal policy and research , 2001（9）: 5–29.

③ HAN ENTZINGER, RENSKEBIEZEVELD. Benchmarking in immigrant integration [D] . Erasmus University Rotterdam, 2003.

与移民语言能力以及选择择偶情况、有无犯罪行为等方面的表现有关。主体社会的接纳程度反映了社会融入不仅仅是移民自身对于流入地社会的适应与同化，同时也与流入地社会对移民群体的接纳态度有关。

还有一部分学者从“心理感知”的角度来研究移民的社会融入问题。例如，Bollen&Hoyle 指出，社会融入不应仅仅考察对行为等客观指标的度量，还应包括对感知的社会融入的测度；感知的社会融入，如归属感、对组织或者组内其他成员的态度等情感因素是社会融入度量的另一个重要角度。①

受国外理论的影响，目前国内相关研究也主要采取用多维度测量的方法，从多个维度去刻画农民工社会融入状况。王桂新、罗恩立从经济融合、政治融合、公共权益融合、社会关系融合和教育融合的角度对上海市农民工社会融合状况进行了实证调研分析。②张文宏和雷开春通过探索性因子分析的方法，发现城市新移民的社会融合包含文化融合（本地语言掌握程度、熟悉本地风俗程度和接受本地文化价值程度）、心理融合（社会满意度、职业满意度和住房满意度）、身份融合（职业稳定程度、身份认同程度和“拥有户口情况）和经济融合（添置房产的意愿和增加亲属相伴人数）4 个因子。③任远和乔楠认为外来移民的社会融合程度主要包括以下 4 个测量维度：自我身份的认同、对城市的态度、与本地人

① BOLLEN，HOYLE．Perceived Cohesion：A Concep-tual and Empirical Examination［J］．Social Forces，1990，69（2）．

② 王桂新，罗恩立．上海市外来农民工社会融合现状调查研究［J］．华东理工大学学报（社会科学版），2007（03）：97-104．

③ 张文宏，雷开春．城市新移民社会融合的结构、现状与影响因素分析［J］．社会学研究，2008（05）：117-141，244-245．

的互动以及感知的社会态度。[①] 类似地，余运江、高向东、郭庆认为新生代乡—城流动人口社会融合结构维度包括经济适应、社会接纳、文化与心理融合。[②] 李培林、田丰将农民工的社会融入分为经济层次融入（就业、收入与消费状况）、社会层次融入（社会互动内容）、心理层次接纳（分别与农村人和城市人之间的心理距离）和身份层次认同（对农村人、外地人、本地人的认同）等 4 个不同的层次。[③] 杨菊华从理论上构建了流动人口在流入地社会融入的指标体系，具体包括 4 个维度：经济整合、行为适应、文化接纳、身份认同。[④] 在此基础上，杨菊华进一步构建了流动人口在流入地社会融入的具体指标体系，包括 4 个一级指标、16 个二级指标以及若干三级指标。[⑤] 此外，杨菊华还以经济整合（职业、收入和社会保险）、社会适应（主要交往对象、困难求助对象、社区活动参与和组织参与）、文化习得（对本地语言的掌握程度，与本地居民的居住隔离情况等）和心理认同（长期居留打算、家庭团聚意愿以及是否认为自己是本地人等）4 个维度测量了中国流动人口的社会融入。[⑥]

---

① 任远，乔楠. 城市流动人口社会融合的过程、测量及影响因素［J］. 人口研究，2010，34（02）：11-20.

② 余运江，高向东，郭庆. 新生代乡—城流动人口社会融合研究——基于上海的调查分析［J］. 人口与经济，2012（01）：57-64.

③ 李培林，田丰. 中国农民工社会融入的代际比较［J］. 社会，2012，32（05）：1-24.

④ 杨菊华. 从隔离、选择融入到融合：流动人口社会融入问题的理论思考［J］. 人口研究，2009，33（01）：17-29.

⑤ 杨菊华. 流动人口在流入地社会融入的指标体系——基于社会融入理论的进一步研究［J］. 人口与经济，2010（02）：64-70.

⑥ 杨菊华. 中国流动人口的社会融入研究［J］. 中国社会科学，2015（02）：61-79，203-204.

可见，目前学术界对于社会融入究竟包含哪些具体的维度和指标没有得到一致的结论，诸多学者从不同侧面和视角去测量农民工社会融入的程度或状态。尽管如此，不同测量模型所包含的内容仍有其共性和核心维度。通过整理现有文献可以发现，最常见的社会融入测量维度包括经济、社会、文化、心理、政治等 5 个方面，具体如表 2–1 所示：

表 2–1　农民工社会融入测量研究的代表性文献

维度	测量指标	作者与文献时间	注释
经济融入	收入（月均收入）	李培林、田丰（2012）	农民工在劳动力市场上能够和本地居民一同进行正常的、相当的经济活动
	住房（居住面积、固定居所等）	周皓（2012）	
	消费（人均支出等）	褚荣伟等（2012） 钱泽森等（2018）	
	职业声望（职业类型等）	杨菊华（2010）	
	社会保障（三险一金等）	张斐（2011）	
	工作环境（工作时长等）	童星等（2010）	
社会融入	社会关系（朋友圈）	周皓（2012）	农民工在城市建立起来的社会交往网络，包括交往对象、交往频率、交往内容等
	社会交往（交往人数、交友意愿、与本地人互动等）	王桂新等（2008） 李树茁等（2008）	
	社会支持网络	王佃利等（2012）	
心理融入	未来打算（居留意愿等）	王桂新等（2008） 童星等（2010） 王佃利等（2012）	农民工在城市的居留预期，以及对“自己是谁”的身份归属的判断
	身份认同（本地人身份认同、城市人身份认同）	刘传江等（2008） 任远等（2010） 张斐（2011）	
文化融入	现代性	悦中山等（2012）	农民工对城市文化、风俗习惯、价值观念、行为规范的了解、认可和习得程度
	当地语言使用	褚荣伟等（2012）	
	外表、业余休闲生活	周皓（2012）	
	文化接纳与认可	杨菊华（2010）	
政治融入	政治参与情况	刘建娥（2014）	农民工获得城市社会管理权利、享有城市社会公共服务、以及城市政治参与情况
	公共服务等	褚荣伟等（2012） 郭庆、陈云凡（2017）	

2.2.3 社会融入理论的研究应用

与社会融入的现状、指标体系、影响因素的研究状况相比，以社会融入为理论工具进行应用和解释的研究还不多，相关研究只是散见于学者的论述当中，主要文献集中在流动人口居留意愿、流动人口管理服务等领域。

陈旭峰、田志锋等考察了社会融入状况对农民工参加组织的影响。[①] 李振刚在运用社会融合理论的基础上，结合人类福祉理论，考察社会文化融合和结构融合因素对新生代农民工居留意愿的影响。[②] 王朋岗进一步从社会融合视角出发，分析社会融合因素对不同地区流动人口居留意愿的影响差异，发现社区参与、本地人接纳感知以及与老家相比幸福感等社会心理融合因素对新疆、北京和广东跨省流动人口的长期居留意愿均有正向影响；职业、就业身份、收入、住房等流入地经济融合方面的因素对新疆、北京和广东跨省流动人口长期居留意愿的影响有较大的差异。[③] 孙涛等从经济融入、生活融入、政治融入与文化融入等社会融入的视角，有针对性地探究流动人口服务和管理的对策。[④]

不过在新近的研究中，越来越多的学者开始以社会融入为视角进行相

① 陈旭峰，田志锋，钱民辉. 社会融入状况对农民工组织化的影响研究［J］. 中国人民大学学报，2011，25（01）：56-63.

② 李振刚. 社会融合视角下的新生代农民工居留意愿研究［J］. 社会发展研究，2014（03）：100-117，241.

③ 王朋岗. 社会融合视角下新疆跨省流动人口长期居留意愿研究——新疆、北京和广东的比较研究［J］. 人口与发展，2015，21（02）：66-71.

④ 孙涛，赵岩，翟磊. 社会融入视角下的城市流动人口服务管理研究——基于三亚市的实证调查［J］. 公共管理学报，2014，11（04）：105-115，143.

关研究。郭庆从城市融入的视角，对农民工体育贫困状况进行测量和分析，[①]郝晓宁等从经济融入、生活融入、文化融入及心理融入 4 个维度分析流动人口的社会融合状况对流动人口心理健康的影响。[②]戈玲丽将社会融入度分为经济整合、行为适应、文化接纳和社会认同 4 个维度，并将之作为探讨流动人口群体的生育意愿的核心自变量，验证了相关的融合假说。[③]这些研究分布在体育贫困、心理健康、生育意愿等各个领域，在很大程度上拓展了社会融入理论的研究范围，有助于提升社会融入理论的解释力。

2.2.4　对社会融入理论的基本认识

通过对以上理论的梳理，我们可以对社会融入理论形成以下 3 点基本的认识：

第一，社会融入的本质是差异的消除。在西方，虽然社会融合的理论和概念有很多种，但在最近，Alba 和 Nee 提出的“新融合论”“差异消减论”成为融合的主流思潮，[④]其目标在于通过种族差异的消减实现种族间社会、文化和心理等方面的趋同，使得种族间的界限不断模糊、跨越和重构。在我国，关于社会融入的概念虽然多样，但总的来讲，都包含一个农民工由外在到内核、从形式到实质向城市转变的内涵。可见，社会融入是用来理

① 郭庆．农民工体育贫困状况与精准扶贫策略研究——基于城市融入视角的实证分析［J］．武汉体育学院学报，2017，51（05）：21-27.

② 郝晓宁，孙继艳，薄涛．社会融合对流动人口心理健康影响的研究——基于 2014 年全国流动人口动态监测数据的检验［J］．人口与发展，2018，24（04）：14-23.

③ 戈玲丽．迁移、社会融入与流动人口生育意愿［D］．南京大学，2018.

④ 杨菊华，贺丹．分异与融通：欧美移民社会融合理论及对中国的启示［J］．江苏行政学院学报，2017（05）：72-80.

解和解释移民在变化的环境中的转变、适应与认同的理论，它不仅是一个被动学习的过程，更是一种主动适应、接受主流社会生活方式的过程。[①]

第二，社会融入是一个内涵丰富、外延复杂的多维度概念。从内容上看，社会融入既包括在经济、社会、文化、政治等客观方面的融入，也包括在心理、情感等主观方面的融入。从过程上看，社会融入不是一蹴而就的，而是一个由低到高、不断发展、长时间的动态过程。从结果上看，社会融入存在区隔性融入、自融入、同化、多元文化并存、整体性融合等多种形态。

第三，对社会融入本身的分析多，研究应用少。长期以来，学界习惯于把社会融入当作一个因变量或者研究对象进行分析，使得社会融入的概念、现状、指标体系研究取得了丰富的研究成果。然而，把社会融入作为一个自变量或者理论工具进行应用的研究显得相对冷清。实际上，社会融入不仅是目标和结果，更是手段和工具。因此相关研究需要进一步提升社会融入理论的解释力，拓展社会融入理论的研究应用范围。

基于以上认识，可以发现，依据社会融入理论分析新生代农民工就业质量，一方面可以丰富新生代农民工就业质量的内涵与测量指标体系；另一方面又可以弥补社会融入理论应用不足的缺陷，因而具有重要的创新和研究意义。

2.3 新生代农民工就业质量概念的再建构

从前述国内外社会融入的研究分析中可以看出，社会融入是一个综合性概念，涉及经济、文化、社会、心理等多个层面。因此，基于社会融入

① 郭庆．农民工体育贫困状况与精准扶贫策略研究——基于城市融入视角的实证分析［J］．武汉体育学院学报，2017，51（05）：21-27.

视角，我们发现，新生代农民工的就业质量也会涉及经济整合、文化接纳、行为适应、心理认同等全方面的适应与融入。由此，本研究认为，新生代农民工就业质量是一个涉及经济、文化、社会、心理等方面的社会融入性概念，它更多地体现为一种由结构融入到内核融入的全方位进程，即由就业权益扩大、经济地位提升等外在表现，逐步过渡到对职业行为、职业文化、职业身份等方面的内在适应、接纳与认同的全面转型。①

从中不难看出，新生代农民工的就业质量是一个集经济、适应、文化、身份于一体的复杂问题，找到一份工作，获得一定的工资福利待遇仅仅是实现高质量就业的第一步，他们还需要在职业行为、职业文化、职业身份等方面实现全面转型，这是其就业质量的进一步升级。正如汤普森所指出的，打造一个有质量的产业劳动力，“需要一个对各种工作习惯进行严酷的再造过程——这些工作习惯包括新的工作纪律、新的工作动机，以及使得这些动机得以生效的新的人性的再造”。②

因此，在社会融入视角下，新生代农民工的就业质量不仅是一个经济概念，同时也包含一种适应与认同的人文社会关怀，这就使其就业质量的内涵由生存扩展至融入。

2.4　新生代农民工就业质量测量维度的再建构

与内涵理解一致，本研究从社会融入理论的层面构建新生代农民工就

① 郭庆．社会融入与新生代农民工就业质量差异［J］．华南农业大学学报（社会科学版），2020（04）：56-66.

② 黄斌欢．双重脱嵌与新生代农民工的阶级形成［J］．社会学研究，2014，29（02）：170-188，245.

业质量的评价指标体系，认为新生代农民工的就业质量不单体现在拥有较高的收入、社会保障权益等方面，同时也表现为获得良好的职业适应、职业认同等社会融入方面，是一个由非正规就业的农民工角色群体向正规就业的职业化、城市化劳动者角色群体的整体转型过程。具体可以操作化为4个维度进行分析：职业待遇整合、职业行为适应、职业文化接纳与职业身份认同。

2.4.1 职业待遇整合维度

职业待遇整合主要指收入报酬等就业待遇的优劣程度，这一维度以职业稳定性为基础，以职业收入水平为核心，涵盖社会保险、工作环境、职业发展前景等诸多方面。也就是说，新生代农民工要获得较高的就业质量，首先要在城市有一份比较稳定的工作与收入，然后逐步谋求良好的社会保护与发展空间，具体可从工资水平、“五险一金”、工作强度、劳动保护、职业发展空间等方面进行分析。

1. 工资水平

工资水平是反映新生代农民工就业质量高低的最直观表现。据《2019年农民工监测调查报告》显示，农民工月均收入3962元，比上年增加241元，增长6.5%，虽然农民工工资仍然处于增长之中，但与2018年相比，2019年农民工工资增长速度降低了0.3个百分点，回落还是比较明显的。而且，农民工与本地城镇职工的收入差距仍然存在，难以实现工资同化。[①]《中国青年农民工项目综合政策建议报告（2011）》就曾指出，我国青年

① 吕炜，杨沫．迁移时间有助于农民工融入城市吗？——基于职业流动和工资同化的动态研究［J］．财经问题研究，2016（10）：101-109.

农民工的收入仅为本地城镇职工平均工资水平的 30%。新生代农民工工资水平太低，难以满足新生代农民工在城市立足、生存的需要，同时影响了新生代农民工对工作岗位和职业身份的认同度与归属感，极度影响其就业质量。因此，保证相对合理的工资水平是确保新生代农民工高质量就业的基础条件，也是评价就业质量的重要指标。

2.“五险一金”

“五险一金”是指用人单位给予劳动者的几种保障性待遇的合称，包括养老保险、医疗保险、失业保险、工伤保险、生育保险和住房公积金。“五险一金”是企业给予员工的保障性待遇，对于化解员工的养老、疾病、住房、失业等社会风险具有重要的意义，尤其是对于弱势群体而言，起到的社会保护作用更加明显。

3. 工作时间

工作时间又称劳动时间或法定工作时间，是劳动者在一昼夜或一周内从事工作或生产的时间，也是衡量进行报酬支付的基本计算单位。工作时间一般由标准工作时间和延长工作时间（加班）两部分组成。标准工作时间是指在法律规定的情况下，普遍适用的工时制度。我国劳动法规定，劳动者的标准工作时间为每日工作 8 小时，或平均每周工作 40 小时，每周至少一天休息日。延长工作时间即加班时间，是在正常工作日之外的延长时间，即日工作时间超过 8 小时，每周工作时间超过 40 小时。我国劳动法第 41 条规定：“用人单位由于生产经营需要，经与工会和劳动者协商后可以延长工作时间，一般每日不得超过 1 小时；因特殊原因需要延长工作时间的，在保障劳动者身体健康的条件下延长工作时间每日不得超过 3

小时，但是每月不得超过 36 小时。”

4. 工作环境

实现高质量的就业，还要求用人单位提供安全的工作环境。工作场所的安全卫生与否，关系到劳动者的身心健康，关系到劳动者安全需要的满足。用人单位必须保障劳动者工作安全，降低职业病发生率、工伤事故发生率、工伤事故死亡率等。[①]

5. 职业发展

新生代农民工大多比较年轻，他们的职业生涯处于起步阶段，决定了他们评判一份工作好坏的标准不仅在于眼前的“钱景”，同时还在于个人的职业晋升空间和职业发展“前景”，这成为影响其是否要坚持或修正自己职业道路的重要因素。因此良好的职业发展空间对于他们而言尤为重要，也是反映其就业质量高低的又一指标。总体而言，要获得较好的职业发展空间，一方面要有丰富的就业培训；另一方面则要能获得公平的晋升渠道。

2.4.2 职业行为适应维度

职业行为适应，是从业者开启职业生涯或生涯转换过程中面临的普遍性问题。职业行为适应的涵义可以从继续社会化、生涯发展、就业能力、人力资源管理等多个理论视角进行理解。根据人职匹配的理论，职业适应是一个人和职相匹配的过程，即就业者进入一个新的职业环境后，对自身的职业态度、知识技能、人际关系、组织文化、职业心理等各方面不断进

① 陈成文，周静雅. 论高质量就业的评价指标体系［J］. 山东社会科学，2014（7）：37–43.

行评估、调整，以达到和所从事职业相一致、相和谐的过程。①

众多研究指出，劳动者在就业和职业转换过程中需要完成职业技能、职业规范、职业人际、职业心理等方面的适应任务。例如，胡仕勇、吴中宇等从劳动社会化的角度衡量职业适应性的状况，认为职业适应与否可以以下两方面来考虑：第一是否掌握了一个职业角色所必需的知识和技能；第二是否了解了工作环境的内涵，这其中包括工作制度和规范的学习与遵守以及对工作环境中人际关系的处理等等。② 范成杰将城市居民的职业适应划分为以下 3 个维度：职业能力适应、人际适应和心理适应。③ 李凤兰、李飞认为失地农民的职业适应包括职业技能适应、职业规范适应、职业人际适应和职业心理适应 4 个维度。④ 吴玉峰认为中学青年教师的职业适应包括技能、人际关系及心理感受 3 个层面。⑤ 邓碧会、邓维等对大学生职业适应性现状进行分析，认为大学生职业适应包括 5 个方面，分别为学习及技能适应性、人际适应性、职业心理适应性、职业选择适应性和职业环境适应性。⑥

---

① 谭明，方翰青. 我国职业适应性研究综述［J］. 中国职业技术教育，2012（18）：34-39.

② 胡仕勇，吴中宇，曹晓斌. 国有企业青年职工职业适应性研究［J］. 当代青年研究，2004（01）：9-15.

③ 范成杰. 城市居民个人背景与职业适应性研究——以杭州市为例［J］. 社会，2006（01）：98-111，208.

④ 李凤兰，李飞. 城市化进程中失地农民职业适应的社会学分析［J］. 改革与战略，2009，25（01）：34-36.

⑤ 吴玉峰. 中学青年教师的职业适应水平及其影响因素研究［D］. 武汉：华中科技大学，2006.

⑥ 邓碧会，邓维，李兢. 大学生职业适应性状况及相关对策的实证研究［J］. 重庆大学学报（社会科学版），2008（04）：59-63.

对于农民工的职业适应，王茂福将农民工的职业适应划分为两方面，即职业技能适应和职业心理适应。[①] 赵晓歌、张敏将青年农民工的职业适应操作化为职业能力适应、人际适应和心理适应3个维度进行实证研究。[②] 童宗斌从工作场域出发，认为新生代农民工的职业适应主要体现在职业技能和工作规范、关系交往、心理感受等3个方面。[③] 这些测量虽然在内容上不尽相同，但基本上都强调了知识技能、人际交往、心态感受对于职业适应的重要性。

因此，借鉴以上研究成果，本研究初步认为，新生代农民工的职业行为适应可以从以下3个方面进行分析：职业知识技能适应、职业人际适应和职业心理适应。

1. 职业知识技能适应

职业知识技能适应是指劳动者是否掌握某一职业所要求的基本知识、技术和能力，其最突出的体现就是通过掌握本岗位的工作技能（比如业务流程、操作技术），以及本岗位所需的业务知识（比如产品知识、行业知识），使自己对所从事的岗位逐渐熟练起来，最后达到适应和胜任的状态。

当前，我国正处在供给侧结构性改革的关键时期，社会分工越来越细，对职工的知识技能要求越来越高。2017年，党中央、国务院发布的《新时期产业工人队伍建设改革方案》更是明确提出“构建产业工人技能形成体系”“着力提升产业工人的技能素质”。但是，新生代农民工往往受教育

① 王茂福. 农民工职业适应水平实证分析［J］. 城市问题，2010（08）：70-74.

② 赵晓歌，张敏. 青年农民工职业适应性的实证研究［J］. 学理论，2010（11）：27-28.

③ 童宗斌. 职业生涯与工作适应：新生代农民工的城市实践［J］. 中国青年研究，2011（01）：10-14，41.

程度不高，加之职业生涯刚刚起步，对工作经验的积累还非常有限，相当部分不具备从事现代非农职业的技能，大多只能从事职业技能要求不高的低端行业。因此，当产业结构调整、用工要求提高时，新生代农民工需要尽快提高自身的职业技能水平，以避免失业，最后达到适应和胜任工作岗位的状态。

2. 职业人际适应

职业人际适应是在尊重他人的基础上，积极与人进行交往，处理好职场人际关系的程度和能力。建立良好的职场人际关系，是一个人事业成功的重要支撑。美国著名成功学大师戴尔 · 卡耐基经过长期的研究，发现“专业知识在一个人成功中的作用只占 15%，而其余的 85% 则取决于人际关系”。

新生代农民工进入城市、步入职场以后，脱离了农村、校园里单纯的人际关系，人际关系变得复杂和多样起来，交往对象逐步扩展到城市中各种年龄、层次的人们。同时，在工作中，年轻气盛的新生代农民工可能容易和上司、雇主或同事之间产生冲突和矛盾。例如，现代企业制度一般对职工的工作时间、工作任务等都有固定、严格的要求，且并不总是公平，而职工必须服从领导和上级的安排，这对于讲究个性化的新生代农民工通常是不能忍受的。因此，在职业生涯初期的新生代农民工也需要在职业人际交往中学会与不同人群保持和谐的相处关系，以尽快适应新的工作环境和工作群体。

3. 职业心理适应

职业心理适应是指大脑对新职业的各种信息引起的各种心理过程，如感觉、感受、知觉、注意、情绪、意志、性格、信念都有一个适应过程。①

在劳动力市场中，紧张、繁忙的工作节奏常常使人感到就业和生活压力巨大，对于年轻的新生代农民工而言尤其如此。国内外有关研究表明，受到流动过程的直接或间接影响，移民是一个心理健康危机的高风险性群体，容易产生失落、紧张、封闭的不良的心理情绪，甚至滋生自杀的意念。②其实，与农村个体化的务农环境不同，城市劳动力市场是一个竞争化、制度化、规范化的逻辑，新生代农民工在城市就业的过程中，需要不断了解和应对日益复杂的工作环境、工作职责及各种情境，因此会承受比务农更强烈、更广泛的竞争压力，导致其出现不同程度的职业心理健康问题。加上受流动因素的影响，新生代农民工缺乏社会支持网络的保护，沦为城市的边缘人，被置于“拆分型劳动力生产体制”“工厂专制体制”之中，因此更加容易出现迷茫、恐慌、失落、沮丧、苦闷、抑郁等各种心理上的问题，如果不及时调整和矫正这些不良心理问题，必然会影响个人的成长和就业的质量。因此，发挥健康的职业心理机能，调节自己的情绪与现代职业相适应，这成为新生代农民工获取高质量就业的又一重要任务。

2.4.3 职业文化接纳维度

从现代企业和劳动力市场对劳动力的需求看，企业和市场在选择人才的过程中不仅仅看重员工的文凭和职业技能证书，同时还更看重其是否拥

① 李凤兰，李飞. 城市化进程中失地农民职业适应的社会学分析［J］. 改革与战略，2009，25（01）：34-36.

② 罗竖元. 社会网络、身份认同与新生代农民工的心理危机［J］. 华南农业大学学报（社会科学版），2018，17（04）：95-105.

有责任心、吃苦耐劳、团队合作、企业忠诚度等职业文化素养。没有良好的职业文化素养，即使他的受教育程度再高，知识技能再多，也都不能算作优秀的员工。对于新生代农民工来讲，尽管他们比较早地来到城市学习和生活，有了一定的城市生活经验，但新生代农民工毕竟来自农村，他们大部分有留守经历，生活习性、思想文化仍不可避免地带有深刻的乡土烙印，阻碍着现代职业精神、城市工商业经济文化的养成。因此，培育现代职业文化也是新生代农民工就业质量的一个重要方面。

那么，何谓职业文化？不同的学者有不同的理解。有的学者认为职业文化是人们在长期职业活动中逐步形成的价值观念、思维方式、行为规范以及相应的习惯、气质、礼仪与风气。它的核心内容是对职业道德、职业精神、职业纪律、职业礼仪和职业制度等内容的自觉体认和自愿遵从，① 有的学者认为职业文化应该包括职业理念、职业态度、职业道德、职业责任、职业价值，② 还有的学者认为职业文化有广义和狭义之分，其最基本的内容包括两个方面：一是与职业社会相关的风俗与道德，二是与职业单位相关的制度。③

由此，借鉴以上研究成果，本研究初步认为，新生代农民工职业文化接纳可以从以下两方面进行分析：职业精神接纳、组织文化融入。其中，职业精神接纳是一种广义上的职业文化，与职业道德、职业态度、职业责任有关，组织文化融入是一种狭义上的职业文化，是指与某一组织或某一

① 王文兵，王维国. 论中国现代职业文化建设［J］. 中共长春市委党校学报，2004（04）：71-73.

② 唐骏，唐博. 论职业文化的构建［J］. 企业家天地，2009（10）：70-72.

③ 董显辉. 职业文化的内涵解读［J］. 职教通讯，2011（15）：5-9.

职业相关的职业纪律和职业制度文化。

1. 职业精神接纳

职业精神是员工在从事一项职业活动时该有的态度、精神和意识，通常包含责任意识、敬业精神、工匠精神、勤业精神、忠诚精神、团队精神等核心元素。在现代职场中，无论是什么岗位，都无一例外地要求员工具备责任、敬业、忠诚、勤业、团结协作等良好的职业精神，例如教师要为人师表、医生要救死扶伤、法官要公平正义等，都是每一个职业需要的职业精神。对于新生代农民工而言，他们往往在生产和服务的第一线，比如从事食品加工、建筑施工等职业，更加需要养成敬业、责任、忠诚等良好的职业精神，如果缺乏这些基本的职业精神，那么就很容易引发诸如“垃圾食品”“偷工减料”等食品安全和工程质量问题，也就不利于企业、社会和国家的稳定和谐发展。因此，无论打工还是创业，无论在小企业还是大公司，新生代农民工都要努力培育敬业、勤业、进取、合作、忠诚、创新等职业精神，以真正实现向从外在向内在、从形式到内核、从低质量就业到高质量就业的转型。

2. 组织文化融入

新生代农民工在踏上工作岗位之后，就加入了一个组织。每一个组织都有自己的文化，这种文化的核心是组织的价值观，表现为组织行为的风格、模式和制度，例如喝下午茶、开早会、上班规定穿着正装等各种纪律和规章制度。这些纪律和制度文化对员工的思想具有引导和塑造作用，对员工的行为具有约束和规范作用。新生代农民工大多数是80后、90后，他们的自我意识比较强，团队协作能力比较弱，而进入企业或组织后，高度分工与协作的社会化生产方式要求企业实行精细化与规范化管理。此时，新生代农民工也要根据现实环境及时转变自己的个性特征与思想观念，用新的职业规范、组织文化要求自己，遵守企业各项规章制度和管理体制，包括考勤、请假、穿着、礼仪、安全生产等各方面的制度安排，避免把过去生产生活中随意性和粗放性等独特个性带到工作中去，要使自己能够尽快融入工作岗位之中，很好地适应现代企业的标准化管理方式，从而提升自己的工作绩效。

2.4.4　职业身份认同维度

积极的职业认同是一种健康的生活状况，[①] 能为个体的生涯规划、职业发展等行为提供正向的激励，员工职业认同度越高，工作投入越积极，工作满意度越高，而离职倾向越低。[②] 但是，作为一个跨城乡流动的群体，新生代农民工面临城乡两种环境的交流、碰撞与较量，必然会对自己的职业身份归属、未来职业安排等产生更为复杂和不利的影响，甚至陷入“不农不工，亦农亦工”的职业认同危机，并进一步干扰其在城市就业的连续性和稳定性。因此，如何获得积极成熟的职业身份认同成为新生代农民工实现高质量就业的重要任务。

所谓身份认同（Identity），最初是一个哲学范畴，表示“变化中的同态或差别中的同一问题，如同一律”[③]，后来泰弗尔（Tajfel）将身份认同

① ANDREAS HIRSCHI. Callings in career: A typological approach to essential and optional components [J]. Journal of Vocational Behavior, 2011 (79): 60–73.

② 李笑樱，闫寒冰. 教师职业认同感的模型建构及量表编制 [J]. 教师教育研究, 2018, 30 (02): 72–81.

③ 张海洋. 中国的多元文化与中国人的认同 [M]. 北京：民族出版社, 2006.

概念引入社会心理学领域，使得身份认同的含义与应用范围也得以扩展。根据泰佛尔的理解，身份认同是个体对自己归属于哪个群体的认知与意识，并且群体成员资格对他（或她）具有情感和价值意义。[①] 具体来说，身份认同主要包含两个问题：一是指“身份、本体、本身”，回答“我是谁”的问题，强调个体认识到他（或她）属于特定的社会群体，二是指“同质性、一致性”，强调个体基于对社会群体关系的认知所形成的情感及归属，即个体对他（或她）的群体成员身份赋予某些情感和价值上的重要性。[②]

职业，在美国学者阿瑟萨尔兹看来，是一种人们为了获取持续性的报酬而从事的工作活动，职业是人们在参与社会分工的过程中所获取的一种劳动角色类别，[③] 通常包括工人、农民、教师、商人等不同的职业身份。可见，职业身份是身份体系中一个重要的组成部分，因此，职业身份认同建立在社会认同理论的基础之上，社会成员对职业身份的认同也将遵循社会认同的基本规律。与此同时，职业身份认同的范围局限于“职业”，因此职业身份认同的内涵和外延都要更加明确。

综合以上论述，本研究认为，新生代农民工的职业身份认同可以理解为新生代农民工在城镇就业过程中对于自身职业的身份认知以及职业归属感，包括两方面的含义：职业身份归属与职业情感建构。

① 王莹. 身份认同与身份建构研究评析［J］. 河南师范大学学报（哲学社会科学版），2008（01）：50–53.

② 唐兴军，王可园. 新生代农民工的身份认同困境探析——基于信任的视角［J］. 华中农业大学学报（社会科学版），2014（05）：104–110.

③ 潘杨. 高校教师职业认同、组织认同与创新行为研究［D］. 西南财经大学，2014.

1. 职业身份归属

职业身份归属是新生代农民工对自己的职业身份定位，回答“我是谁”的问题。

对于新生代农民工而言，其职业身份一般包括农民工、城市产业工人、新生代产业工人、工人阶级等不同的称谓。不同的职业身份具有不同的内涵和发展质量。相对来讲，城市工人阶级、产业工人的处境要优于农民工，城市产业工人掌握了一定的技术本领，工作相对稳定，有可靠的社会保险和福利，社会认可度也较高，“是我国先进生产力和生产关系的代表”。所以各级政府部门都非常重视对新型产业工人队伍的培育，尤其强调努力将农民工培育成城市产业工人。但是，虽然早在 2004 年，党中央的一号文件就指出“进城就业的农民工已经是产业工人的重要组成部分”，但十多年过去了，已经进化为第二代的农民工与城市工人阶级的差异仍然是多方面的。首先，新生代农民工的户籍身份是农民，这使得他们在城市并未享受到与城市产业工人同等的福利待遇，其工资收入与城镇职工相比是有差距的，更不用说养老保险、医疗保险等保险和福利待遇了，而产业工人对相应工资和福利待遇都有明确的规定和保障。其次，新生代农民工大多存在职业技能不熟练、职业责任意识淡薄、职业耐受力差、社会政治地位相对较低等问题，而产业工人是先进生产力的代表者，他们富于组织性、纪律性和革新性，因此，新生代农民工在职业技能、职业素养、职业文化、社会地位、政治地位等方面也处于相对弱势的境地。事实上，从国外的发展趋势来看，英国、美国等世界发达国家也经历了一个农民非农化、转为工人阶级的历程，而我们正处在非农化、新工人阶级形成的过程之中，产业发展、经济转型过程需要大量的农民工，迫切需要农民工逐步转变为准产业工人，转变为正式的产业工人。[①②]

因此，无论从发展质量，还是从发展趋势上来看，在产业转型、新时期产业工人队伍建设改革的时代背景下，新生代农民工从农民工转变为高素质的城市工人阶级都是应有之义、大势所趋，这对于稳定其城市就业意愿、提高其就业质量具有重要意义，也是反映其就业质量的一个重要指标。

2. 职业情感建构

职业情感构建是新生代农民工对自己所从事职业的一种主观上的情绪表达与评价，包括爱憎、好恶、荣辱、美丑等的情绪体验，回答的是“同质性、一致性”问题，能反映工作本身各方面待遇优劣好坏的程度。

情感是行动的先导，有强烈职业情感的人，能够从内心接受和热爱自己所从事的职业与岗位，认定这份工作是有意义、有价值的，并怀着极大的热忱去践行职业规范，从而在工作中找到乐趣和归属感。相反，如果人们对自己所从事的职业缺乏正确的认知和必要的情感，不仅不会热爱自己的工作，还会增加人与职业之间的离心力，让人从内心深处厌恶、抵触自己所从事的职业，从而大大降低工作效率。

当新生代农民工进入工作岗位时，有可能是自己喜欢的工作，也有可能是自己不喜欢的工作，但无论是否喜欢，都必须理智地面对新的工作环境、工作性质以及工作内容等一系列问题，调整自己的职业期望值，同时利用外部机遇，培养自己的职业情感，这成为新生代农民工就业质量另一

① 何美金，郑英隆. 农民工的形态演变：基于中国工业化进程长期性的研究[J]. 学术研究，2007(11)：53-59.

② 刘建洲. 无产阶级化历程：理论解释、历史经验及其启示[J]. 社会，2012，32(02)：51-83.

个比较突出的问题。

综合以上 4 个维度的论述，本研究用简明的图形呈现社会融入视角下新生代农民工就业质量的测量维度（具体见图 2–1）。

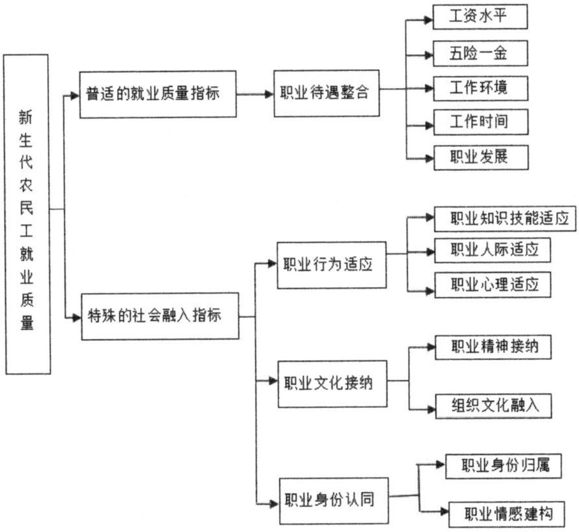

图 2–1　社会融入视角下新生代农民工就业质量的评价指标体系

可以发现，在本研究构建的维度中，新生代农民工就业质量的测评由收入、权益等物质层次深入到职业适应与身份认同等社会心理层面，其中，职业待遇整合指标体现了就业质量的普适性测量指标，即基本的经济生存需要，职业行为适应、职业文化接纳与职业身份认同指标则呈现了就业质量的特殊性测量指标，即着眼于新生代农民工的社会融入这一关键要点来讨论和应对其就业质量问题，因此相比以往研究更加全面和精准。

与此同时，这里需要特别注意的一点是，在构建就业质量的社会融入性指标的过程中，我们要持更加审慎的态度，既要体现就业质量的社会融入特征，又不能将就业质量内涵无限扩大，否则就会导致就业质量内涵过于泛化，脱离就业质量的就业本质。因此，本研究所构建的指标都是围绕着就业问题进行的，职业行为适应与文化接纳毋庸置疑是属于就业层面的问题，职业身份归属则不同于以往对“是本地人还是外地人”“是农民还是市民”的社会身份认同，而是对农民工、城市产业工人、工人阶级等职业身份的认同，因此具有明显的就业特征。

总之，在社会融入的理论视角下，新生代农民工就业质量问题内涵和维度非常丰富，涉及经济、社会、文化、心理等多重意义，需要突破以往的思维惯性，以一种更加全面、整体、独特同时又不能过于泛化的社会融入视角予以解释和把握。

当然，必须指明的是，本研究提出由生存到融入的研究范式的转换，并不是否定以往新生代农民工就业质量研究所取得的丰富成果，而是期盼在此基础上实现新生代农民工就业质量研究的新发展和新成就，丰富新生代农民工就业质量的研究视角。

第 3 章　新生代农民工就业质量指标体系的测量与验证

本研究在第 2 章论述中采用定性分析的方法，回顾了以往文献对新生代农民工就业质量的认识与研究路径，并从理论上提出了本研究对新生代农民工就业质量的概念界定和相关维度，认为新生代农民工的就业质量问题不仅是一个经济问题，同时也是一个重要的社会问题，如何从社会融入层面提高其职业待遇整合、职业行为适应、职业文化接纳与职业身份认同的水平，实现全方位的“高质量就业”，是值得各方高度关注的新命题。

根据社会调查研究方法论，理论与研究存在相互联系、相互制约的关系，理论指导研究的方向，同时也需要研究来进行检验。也就是说，前文关于就业质量结构维度仅是理论设想，还缺乏具体的测量指标，此外，这种理论框架是否具有合理性和可行性也仍未可知，因此，还需要将前文所述的测量维度转化为具体的测量指标，并进一步通过收集数据、定量研究的方法来进行检验。

由此，本章力图通过抽样调查数据，采用因子分析、信度效度分析等定量分析的方法，全面、科学而又准确地挖掘出新生代农民工就业质量的指标体系与结构维度，从而为社会融入视角下新生代农民工就业质量的理论构想提供有力的数据支撑。

具体而言，新生代农民工就业质量评价指标体系的构建分为以下 3 个步骤：第一个步骤是编制初始指标，第二个步骤是采集数据对初始指标进行验证分析，第三个步骤是确定最终的指标体系（具体见图 3–1）。

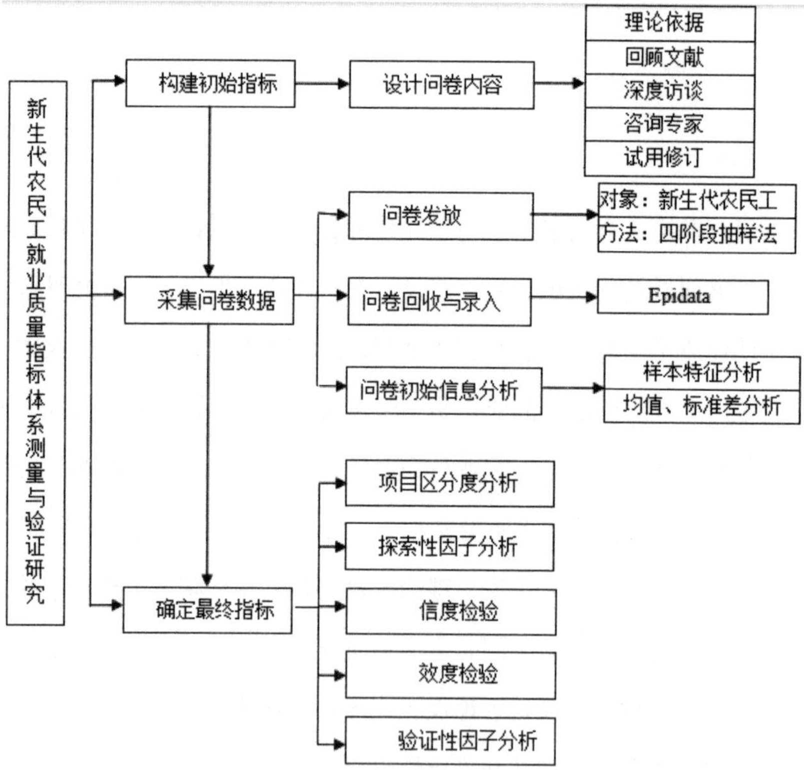

图 3–1 新生代农民工就业质量指标体系测量与验证的研究过程

3.1 新生代农民工就业质量指标体系的初始构建

理论基础建立之后，具体评价指标体系的选择就是非常重要的基础性工作。根据不同的理论导向和研究目标，人们可以从众多的评价指标中选择不同的指标体系，但是指标体系的构建不是随意进行的，必须遵循科学、规范的原则，以保证客观、合理、有效地反映就业质量的状况。因此，在新生代农民工就业质量的实证测评研究中，首要的工作便是如何选取科学地构建评价指标体系。

3.1.1 构建的原则

为了使指标体系科学化、规范化，在构建新生代农民工就业质量的指标体系时，应遵循以下原则：

1. 多元性

一套科学的指标体系首先应该是多元的、全面的，如果指标体系过少，那么就难以反映评价对象的全貌，使评价结果效度不足。因此，在建立新生代农民工就业质量的评价指标时，首先要尽可能做到全面和多元，既要包括工资、福利等经济状况的指标，又要包含职业适应、职业认同等社会融合的指标，以形成对新生代农民工就业质量的一个整体判断。

2. 代表性

评价新生代农民工就业质量的指标内容具有多元性，但是另一方面，多元化的指标之间不能过于烦琐、相互重叠，否则容易产生统计上的“多重共线性”，即使对数理模型进行适当的修正，也会增加统计的难度和评价成本。因此，在多元性之外，评价指标还要具有代表性、简明性，使选取的每一个指标都能从一个且仅有一个侧面反映就业质量的某个特征，这也有助于提高统计模型的拟合效果。

3. 系统性

就业质量各指标之间不是杂乱无章的，而是有着内在逻辑联系的，它们之间相互独立，分别从不同的侧面反映就业质量的各种特征，同时又彼此联系，共同构成一个从生存到适应再到接纳与认同的就业连续统一体。

4. 针对性

衡量新生代农民工就业质量的指标体系非常丰富，但必须选取与新生代农民工就业紧密相关的指标，反映新生代农民工就业质量的特殊之处。一方面，在社会融入的视角下，新生代农民工的就业质量是一个复杂多维的概念，涉及职业待遇、职业适应、职业认同等诸多方面，这与大学生、城镇职工以及其他一般就业者群体的就业质量有差异；另一方面，新生代农民工主要分布在工资收入低、社会保障水平差、就业稳定性不足的次级劳动力市场。因此，选取的评价指标也应该与新生代农民工的就业需求和劳动力市场的特点保持可衔接性或关联性，以增强指标体系的针对性与特殊性。

5. 可行性

在选取指标时，还应同时兼顾统计、调查数据的可获得性。因为评价指标有很多，但不同的指标获取的难易程度不同，有的指标信度、效度高，但在有限的人力物力财力中难以获得。因此，在构建指标时还须遵循指标易于取得的原则，各指标尽量简单明了、微观性强、便于收集，尤其是最后一层指标的数据采集必须直接可测、可量化、便于进行统计分析，否则指标体系就无法建立。

3.1.2　构建的步骤

新生代农民工就业质量指标体系构建的步骤主要从以下六方面展开。

一是理论依据。本研究从社会融入的视角关注新生代农民工的就业质量。因此，根据这一研究目标，本研究克服以往单一的就业理论的不足，以社会融入理论为依据来编制就业质量的测量项目，具体还包括高质量就业理论、职业适应、职业认同等理论。

二是回顾文献。归纳总结国内外的文献成果，选择比较权威、认同度较高的文献为依据，借鉴已有文献对就业质量问卷的设计（包括表述、问法、题目类型等的设计）。

三是深度访谈。本研究于 2016 年 3 月在长沙市东岸建材市场上选取了 10 位新生代农民工进行了深度访谈，就被访者的工资收入、社会保障、在就业过程中遇到的困境等问题进行全面的询问，特别关注被访者的工作内容、工作表现、工作态度、工作意愿等方面的内容，以获取对新生代农民工就业状况的初步印象与感性认识，并为今后的深入调查提供更丰富的有关资料和相关的行动路线。

四是初步确定。明确问卷设计的出发点，既要结合研究目的、方便统计，同时又要有助于被调查群体（新生代农民工）作答。在此过程中坚持以下原则：问题要全面考虑到新生代农民工在就业过程中可能会遇到的情况，包括经济、社会、心理、文化等方面的问题，以便满足研究需要；问卷语言的陈述要尽量简短和明确，符合新生代农民工的文化水平和语言习惯，不能出现专业术语或长难句；问题不能带有倾向性或双重含义，避免产生歧义或误解；将问题进行分组，题目的顺序和分类尽量体现研究的逻辑性，遵循由简单到复杂、由熟悉到生疏、由封闭到开放的顺序排列；整个问卷的长度保持适宜，答题时间保持合理，以提升问卷的有效回收率。

五是咨询专家。指标初步设计后，本研究还须进一步咨询相关专家的意见，让专家对就业质量指标的数量、类型、问法、有效性等进行评议，并重点对职业行为适应、职业文化接纳与职业身份认同等复杂抽象的指标提出针对性意见和建议。在综合各专家意见的基础上，把不能反映职业行为适应、职业文化接纳、职业身份认同的指标进行修改和完善。

六是试用和修订。为检验问卷内容的合理性与可行性，本研究还选取了 15 位新生代农民工进行试用和预调查。在调查过程中，要求访问者指导被访者理解题目，使被访者根据自己的实际情况进行认真、有效作答。

总之，经过回顾文献、咨询专家、深度访谈和预调查等 6 个方面的步骤，本研究对新生代农民工就业质量的测量问项、答案、语言表述、问法、排序等得到进一步修改和完善，从而确定了新生代农民工就业质量测量指标体系的初始框架。

3.1.3　构建的初始框架

根据上述原则和步骤，本研究构建了社会融入视角下的新生代农民工就业质量测量指标体系。该指标体系是对前文所述维度的细化，用于对新生代农民工就业质量的评价。具体来讲，对于每个维度下具体的测量指标，本研究一方面尽量选择以往国内外文献中信度和效度较高的量表进行测量；另一方面根据本研究的需要和新生代农民工的特点与实际情况，对量表的部分表述和题项进行了一定的修改和补充，从而使指标选择尽量做到科学严谨。

1. 职业待遇整合维度的测量

职业待遇整合主要指收入福利等待遇的优劣程度，它是新生代农民工就业质量的基本保证和直观体现。

职业待遇整合实际上反映了劳动者在劳动过程中的“基本需要”①，具有普适性，因此相关测量的研究成果比较丰富，测量指标也比较成熟。本研究结合前文的文献综述，并借鉴尹海洁、王翌佳②、聂伟、风笑天③等的定量研究成果，选取 5 个分维度、11 个具体指标测量职业待遇整合的状况：收入水平、社会保险、工作强度、工作环境和职业发展（具体测量方法见表 3–1），其中，（1）收入水平的主体是工资性收入，对于合同关系不稳定的劳动者而言，收入水平的概念不仅是收入的高低，而且也包含收入的领取等，因此用“月均工资水平”和“工资领取状况”2 个指标来反映；（2）社会保险用“是否购买养老保险”“是否购买医疗保险”和“是否购买工伤保险”3 个指标来反映，之所以选择养老、医疗和工伤保险，主要是因为养老保险和医疗保险是城镇职工社会保险最主要的两个险种，而工伤保险对于工伤事故和职业病风险较高的农民工群体来说也是非常重要的；（3）工作强度用“每天工作时间”和“每周加班情况”2 个指标来反映，因为我国劳动法对工时制度有明确规定，即劳动者每日工作时间不

① 张凯．就业质量的概念内涵及其理论基础［J］．社会发展研究，2015，2（01）：86–108，244．

② 尹海洁，王翌佳．东北地区城市工作贫困群体就业质量研究——来自哈尔滨、长春和沈阳市的调查［J］．中国人口科学，2015（03）：116–125．

③ 聂伟，风笑天．就业质量、社会交往与农民工入户意愿——基于珠三角和长三角的农民工调查［J］．农业经济问题，2016（6）：34–42．

超过8小时，平均每周工作时间不超过44小时；（4）工作环境，新生代农民工大多在生产或服务一线，如果工资收入较高，但工作环境不卫生或不安全，对健康危害很大，那么也不能反映其就业质量就高，具体用“就业卫生条件”和“就业安全系数”2个指标来反映；（5）职业发展，就业培训在年轻人的职业发展中尤为重要，劳动者通过就业培训不断学习新的知识和技能，可以提升自己的综合素质，进而获得更多的发展机会。此外，公平的晋升机会也是职业发展中一个必然的话题，因此用“就业培训状况”和“职业晋升机会”2个指标来反映。

2. 职业行为适应维度的测量

对于职业行为适应，相关的表述有职业适应性、就业适应性、工作适应等，虽然名称不一样，但总的来看都属于职业适应领域的研究。国外学者较早对职业适应的测量进行了探索，形成了一些有影响力的测量量表，其中尤以对工作适应的测量最为有代表性。Morrison从发展和系统的角度构建了工作适应量表，包括4个方面：工作掌握、角色清晰、文化调适、社会整合①。作为组织的一员，员工首先要熟悉和掌握工作岗位的相关知识和技能；其次要清楚工作岗位的角色要求，并使自己符合角色规范；接着还要了解组织文化和匹配企业的文化；最后要建立相应的人际交往关系，以获得组织支持，真正融入组织。这4个维度代表了个体在职业转换以及日常的职业活动中所应具备的适应能力和需要完成的4项任务，成为职业适应领域一个比较成熟、应用广泛的量表。Hershenson构建了工作适应量表的三维度模型：一是工作角色行为，即个体能根据单位和工作的要求做

① MORRISON E W. Longitudinal study of the effects of information seeking on new comer socialization［J］. Journal of Applied Psychology，1993a，78（2）.

出合适的行为；二是任务绩效，即个体完成工作任务的状况，包括产出的数量与质量等；三是工作者的满意感，即个体是否能从单位和工作中获得满足感。[①] 此外，在 Savickas 的量表中，员工职业适应力则被划分为关切、控制、好奇和信心 4 种维度。[②]

在国内，学者们在结合我国就业群体特点的基础上，开始借鉴和修改国外的这些量表，从而编制了一些本土化的职业适应量表。例如，柴玉辉在修改和完善 Morrison 的量表基础上，构造了一个包含 16 个项目的职业适应量表，主要分为任务掌握、角色明晰、人际关系、文化适应 4 个维度。[③] 唐雪梅构造了一个包含 22 个项目、4 个维度的职业适应性量表，分别为职业技能适应、职业认知适应、人际关系适应和职业环境适应[④]。唐玉结合国内外工作适应的测量量表，构造了一个包含 71 个项目的工作适应量表，主要分为 9 个维度，分别为适应不良、归属感、岗位胜任、工作态度、工作环境、角色明晰、积极体验、匹配感、工作压力[⑤]。

此外，王益富认为，员工在就业过程中面临的现实问题包括“企业要求与管理”“职业人际关系”“职业知识与技能”“工作任务与压力”和“职业发展与转化”5 个方面。[⑥] 相应地，要解决以上问题，则需要员工在职业

① HERSHENSON D B，LAVERY G J. Sequencing of vocational development Stages：Futher studies [J]. Journal of Vocational Behavior，1978（12）.

② SAVICKAS M L，PORFELI E J. Career Adapt- Abilities Scale，Construction，reliability，and measurement equivalence across 13 countries [J]. Journal of Vocational Behavior，2012，80（3）：661-673.

③ 柴玉辉. 高职毕业生工作适应性研究 [D]. 太原科技大学，2012.

④ 唐雪梅. 硕士研究生职业适应性研究 [D]. 西南交通大学，2010.

⑤ 唐玉. 大学毕业生工作适应现状及其影响因素研究 [D]. 苏州大学，2012.

⑥ 王益富. 企业员工职业适应能力：测量及影响机制 [D]. 西南大学，2014.

知识与技能、组织协同、工作沟通、情绪调节等不断适应与发展。因此，王益富等在修改和完善 Savickas 的量表基础上，构造了一个包含 20 个项目的职业适应力量表，主要分为职业学习、组织协同、工作沟通、情绪调节、生涯转化 5 个维度。①

总的来讲，在国内，一般研究者都将采用自编量表法来对职业适应加以研究，这些量表虽然具有一定的信度和效度，但毕竟没有形成比较有权威的测量量表。当前，如何进一步完善新生代农民工的职业适应量表，将其运用于新生代农民工的就业质量研究，对新生代农民工的就业指导和相应政策的制定具有重要的意义。

由此，本研究通过借鉴 Morrison、柴玉辉、王益富等对员工适应力的研究，选取 3 个分维度、9 个具体指标测量职业行为适应的状况：职业知识技能适应、职业人际适应和职业心理适应。其中，（1）职业知识技能适应，用"完成工作任务""职业学习""工作职责清晰"和"技能提升" 4 个指标来反映；（2）职业人际适应用"与上司 / 雇主关系的融洽状况""与同事关系的融洽状况"和"与客户关系的融洽状况" 3 个指标来反映；（3）职业心理适应用"工作压力调适"和"职业信心" 2 个指标来反映。

在具体测量中，通过一系列陈述语句来询问，答案采用李克特 5 级量表形式进行设置②，包括"很不同意、不太同意、一般、比较同意、非常同意"，

① 王益富，王丽丽，张建人，董薇. 员工职业适应能力量表的编制及初步应用［J］. 中国临床心理学杂志，2016，24（06）：1021–1028.

② 一般而言，相比同样长度的量表，李克特量表具有更高的信度，不仅方便被访者作答，同时又有助于对所得数据进行统计分析。

分别赋值 1 ~ 5 分，得分越高，反映新生代农民工职业行为适应水平越高（具体见表 3-1）。

3. 职业文化接纳维度的测量

如前所述，职业文化的内涵是丰富多彩的，不同的学者基于不同的角度对职业文化有着不同的界定，使得职业文化仍未形成统一的操作性定义，特别是缺乏专门化的职业文化测量量表，相关的测量指标仅是散见于学界的研究中。

毛尚华、方小斌对农民工的职业精神进行了论述，认为农民工职业精神的主要内容包括敬业、勤业、忠诚、服从、合作等几个方面。[①]还有一些学者用定量的研究方法，对农民工相关的职业精神进行了定量测量，例如，罗明忠、卢颖霞采用 3 个项目测量了农民工职业态度的构成要素，认为农民工的职业态度包括对工作的奉献精神、敬业精神等。[②]李长江、肖昌苏构造了一个 16 个项目、4 个维度的量表测量新生代农民工的职业忠诚度，包括从离职倾向、工作态度、团队精神、关注企业。[③]

任何组织的生存和发展都有其组织文化，包括价值观念、规章制度与管理方式等。员工身处其中就会受到组织文化影响与制约，同时也要了解、遵守组织的纪律，使自己迅速融入组织大家庭之中。在实证研究中，王益富从经营模式、规章制度、管理方式和工作环境 4 方面对员工的组织协同

① 毛尚华，方小斌．论农民工职业精神的培养［J］．文史博览，2006（20）：54-56.

② 罗明忠，卢颖霞．农民工职业认同：构念与实证——基于广东南海部分农民工的调查与分析［J］．华东经济管理，2013，27（08）：87-91.

③ 李长江，肖昌苏．新生代农民工忠诚度现状及提升对策研究——基于浙江中小民营企业的调查［J］．安徽行政学院学报，2014，5（06）：89-94.

能力进行了测量。①

由此，本研究借鉴和吸收罗明忠、卢颖霞对职业态度的测量方法②，以及王益富等对组织融合的相关测量研究成果③，选取 2 个分维度、6 个具体指标测量职业文化接纳的状况：职业精神接纳、组织文化融入。希望借此抛砖引玉，能引起更多学者们的关注。其中，（1）职业精神接纳，用“敬业精神”“工匠精神”和“团队精神”3 个指标来反映；（2）组织文化融入用“对组织规章制度的认可程度”“按组织的要求言行自律”和“与组织的价值观念一致”3 个指标来反映。

在具体测量中，本研究通过一系列陈述语句来询问，答案采用李克特 5 级量表形式进行设置，包括“很不同意、不太同意、一般、比较同意、非常同意”，分别赋值 1 ~ 5 分，得分越高，反映新生代农民工职业文化接纳水平越高（具体见表 3–1）。

4. 职业身份认同维度的测量

城市身份认同既是一种心理上的融入，也是一种地位上的象征，对于农民工的城市社会融入具有重要的意义，引起了较多学者的关注。相对来讲，我国学者针对农民工群体的职业身份认同测量研究还相当少。在城市身份认同中，学界通常以是否认同自己属于城市人或入户意愿来进行衡量，因为城市人、非农户口身份代表着市民待遇，是判断其城市融入程度的重

① 王益富. 企业员工职业适应能力：测量及影响机制［D］. 西南大学，2014.

② 罗明忠，卢颖霞. 农民工职业认同：构念与实证——基于广东南海部分农民工的调查与分析［J］. 华东经济管理，2013，27（08）：87–91.

③ 王益富. 企业员工职业适应能力：测量及影响机制［D］. 西南大学，2014.

要标准。[①] 由此可以认为，在就业与职业层面，新生代农民工对城市工人阶级或非农职业身份的归属状况将会是判断其职业身份认同程度的一项重要指标。

此外，针对农民工群体的职业认同测量研究也相当少。在仅有的个别研究中，罗明忠、卢颖霞通过参考 Blau 的职业承诺[②]、魏淑华[③]的教师职业认同等量表，编制了一个包含 15 个项目的农民工职业认同的量表，发现农民工的职业认同由 4 个维度构成，一是职业价值，即农民工对自身职业所体现的意义、重要性等的认知和评价。二是职业情感，即农民工对自身职业的归属感，也就是农民工意识到自己属于该职业群体中的一员，并且产生与职业相关的荣辱感。三是职业学习，即农民工为完成工作任务、提升工作绩效所表现出来的主动学习与进取的行为。四是职业态度，即农民工对待工作的态度。[④]

由此，本研究在借鉴以上相关文献的基础上，并结合本研究的整体框架和研究目标，选取以下指标测量新生代农民工的职业身份认同状况：

首先，借鉴杨宜音对新生代农民工身份认同的研究[⑤]，用“常常想到自己是一位农民”“把自己看作是城市工人阶级的一员”“我与城市

---

① 钱泽森，朱嘉晔. 农民工的城市融入：现状、变化趋势与影响因素——基于 2011—2015 年 29 省农民工家庭调查数据的研究［J］. 农业经济问题，2018（06）：74-86.

② BLAU G J. The measurement and prediction of career commitment［J］. Journal of Ocuupational Psychology，1985，58：277-288.

③ 魏淑华. 教师职业认同研究［D］. 西南大学，2008.

④ 罗明忠，卢颖霞. 农民工职业认同：构念与实证——基于广东南海部分农民工的调查与分析［J］. 华东经济管理，2013，27（08）：87-91.

⑤ 杨宜音. 新生代农民工过渡性身份认同及其特征分析［J］. 云南师范大学学报（哲学社会科学版），2013，45（05）：76-85.

工人阶级没有什么区别”3个指标来测量新生代农民工的职业身份归属状况。

其次，参考由Blau等编制的①，由罗明忠、卢颖霞②等修改的职业情感量表，用“喜欢现在的职业”“乐意告诉别人现在的职业”和“愿意以后长期从事现在的职业”3个指标来反映新生代农民工的职业情感建构状况。

最后，在具体测量中，本研究通过一系列陈述语句来询问，答案采用李克特5级量表形式进行设置，包括“很不同意、不太同意、一般、比较同意、非常同意”，分别赋值1～5分（具体见表3-1）。其中，“常常想到自己是一位农民”指标采用反向计分法，其余题项采用正向计分法，得分越高，反映新生代农民工职业身份认同水平越高。

综上所述，本研究初步形成了一份包含4个一级维度、32个题项的新生代农民工就业质量指标体系，这些题项和指标的具体测量和构成见表3-1。

① BLAU G J. The measurement and prediction of career commitment [J]. Journal of Ocuupational Psychology, 1985, 58: 277-288.

② 罗明忠，卢颖霞. 农民工职业认同：构念与实证——基于广东南海部分农民工的调查与分析 [J]. 华东经济管理，2013，27 (08)：87-91.

表 3-1　新生代农民工就业质量测量指标体系的初始框架

一级维度	具体项目	赋值方法
职业待遇整合	E1 您每个月能挣多少工资	实际月均工资（元）
	E2 您每个月的工资能否按时足额领取	从不能 =1，较少能 =2，一般 =3，较常能 =4，经常能 =5
	E3 所在单位是否为您购买了养老保险	是 =1，否 =0
	E4 所在单位是否为您购买了医疗保险	是 =1，否 =0
	E5 所在单位是否为您购买了工伤保险	是 =1，否 =0
	E6 您每天工作几小时	实际工作时间（小时）
	E7 您每周的加班情况是怎样的	经常加班 =1，较常加班 =2，一般 =3，较少加班 =4，从不加班 =5
	E8 您当前工作的环境卫生条件如何	非常差 =1，比较差 =2，一般 =3，比较好 =4，非常好 =5
	E9 您当前所从事工作的安全系数如何	非常低 =1，比较低 =2，一般 =3，比较高 =4，非常高 =5
	E10 在您的就业单位，您参加过职业培训吗	从不参加 =1，较少参加 =2，一般 =3，较常参加 =4，经常参加 =5
	E11 在您的工作中，您是否能获得公平的晋升机会	从不能 =1，较少能 =2，一般 =3，较常能 =4，经常能 =5
职业行为适应	E12 我能完成工作任务的要求	很不同意 =1，不太同意 =2，一般 =3，比较同意 =4，非常同意 =5
	E13 我会不断学习与职业相关的知识或技能	很不同意 =1，不太同意 =2，一般 =3，比较同意 =4，非常同意 =5
	E14 我对自己的工作职责非常了解	很不同意 =1，不太同意 =2，一般 =3，比较同意 =4，非常同意 =5
	E15 我能胜任技术含量高的工作岗位	很不同意 =1，不太同意 =2，一般 =3，比较同意 =4，非常同意 =5
	E16 我与上级 / 雇主之间能够保持融洽的相处关系	很不同意 =1，不太同意 =2，一般 =3，比较同意 =4，非常同意 =5
	E17 我与同事之间能够保持融洽的相处关系	很不同意 =1，不太同意 =2，一般 =3，比较同意 =4，非常同意 =5
	E18 我与客户的关系处理得不错	很不同意 =1，不太同意 =2，一般 =3，比较同意 =4，非常同意 =5
	E19 对于工作中的压力，我认为是暂时的和有办法解决的	很不同意 =1，不太同意 =2，一般 =3，比较同意 =4，非常同意 =5
	E20 我有信心实现我的职业发展目标	很不同意 =1，不太同意 =2，一般 =3，比较同意 =4，非常同意 =5

续表

一级维度	具体项目	赋值方法
职业文化接纳	E21 我能认真负责对待工作范围内的事情	很不同意 =1，不太同意 =2，一般 =3，比较同意 =4，非常同意 =5
	E22 我在工作中精益求精，经常思考如何把工作做得更好	很不同意 =1，不太同意 =2，一般 =3，比较同意 =4，非常同意 =5
	E23 我重视团队合作，愿意在工作中协作配合	很不同意 =1，不太同意 =2，一般 =3，比较同意 =4，非常同意 =5
	E24 我认可组织的规章制度	很不同意 =1，不太同意 =2，一般 =3，比较同意 =4，非常同意 =5
	E25 我按组织的要求言行自律	很不同意 =1，不太同意 =2，一般 =3，比较同意 =4，非常同意 =5
	E26 我的很多想法和组织的价值观念一致	很不同意 =1，不太同意 =2，一般 =3，比较同意 =4，非常同意 =5
职业身份认同	E27 我常常想到自己是一位农民	很不同意 =1，不太同意 =2，一般 =3，比较同意 =4，非常同意 =5
	E28 我把自己看作是城市工人阶级的一员	很不同意 =1，不太同意 =2，一般 =3，比较同意 =4，非常同意 =5
	E29 我与城市工人阶级没有什么区别	很不同意 =1，不太同意 =2，一般 =3，比较同意 =4，非常同意 =5
	E30 我喜欢我现在的职业	很不同意 =1，不太同意 =2，一般 =3，比较同意 =4，非常同意 =5
	E31 我乐意告诉别人我现在的职业	很不同意 =1，不太同意 =2，一般 =3，比较同意 =4，非常同意 =5
	E32 我愿意以后长期从事现在的职业	很不同意 =1，不太同意 =2，一般 =3，比较同意 =4，非常同意 =5

3.2 新生代农民工就业质量指标体系的验证

就业质量指标初始框架构建后，还需要通过采集数据和定量研究的方法对其进行验证和修订。具体来讲，本研究对新生代农民工就业质量评价指标的验证主要包括以下步骤：第一，依据初始框架编制新生代农民工就业质量调查问卷；第二，通过问卷发放、问卷回收与录入，构建数据库；第三，通过项目分析、因子分析、信度效度分析等方法对数据进行整理分析，以调整问卷项目的数量和结构，去伪存真，确定最终就业质量的评价指标与结构维度。

3.2.1　数据采集

本研究于 2016 年 6 月开始正式发放调查问卷，并于 2016 年 12 月结束问卷调查工作，历时半年多。在调查期间，课题组得到了共青团湖南省委、瑞华建设集团等相关政府和企业部门的大力配合，从而保证了本次调查的顺利进行。

1. 数据采集对象

本研究的数据采集对象为新生代农民工。王春光最早关注新生代流动人口，此后，越来越多的学者开始研究新生代农民工的问题，并提出了大量与新生代农民工相关的概念，比如第二代农民工、青年农民工、新生代流动人口、新移民等。2010 年 1 月，国务院中央一号文件第一次使用了“新生代农民工”的提法，并要求采取有针对性的措施，着力解决新生代农民工问题，让新生代农民工市民化，使得新生代农民工问题首次进入国家治理视野，上升为国家层面的社会问题。

对于新生代农民工的概念，不同的学者有不同的界定标准。按照王春光的研究，新生代流动人口是“出生于 20 世纪 70 年代末 80 年代初，成长和受教育于 80 年代，基本上于 90 年代外出务工经商”的一个年轻群体。[①] 罗霞、王春光在研究新生代农村流动人口的外出动机及行动选择时，将 20 世纪 80 年代初次外出的农村流动人口看作第一代，把 25 周岁以下、于 90

① 王春光. 新生代农村流动人口的社会认同与城乡融合的关系 [J]. 社会学研究，2001 (03)：63-76.

年代及以后外出务工经商的农村流动人口算作第二代即新生代农民工。① 刘传江、徐建玲进一步将新生代农民工群体界定为“1980 年以后出生、20 世纪 90 年代后期开始进入城市打工的农民工”。② 可见，当前学术界对新生代农民工的界定有 2 个基本的标准，一是以出生年代为划分标准，即把“1980年以后出生的”农民工视为新生代农民工，二是以年龄为划分标准，即把“16 ~ 30 岁”年龄段的农民工视为新生代农民工。这两种界定方式虽然都有各自的问题，但在当前的社会经济背景下，以年龄和出生年代对新生代农民工进行界定仍然是一个比较合理的标准。当然，随着时间的推移，未来的研究需要进一步改进对新生代农民工的划分方式。③

总的来讲，上述学者对于新生代农民工的界定有所差异，但都包含了农村人口、年轻人口、外出就业这 3 个特征，事实上是界定了新生代农民工的 3 个维度，即“新、农、工”④⑤。“新”是指新生代农民工呈现不同于老一代农民工的概念与特征，即与老一代农民工相比，新生代农民工在受教育程度、外出就业动机、消费特征等方面上都存在一些明显差异和转变，他们具有明显的“三高一低”特点，即受教育程度、职业期望、物质生活享受要求较高，而劳动耐受力较低。“农”是指新生代农民工虽然转

① 罗霞，王春光．新生代农村流动人口的外出动因与行动选择［J］．浙江社会科学，2003（01）：111-115.

② 刘传江，徐建玲．第二代农民工及其市民化研究［J］．中国人口．资源与环境，2007（01）：6-10.

③ 段成荣，靳永爱．二代流动人口——对新生代流动人口的新划分与新界定［J］．人口与经济，2017（02）：42-54.

④ 郑梓桢．新生代农民工处城乡双重边缘化［N］．南方日报，2010-02-17（A05）．

⑤ 曹科岩．新生代农民工就业质量分析及对策［J］．当代青年研究，2017（03）：59-64.

移到了城市中，在城市中就业，但却难以得到城市的接纳，他们与城镇户籍职工之间仍然存在同工不同酬，同工不同权，甚至同工不同福利保障的差距，难以真正享受平等的市民待遇。“工”是新生代农民工多数缺乏务农经验，他们中大多数人不再亦工亦农，而是纯粹从事现代工商业活动。

由此，本研究把新生代农民工界定为：在 1980 年及之后出生的，年龄在 16 岁以上、36 岁以下（截至调查时），进城从事非农就业的农村户籍人口，即调查对象要满足年龄、务工和户籍 3 个方面的特征。

2. 数据采集方法

鉴于新生代农民工主要聚居于社区和工作场所，同时，这一群体的总体比较难以界定，很难获得完整的抽样框，如果采用某种单一的抽样方式（如整群抽样、简单随机抽样），往往不能达到理想的抽样效果。因此本研究采用社区抽样和工作单位抽样、简单随机抽样和配额抽样、入户调查和网络问卷调查等多种抽样方式相结合的方法采集数据，以保证抽样对象的广泛性和代表性。

首先，社区抽样调查的方式为四阶段抽样方法，具体方法和过程如下：

（1）第一阶段：选取城市

中国是一个幅员辽阔、城市类型多样的国家。根据国务院 2014 年 11 月新发布的《关于调整城市规模划分标准的通知》，城区人口在 1000 万以上的城市为超大城市，在 100 万以上 500 万以下的为大城市，在 100 万以下的城市为中小城市。在不同规模的城市，城市文化、政策环境、经济发展水平各有不同，导致新生代农民工的规模和特征也有差异。由此，本研究在选择数据采集地点的过程中，兼顾城市规模类型和区域类型，分别抽取了上海市、湖南省长沙市和江西省新余市作为样本数据采集地。根据各城市的统计年鉴，2016年末，上海市常住人口2419.7万人，长沙市市辖区人口411.64万人，新余市市辖区人口80.82万人。因此，按照《关于调整城市规模划分标准的通知》的划分依据，在本研究中，上海市、长沙市、新余市分别属于超大城市、大城市和中小城市的代表。其中，上海市是一个位于东部发达地区的超大城市、国际化大都市，产业类型多元化，是全国吸纳外来务工人员最为密集的城市之一。长沙市是湖南的省会城市，具有较强的人口吸引和承载能力，在全国来看，长沙市农民工的就业状况一定程度上代表中部大城市的发展水平。江西省新余市的城市名片是“工小美”，即其是一个区域小市，同时致力于打造一个工业强市、山水美市，当前钢铁、新能源、新材料等支柱产业集聚人口效应呈扩大趋势。新生代农民工在以上不同规模的城市中务工，可能会面临较为明显的社会融入和就业质量差异。

（2）第二阶段：选取区级行政单位

在被抽取的3个城市中，本研究采用简单随机抽样方法抽取区级行政单位，抽取结果如下：在上海市16个辖区中抽选取了普陀区、闵行区和浦东新区3个抽样单位，在长沙市6区1县中抽选取了岳麓区、雨花区和芙蓉区3个抽样单位，在新余市3区1县中选取了渝水区、高新区、分宜县3个抽样单位。这样，3个城市共随机抽取到了9个行政区。

（3）第三阶段：选取社区（居、村委会）

区级行政单位确定之后，须进一步从被抽中的区县中确定社区（居、村委会）的样本数。具体可以通过简单随机抽样的方法来抽取社区。依照该抽样方法，在每个区级行政单位随机抽取 5 个社区，那么，在 3 个城市的 9 个区县中，一共抽取到了 45 个社区，以此确定下一步入户调查的路线和地点。社区具体分布结果见表 3–2。

（4）第四阶段：选取具体的访问对象——新生代农民工

该阶段较为复杂，需要绘制出新生代农民工住宅类建筑物信息，包括 4 个步骤：第一步，绘制出建筑物。各类建筑物是确定调查对象的依据与载体，也是样本框全面准确的重要保证。第二步，对建筑物样本进行编号。建筑物编号是抽样的重要一环，要画出最为便捷的行走路线，即最优路线，然后按照所确定的最优路线的顺序为新生代农民工租住或者公棚等建筑物编号，以便将来入户调查时访问员能够便利地找到被访户。第三步，制作住所清单列表。住所清单列表构成了样本总体，也是进行抽样、确定被访对象的直接依据。第四步，根据新生代农民工住所清单列表，在每个社区抽取 30 ~ 50 名不同人口特征的新生代农民工。当然，在选取具体的访问对象时，需要考虑新生代农民工内部的人口异质性。因此，笔者在控制性别、职业、年龄、行业等人口社会经济特征的基础上，对新生代农民工进行分层抽样，以尽可能保证样本的代表性。

依照以上思路，在每个社区抽取了 30 ~ 50 名不同类型的新生代农民工，最终获取的样本数为 2100 名（具体见表 3–2）。

表 3–2　社区调查的样本量分配

初级抽样（市、区）	次级抽样（社区）	终极抽样（新生代农民工）
长沙市岳麓区	溁湾镇社区、新民路社区、八字墙社区、咸嘉新村社区和望城坡社区（5 个）	每个社区抽取 30 ~ 50 名新生代农民工
长沙市雨花区	韶山路社区、左家塘社区、浦沅社区、红星社区和高桥社区（5 个）	每个社区抽取 30 ~ 50 名新生代农民工

续表

初级抽样（市、区）	次级抽样（社区）	终极抽样（新生代农民工）
长沙市芙蓉区	韭菜园社区、定王台社区、火车站社区、杨家山社区和德政园社区（5个）	每个社区抽取30～50名新生代农民工
上海市普陀区	长风社区、长寿社区、曹杨社区、甘泉道社区和宜川社区（5个）	每个社区抽取30～50名新生代农民工
上海市闵行区	吴泾新村、古美一村、春辉新村、杜行社区和光华社区（5个）	每个社区抽取30～50名新生代农民工
上海市浦东新区	南码头社区、惠南社区、浦兴社区、三林社区和联洋社区（5个）	每个社区抽取30～50名新生代农民工
新余市渝水区	燕子山社区、仙来湖社区、孔目江社区、北湖社区和茶山口社区（5个）	每个社区抽取30～50名新生代农民工
新余市高新区	梅园社区、沙土社区、石岗社区、万家山社区和长林社区（5个）	每个社区抽取30～50名新生代农民工
新余市分宜县	矿建社区、青山社区、泗水路社区、天工社区和文教巷社区（5个）	每个社区抽取30～50名新生代农民工

其次，工作单位抽样调查主要在制造业、服务业和建筑业中进行，主要包括两个步骤，一是采用配额抽样法，在每个城市中预定抽取400名不同特征的单位农民工，二是抽取问卷填写对象，通过链接团省委等社会资源，来联络相关单位青年农民工，之后由调查员一方面通过“进店进厂”的方式进行面对面调查；另一方面通过“互联网+”的方式进行网络问卷调查，即在问卷星网站上编辑问卷，利用微信群、朋友圈和QQ等社交工具进行转发，从而尽可能扩大样本范围。最终，在3个城市的制造业、服务业和建筑业等企业中，共获取了1200人的样本数，涉及建筑公司、房地产、商场零售、电子产品、机械制造、餐饮、装修等行业领域，包括瑞华建设集团、五矿二十三冶二公司、三一重工、上海纳尔电子厂等众多企业单位。

3. 数据采集的质量监控

为了提高问卷回收的有效率与合格率，本次调查还需要对问卷调查进行质量控制。首先，对于面访调查，课题组规定调查员在调查过程中需要认真指导被调查者填写，每一份问卷调查结束后，调查员都要对问卷填写的内容进行全面检查和核实，并对被调查者的理解能力和配合情况等进行记录，以保证调查结果与实际情况相符。其次，对于网络问卷调查，课题组通过设置“同一个 IP 只能作答一次”等方式来防止被调查者多填、乱填，在作答后还给以红包等奖励，以激励更多的人参与其中。

4. 数据的回收与录入

最终，本次调研在上海市、湖南省长沙市和江西省新余市 3 个调查城市共计发放问卷 3300 份，回收 3219 份，剔除无效问卷后，获得有效样本 3105 份（其中，上海市 1077 份，占比 34.7%，长沙市 1093 份，占比 35.2%，新余市 935 份，占比 30.1%），有效问卷率达 94.1%。

另外，对于所获得的问卷调查数据，本研究通过采用 Epidata3.0 软件建立数据库，以便在录入数据的同时进行核查和校对，避免输入过程中的人为差错，从而有利于进一步提高数据资料的质量水平。

3.2.2　样本特征分析

问卷数据回收以后，本研究对样本的人口特征和社会经济特征进行了整理分析，发现样本呈现以下几个方面的特点：

1. 男性比例略高于女性

从性别构成来看，被访者群体中，男性新生代农民工占 56.2%，女性占 43.8%，男性比例略高于女性（具体见表 3–3）。一方面，这种性别比例结构是由于农村户籍人口性别比失衡、女工短缺所致；另一方面也与新生代农民工所从事的行业工种属性对体力劳动的要求较高有关。

表 3–3　新生代农民工的性别构成

特征		频数（人）	百分比（%）
性别构成	男性	1745	56.2
	女性	1360	43.8

2. 平均年龄为 25.7 岁，且主要集中在 26 ~ 30 岁、21 ~ 25 岁之间

从年龄构成来看，被访者群体的平均年龄为 25.7 岁。其中，26 ~ 30 岁年龄段的新生代农民工占比最高，达到 42.5%；其次为 21 ~ 25 岁年龄段者，占 28.5%，再次为 31 ~ 36 岁年龄段者，占 18.9%，而 20 岁及以下年龄段者占比最少，为 10.1%（具体见表 3–4）。这说明大多数新生代农民工现正处于青壮年时期。随着我国九年制义务教育的全面普及和家庭对子女教育的不断重视，大部分初中生会选择继续就读高中甚至大学，使得初中青少年辍学外出务工的人数大大下降。

表 3–4　新生代农民工的年龄构成

特征		频数（人）	百分比（%）
年龄构成	16 ~ 20 岁	314	10.1
	21 ~ 25 岁	885	28.5
	26 ~ 30 岁	1319	42.5
	31 ~ 36 岁	587	18.9

3. 近五成已婚

从婚姻状况来看，已婚新生代农民工较多，占 47.4%，其次是未婚者，占 45.1%，另外，离婚者、丧偶者分别占 5.7%、1.8%（具体见表 3–5）。这与被访者年龄状况基本匹配。

表 3–5　新生代农民工的婚姻构成

特征		频数（人）	百分比（%）
婚姻构成	未婚	1400	45.1
	已婚	1472	47.4
	离婚	177	5.7
	丧偶	56	1.8

4. 受教育程度以高中学历为主，同时有一成多接受过高等教育

从受教育程度来看，新生代农民工群体受教育程度总体上高于老一代农民工。其中，接受过高中、中专教育的人数最多，占 44.3%，其次为初中学历者，占 30.2%，而小学以下文化程度的人数所占比例最少，为 9.9%。另外，还有 15.6% 的被访者接受过高等教育，其中 10.3% 是大专毕业，5.3% 为大学本科毕业（具体见表 3–6）。可见，被访者群体以高中教育（或中专）学历为主，同时有一成多接受过大专和本科以上的高等教育。这种特点一方面反映新生代农民工的受教育程度等综合素质不断提高；另一方面也反映出新生代农民工整体受教育程度仍然不高，难以满足现代产业转型对人才素质的高标准要求，极大限制了该群体的职业地位与就业层次。

表 3–6　新生代农民工的学历构成

特征		频数（人）	百分比（%）
受教育程度构成	小学以下	307	9.9
	初中	938	30.2
	高中（中专）	1375	44.3
	大专	320	10.3
	本科以上	165	5.3

5. 就业分布状况不够理想

就业分布特征（包括就业行业分布、就业职位分布、就业单位分布）是体现新生代农民工就业状况的一项重要指标。由于本课题主要针对就业质量进行研究，因此，为突出本研究的特色和目标，本研究还需要重点分析被访新生代农民工样本的就业分布特征。具体如下：

（1）就业行业分布不够理想，比较低端

本研究主要根据国家统计局对行业类型的划分方法，将新生代农民工就业所在的行业分为农林牧渔业、制造业、建筑业、批发和零售业、住宿

和餐饮业、居民服务、修理和其他服务业、金融 / 保险 / 房地产业、交通运输与仓储通信业、卫生、体育和社会福利业、教育、文化及广播电影电视业等 10 种主要类型。

调查结果显示，在被访新生代农民工所在的行业领域中，就业人数处于前 3 位的行业是制造业、批发和零售业、建筑业，分别占比 26.1%、20.3%、19.4%，此外，居民服务、修理和其他服务业、住宿和餐饮业、金融 / 保险 / 房地产业、交通运输与仓储通信业分布的人数也较多，分别占比 11.9%、8.6%、5.8%、4.6%（具体见表 3–7）。总的来讲，被访的新生代农民工就业领域主要是集中于批发零售、住宿餐饮等第三产业，其就业比例占了五成多。这些第三产业就业岗位多，就业门槛较低，具有显著的就业吸纳效应。

表 3–7　新生代农民工的就业行业构成

特征		频数（人）	百分比（%）
第一产业	农林牧渔业	22	0.7
第二产业	制造业	810	26.1
	建筑业	602	19.4
第三产业	批发和零售业	631	20.3
	住宿和餐饮业	267	8.6
	居民服务、修理和其他服务业	369	11.9
	金融 / 保险 / 房地产业	180	5.8
	交通运输与仓储通信业	143	4.6
	卫生、体育和社会福利业	16	0.5
	教育、文化及广播电影电视业	28	0.9
	其他	37	1.2

（2）就业职位分布不够理想，比较低层次

本研究将就业职位划分为管理人员、专业技术人员、普通职员、雇主、自营劳动者等6种主要类型。调查结果表明，在被访的新生代农民工群体中，管理人员为14.5%，专业技术人员为10.3%，普通职员为47.7%、雇主为6.8%，自营劳动者为 20.3%（具体见表 3–8）。可见，目前普通职员是被访新生代农民工的主要职业类型，其比例占了将近一半。根据符平、唐有财等[①]以及朱明宝、杨云彦[②]对农民工职业阶层的划分方法，在农民工所从事的职业类型中，专业技术人员、管理人员被视为相对高端职业，而其他的商业服务业人员等被视为相对低端职员。由此来看，当前，被访新生代农民工的就业层次和职业地位仍然较低，主要从事一些收入不高、不太稳定的低端岗位，如商业服务员、一线操作工人等普通职员，与知识型、技能型、创新性产业工人队伍建设要求相差较大。另外，还有一点需要引起我们注意的是，雇主、自营劳动者对新生代农民工就业的贡献率达到了 27.1%。新生代农民工从事雇主、自营劳动者就业可以看作是一种创业行为。对于新生代农民工而言，由于受到制度分割、受教育程度较低等因素的不利影响，他们在正式劳动力市场上处于弱势地位，影响了就业收入和相关权益，而雇主、自营劳动者就业具有自由灵活、收入有保障等优势，因此是新生代农民工一种理性、可行的就业选择。

表 3–8　新生代农民工的就业职位构成

特征		频数（人）	百分比（%）
就业职位	管理人员	450	14.5
	专业技术人员	320	10.3
	雇主	211	6.8
	自营劳动者	631	20.3
	普通职员	1481	47.7
	其他	12	0.4

① 符平，唐有财，江立华．农民工的职业分割与向上流动［J］．中国人口科学，2012（06）：75–82，112.

② 朱明宝，杨云彦．近年来农民工的就业结构及其变化趋势［J］．人口研究，2017，41（05）：89–100.

（3）就业单位分布不够理想，体制内单位就业比例过于偏低

本研究针对新生代农民工就业的特点，并在参考流动人口动态监测等相关调查数据的基础上，将新生代农民工就业单位划分为党政机关、事业单位、国有企业、私营企业、自雇（包括个体工商户）、外资或合资企业、其他等几种基本类型。调查数据表明，在被访的新生代农民工群体中，单位性质为党政机关的为1.3%，事业单位的为5.1%，国有企业单位的为0.4%，私营企业单位的为64.1%，自雇（包括个体工商户）的为27.8%，外资或合资企业单位的为0.5%（具体见表3–9）。从该数据中，可以看出新生代农民工就业的单位类型主要集中于私营企业单位、自雇（包括个体工商户）之中。因此，体制外单位是目前新生代农民工就业的主要领域，体制内单位就业的比例过低。我国的经济结构中，大多数私营企业属于劳动密集型企业，对进城务工人员的需求很大。

表3–9　新生代农民工的就业单位构成

特征		频数（人）	百分比（%）
就业单位性质	党政机关	40	1.3
	事业单位	158	5.1
	国有企业	12	0.4
	私营企业	1990	64.1
	自雇（包括个体工商户）	864	27.8
	外资或合资企业	16	0.5
	其他	25	0.8

总之，通过以上调查样本的基本信息可以看出，本研究的样本数据体现了新生代农民工男多女少、年龄以26 ~ 30岁和21 ~ 25岁为主、受教育程度以高中学历为主、就业分布比较低端等特点，与农民工监测报告、流动人口动态监测数据等相关全国性的调查结果基本一致，从而一定程度上保证了样本的代表性。

3.2.3　项目区分度分析

项目区分度，也叫项目的鉴别力，是指一个测验项目能够在多大程度上区分被访者的心理和行为特性。一个区分度高的项目，能将不同水平的被测者区分开来，即水平越高的被测者的得分越高，反之越低；而一个区分度低的项目，就不能有效地鉴别水平高或低的被测者，即水平高和水平低的被测者得分差不多。目前使用较多的区分度计算方法有三大类：一是鉴别指数法；二是相关法，具体包括点二列相关和二列相关两个方法；三是积差相关法。

区分度的取值范围在 -1 ~ 1 之间，值越大区分度越好，反之越差。一般情况下，区分度大于 0.4 表明此题项的区分度非常好，在 0.3 ~ 0.39 之间表明此题项的区分度比较好，在 0.2 ~ 0.29 之间表明此题项的区分度不太好，需修改，如果低于 0.19 则表明此题项的区分度非常不好，应删除。因此，总体来讲，区分度在 0.3 以上的项目可以保留，在 0.3 以下的应淘汰或重新修订。

本研究将所有测量数据纳入 SPPSS 软件中进行计算，根据被试者在某个项目上的得分与量表总分之间的相关性，计算了被访者就业质量指标体系中每一个项目的区分度和鉴别力。计算结果表明，初试量表各题项的区分度在 0.314 ~ 0.538 之间，均大于 0.3（具体见表 3-10）。因此，项目分析中没有题项被删除。

表 3-10　新生代农民工就业质量测量项目及其区分度

项目	区分度	项目	区分度	项目	区分度
E1	0.453	E12	0.406	E23	0.486
E2	0.396	E13	0.429	E24	0.517
E3	0.405	E14	0.485	E25	0.508

续表

项目	区分度	项目	区分度	项目	区分度
E4	0.412	E15	0.442	E26	0.465
E5	0.415	E16	0.408	E27	0.490
E6	0.385	E17	0.496	E28	0.513
E7	0.390	E18	0.473	E29	0.521
E8	0.376	E19	0.504	E30	0.494
E9	0.387	E20	0.468	E31	0.503
E10	0.314	E21	0.497	E32	0.437
E11	0.319	E22	0.538	—	—

3.2.4 分层面因子分析

1. 因子分析的理论概述

（1）因子分析的原理

在社会研究中，研究问题往往比较复杂和难以直接观测，需要我们尽可能从多个角度或维度去测量。这样做可以更加全面地把握研究问题，为我们的研究提供更丰富的信息。但是，由于变量较多，不可避免地会增加问题分析的复杂性，同时也容易引起各个变量之间多重共线性。因此，为了减少变量之间的相关性、信息重叠性，人们自然希望通过消减重叠变量，用新的、较少的变量集代替原始过多的变量来做进一步的分析。

因子分析法就是这样一种简化多变量的处理技术。因子分析法的基本思想是降维，它通过将原始的众多变量进行分类，将共同度较高、联系较为紧密的变量归为一类，每一类变量都被称为一个“因子”，各个因子之间不相关，以获得观测数据的内在结构。这样，就能用相对较少的几个因子来反映原始众多变量的大部分信息，既能减少变量的数目，又不至于丢失太多的信息，因此便于分析，应用广泛。

（2）因子分析的数学表达式

如前所述，因子分析思想的核心是通过提取少数几个公共因子的方法来反映原始变量的大部分信息，这一思想的数学模型为矩阵，即 $X=AF+\varepsilon$。假设研究中有 p 个原始变量，分别为 x_1，x_2，x_3，…，x_p，同时符合均值0、标准差为 1 的要求。那么，每个原有变量都可以用公共因子（f_1，f_2，f_3，…，f_k）的线性函数与特殊因子之和来表示，即：

$$
\begin{cases}
X_1=a_{11}f_1+a_{12}f_2+a_{13}f_3+\cdots+a_{1k}f_k+\varepsilon_1 \\
X_2=a_{21}f_1+a_{22}f_2+a_{23}f_3+\cdots+a_{2k}f_k+\varepsilon_2 \\
X_3=a_{31}f_1+a_{32}f_2+a_{33}f_3+\cdots+a_{3k}f_k+\varepsilon_3 \\
\cdots\cdots \\
X_p=a_{p1}f_1+a_{p2}f_2+a_{p3}f_3\cdots+a_{pk}f_k+\varepsilon_p
\end{cases}
$$

模型中，向量 X（x_1，x_2，x_3，…，x_p）是原始观测变量，F（f_1，f_2，f_3，…，f_k）称为 X（x_1，x_2，x_3，…，x_p）的公共因子，即每个原有变量中共同出现的因子，他们相互独立。A 是公共因子 F（f_1，f_2，f_3，…，f_k）的系数，被称为因子载荷矩阵，a_{pk} 是因子载荷，即第 p 个原有变量在第 k 个因子上的负荷。ε 被称为特殊因子，是不能被公共因子包含的部分，相当于多元线性回归模型中的残差。

（3）因子分析的重要概念

1）因子载荷

因子载荷 a_{pk} 是因子分析中非常重要的一个统计量，它表示第 p 个原有变量在第 k 个公共因子上的负荷，也就是第 p 个原有变量与第 k 个公共因子的相关系数，其值越大，表示变量与公共因子的关系越密切。

2）碎石图

碎石图是一种决定因子数量的方法，它将各个原始变量的特征值按照从大到小的顺序进行排列，然后在坐标轴上用直线进行相连，横轴代表各原始变量，纵轴代表各原始变量所对应的特征值。观察碎石图的关键在于找拐点，即在直线中找到从陡峭转向缓坡的临界点。一般而言，在拐点以上变量的数量决定了因子的个数，因为它的特征值大于1，对于解释原始变量更有价值，而在拐点以下，其特征值小于1，意义和价值不大，因此可以舍弃。

3）因子旋转

在因子分析中，当通过碎石检验等方法找到主因子之后，还要进一步对因子进行旋转，通过合适的旋转方法得到更加满意的主因子，以便对每个主因子的意义进行合理的解释。因子旋转实际上是一种对因子坐标轴的变换和旋转，其方法有很多，包括正交旋转（Orthogonal Rotation）和斜交旋转（Oblique Rotation）等方法。具体来讲，如果因子对应轴相互正交，则称为正交旋转；如果因子对应轴相互间不是正交的，则称为斜交旋转。在学者的研究应用中，最大方差正交旋转法（Varimax）是比较常用的方法，它的做法是使旋转后的因子载荷阵中的每一列元素尽可能地拉开距离，即向0和1两个方向分化，使每一个主因子只对应少数几个变量具有高载荷，其余载荷很小，且每一变量也只在少数个主因子上具有高载荷，其余载荷都很小，这样有利于对实际问题进行更深入的分析。

4）因子贡献率

因子分析的本质是降维，即把复杂多样的变量转变为少数几个因子进行分析，那么，这少数几个因子对原始变量有多大的解释力和代表性？这就需要通过因子贡献率来反映。因子贡献率是指单个因子所解释的方差变异占总方差变异的比例，当把所有因子的方差贡献率相加的时候，就可以得到累计方差贡献率。

（4）因子分析的步骤

在因子分析中，有 2 个核心问题要处理，一是提取因子，二是命名和解释因子。因此，因子分析的基本步骤就主要围绕以上核心问题来展开，具体如下：

第一，确认变量之间是否适合做因子分析。

在做因子分析之前，首先要对原始变量进行 KMO 和 Bartlett 检验，目的是确认原始变量是否适合做因子分析，当 KMO 值越大，原始变量之间的相关关系较强，变量间的共同因素越多，说明越适合进行因子分析。

第二，提取主因子。

首先按特征值大于 1 的准则提取主因子，放弃特征值小于 1 的因子。其次观察碎石图的走向，进一步确定主因子的个数。

第三，对因子进行命名和解释。

利用旋转方法使抽取出来的因子负载矩阵结构简化、更具有实际意义、更容易解释。在命名和解释因子时，要坚持三个原则：一是因子名称容易理解，简洁明了；二是因子名称能涵盖所包含项目的全部内容；三是与现实相结合，反映实际问题。

第四，计算因子得分。

因子分析模型建立后，还可以对因子值得分进行计算，以用最后的综合评价。① 首先需要用变量的线性组合来表示公共因子，设第 m 个调查指

① 周丽萍. 中国人口城市化质量研究［D］. 浙江大学，2011.

标数据转化为 p 个标准化因子值。则任何因子 f_p 对 m 个变量的线性回归方程可以表示为

$$f_p=w_{p1}f_1+w_{p2}f_2+w_{p3}f_3+\cdots+w_{pm}f_m$$

其次采用回归估计法或 Bartlett 估计法计算因子得分，那么，第 p 个因子在第 n 样本上的因子值计算公式可以表达为

$$f_{pn}=\sum W_{pm}x_{mn}$$

其中，f_{pn} 是第 p 个因子在第 n 个样本上的因子值，x_{mn} 是第 m 个变量在第 n 个样本上的值，W_{pm} 是第 p 个因子和第 m 个变量之间的因子值系数。

2. 因子分析在本研究中的应用

本研究借鉴张庆武[①]、卢海阳[②]等学者的做法，采用分层面因素分析的方法，分别对职业待遇整合、职业行为适应、职业文化接纳、职业身份认同4个一级维度进行因子分析，以验证就业质量的结构构成。具体过程如下:

（1）职业待遇整合维度的因子分析

在本研究中，职业待遇整合的部分测量题项为连续性的数据，部分题项为离散性的数据。对此，在因子分析之前，本研究首先运用最小—最大标准化方法对职业待遇整合的相关测量数据进行标准化处理，以消除量纲和数量级差异的影响。其计算公式可表达为

$$Z_i=\frac{X_i-X^i_{\min}}{X^i_{\max}-X^i_{\min}}$$

其中，Z_i 为第 i 项指标标准化处理后的新数据，X_i 为第 i 项指标原来

① 张庆武. 青年流动人口社会融入测量与实证研究［D］. 北京交通大学，2017.

② 卢海阳，郑逸芳，钱文荣. 农民工融入城市行为分析——基于 1632 个农民工的调查数据［J］. 农业技术经济，2016（01）：26-36.

的实际值，X^i_{min} 为第 i 项指标的最大值，X^i_{min} 为第 i 项指标的最小值。考虑到工作时间与就业质量之间为负向关系，本书首先用 1 减去该指标的标准化值，然后以二者的差来重新赋值每天工作时间，以保证和其他分指标的计分方向一致。接着，本研究对标准化后的职业待遇整合变量进行统计检验，发现其 KMO 统计值达到 0.792，巴特利特球度检验的卡方值为 1931.374，自由度为 21，在 1% 的统计水平上显著，说明职业待遇整合各个题项的相关程度较高，所选题项存在共同性，适合进行因子分析。根据因子分析理论，确定因子数目的标准主要包括以下 3 个：1）主成分的特征值大于 1；2）符合碎石图检验；3）每个因子至少包括 2 个项目，项目剔除标准则为因素载荷 < 0.50。

由此，本研究首先采用主成分分析法，按照特征值大于 1 的标准抽取因子，结果表明有 5 个主要成分的特征值大于 1。其次，观察碎石图，发现碎石图在前 5 个主成分中的特征值比较大，且坡度比较陡峭，从第 6 个主成分开始有一个拐点，不仅特征根的值非常低，而且坡度也趋于平缓（具体见图 3–2）。因此，碎石图从另一个侧面说明了职业待遇整合可以提取 5 个主成分。

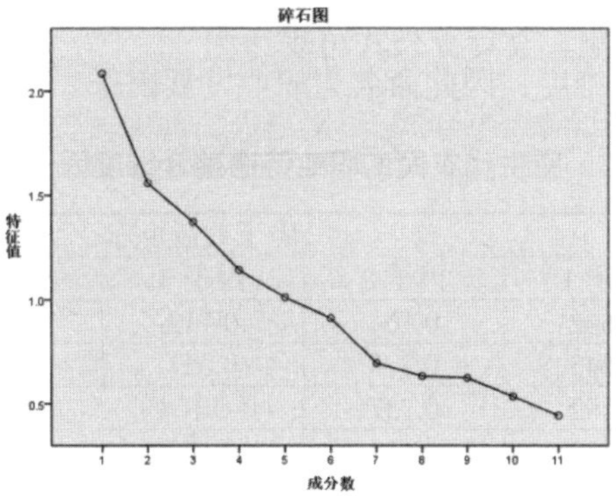

图 3–2　新生代农民工职业待遇整合维度因子分析碎石图

为了更好地对因子进行命名解释，本研究采用最大方差法的正交旋转法对测量题项再次进行因子分析，旋转 5 次后收敛，这样就得到了各个测量题项与主要因子之间的因子载荷矩阵（具体见表 3–11）。根据表 3–11，11 个原始变量提取成 5 个公共因子后，公共因子可以解释总方差的 65.120%，丢失的信息不多，且每个变量在其归属的公共因子都有较高载荷值（均大于 0.50），而在其他公共因子上的载荷值相对较低，因此不需要剔除项目。

根据以上因子分析的结果，可以将职业待遇整合的测量题项分为 5 个因子。其中，第一个因子反映的主要是收入情况，包含 2 个项目（E1、E2），均来自初始框架中的“工资收入”维度，因此命名为工资收入因子；第二个因子反映的主要是社会保险的享有情况，包含 3 个项目（E3、E4、E5），均来自初始框架中的“社会保险”维度，因此命名为社会保险因子；第三个因子主要反映工作时间状况，包括 2 个项目（E6、E7），均来自初始框架中的“工作强度”维度，因此命名为工作强度因子；第四个因子主要反映工作环境的保护情况，包含 2 个项目（E8、E9），均来自初始框架中的“工作环境”维度，因此命名为工作环境因子；第五个因子反映的主要是培训和晋升空间情况，包含 2 个项目（E10、E11），均来自初始框架中的“职业发展”维度，因此命名为职业发展因子。

表 3–11　新生代农民工职业待遇整合维度因子分析结果

题项	因子载荷矩阵				
	因子 1	因子 2	因子 3	因子 4	因子 5
E1 工资水平	0.662	0.164	0.112	0.179	0.025
E2 工资领取	0.643	0.275	0.027	0.218	0.009
E3 养老保险	0.192	0.737	−0.164	0.263	0.216
E4 医疗保险	0.332	0.612	0.140	−0.130	0.109
E5 工伤保险	−0.238	0.604	−0.294	0.193	0.138

续表

题项	因子载荷矩阵				
	因子 1	因子 2	因子 3	因子 4	因子 5
E6 每天工作时间	0.287	0.165	0.654	0.296	0.012
E7 每周加班情况	−0.193	−0.383	0.613	−0.304	0.142
E8 工作卫生条件	0.228	0.159	0.132	0.628	0.018
E9 工作安全系数	0.175	−0.208	0.149	0.627	0.167
E10 就业培训	−0.268	−0.291	−0.177	0.259	0.635
E11 晋升机会	0.176	−0.227	0.136	−0.112	0.686
因子命名	工资收入	社会保险	工作强度	工作环境	职业发展
特征值	2.084	1.557	1.371	1.141	1.011
方差贡献率	18.941%	14.155%	12.462%	10.373%	9.188%
累积方差贡献率	18.941%	33.096%	45.558%	55.931%	65.120%
KMO 统计值	0.792				
Bartlett 检验	1931.374***				

因子提取方法：主成分分析法（Principal Component Analysis）；

因子旋转方法：最大方差法（Varimax with Kaiser Normalization）。

（2）职业行为适应维度的因子分析

类似于职业待遇整合因子分析的程序，首先，对职业行为适应的 9 个初始题项进行 KMO 检验和巴特利特球度检验，发现其 KMO 统计值达到 0.711，巴特利特球度检验的卡方值为 3548.066，自由度为 28，在 1% 的统计水平上显著，说明职业行为适应各个题项的相关程度较高，所选题项存在共同性，可以进行因子分析。

其次，采用主成分分析法，按照特征值大于 1 的标准抽取因子，结果表明有 3 个主要成分的特征值大于 1。观察碎石图，发现碎石图的坡度在第 4 个主成分处有一个拐点（见图 3–3）。因此，职业行为适应可以提取 3 个主成分。

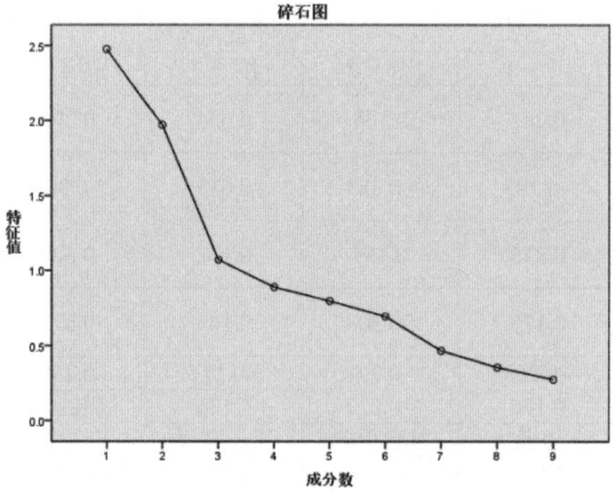

图 3-3　新生代农民工职业行为适应维度因子分析碎石图

再次，用最大方差法的正交旋转法进行旋转，旋转 5 次后收敛，这样就得到了各个测量题项与主要因子之间的因子载荷矩阵（见表 3-12）。根据表 3-12，发现“E14 对工作职责非常了解”项目在各个因子上的载荷量均小于 0.50。因此，按照项目剔除标准，把“E14”项目予以剔除。

根据以上因子分析的结果，可以将职业行为适应的测量题项分为 3 个因子。其中，第一个因子反映的是对本职工作的胜任情况，包含 3 个项目（E12、E13、E15），均来自初始框架中的“职业知识技能适应”维度，因此命名为职业知识技能适应因子；第二个因子反映的是职场中的人际交往关系情况，包含 3 个项目（E16、E17、E18），均来自初始框架中的“职业人际适应”维度，因此命名为职业人际适应因子；第三个因子反映的是心理适应情况，包含 2 个项目（E19、E20），均来自初始框架中的“职业心理适应”维度，因此命名为职业心理适应因子。

表 3-12　新生代农民工职业行为适应维度因子分析结果

题项	最小值	最大值	因子载荷矩阵		
			因子 1	因子 2	因子 3
E12 完成工作任务	1	5	0.664	0.059	–0.064
E13 职业学习	1	5	0.627	–0.003	–0.022
E14 工作职责	1	5	0.379	0.129	–0.184
E15 技能提升	1	5	0.612	0.165	0.129
E16 上司 / 雇主关系	1	5	0.103	0.653	0.037
E17 同事关系	1	5	0.180	0.694	0.112
E18 客户关系	1	5	–0.202	0.640	0.057
E19 工作压力调适	1	5	–0.038	0.237	0.683
E20 职业信心	1	5	0.138	–0.039	0.665
因子命名			职业知识技能适应	职业人际适应	职业心理适应
特征值			2.357	1.805	1.358
方差贡献率			26.184%	20.052%	15.088%
累积方差贡献率			26.184%	46.235%	61.323%
KMO 统计值			0.711		
Bartlett 检验			3548.066***		

因子提取方法：主成分分析法（Principal Component Analysis）；

因子旋转方法：最大方差法（Varimax with Kaiser Normalization）。

（3）职业文化接纳维度的因子分析

首先，对职业文化接纳的 6 项指标进行 KMO 检验和巴特利特球度检验，发现其 KMO 统计值达到 0.709，巴特利特球度检验的卡方值为 1238.361，自由度为 55，在 1% 的统计水平上显著，说明职业文化接纳各个题项的相关程度较高，所选题项存在共同性，适合进行因子分析。

其次，采用主成分分析法，按照特征值大于 1 的标准抽取因子，结果表明有 2 个主要成分的特征值大于 1。观察碎石图，发现碎石图的坡度在第 3 个主成分处有一个拐点（见图 3–4）。因此，职业文化接纳可以提取 2 个主因子。

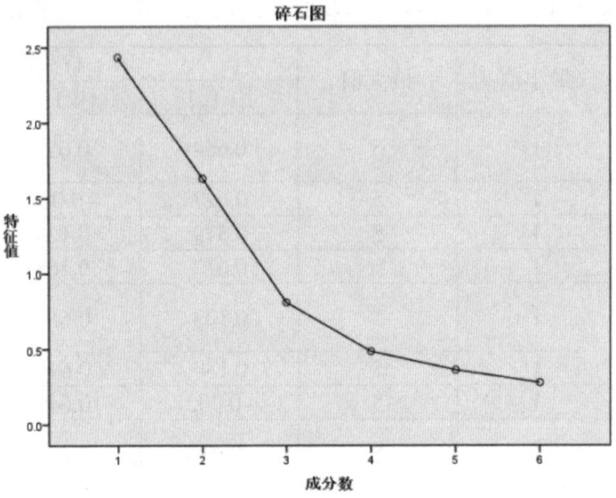

图 3–4　新生代农民工职业文化接纳维度因子分析碎石图

再次，用最大方差法的正交旋转法进行旋转，旋转 5 次后收敛，这样就得到了各个测量题项与主要因子之间的因子载荷矩阵（见表 3–13）。根据表 3–13，“E26 和组织的价值观念一致”项目因子载荷量< 0.50，其余各项目的因子载荷在其归属的公共因子都有较高载荷值（均大于 0.50），而在其他公共因子上的载荷值相对较低。因此，按照项目剔除标准，把因子载荷< 0.50 的“E26”项目予以剔除。

根据以上因子分析的结果，可以将职业文化接纳的测量题项分为两个因子，其中，第一个因子反映的是新生代农民工对所从事职业的态度和责任情况，包含 3 个项目（E21、E22、E23），均来自初始框架中的“职业精神接纳”维度，因此命名为职业精神接纳因子。第二个因子反映的是新生代农民工对组织文化和纪律的认可与融合情况，包含 2 个项目（E24、E25），均来自初始框架中的“组织文化融入”维度，因此命名为组织文化融入因子。

表 3-13　新生代农民工职业文化接纳维度因子分析结果

题项	最小值	最大值	因子载荷矩阵	
			因子 1	因子 2
E21 敬业精神	1	5	0.648	−0.087
E22 工匠精神	1	5	0.659	−0.229
E23 团队精神	1	5	0.685	0.129
E24 认可组织规章制度	1	5	0.183	0.578
E25 按组织的要求言行自律	1	5	−0.172	0.559
E26 和组织的价值观念一致	1	5	−0.108	0.395
因子命名			职业精神接纳	组织文化融入
特征值			2.354	1.711
方差贡献率			39.233%	22.520%
累积方差贡献率			39.233%	61.753%

因子提取方法：主成分分析法（Principal Component Analysis）；

因子旋转方法：最大方差法（Varimax with Kaiser Normalization）。

（4）职业身份认同维度的因子分析

首先，对职业身份认同的 7 项指标进行 KMO 检验和巴特利特球度检验，发现其 KMO 统计值达到 0.758，巴特利特球度检验的卡方值为 1885.596，自由度为 15，在 1% 的统计水平上显著，说明职业身份认同各个题项的相关程度较高，所选题项存在共同性，适合进行因子分析。

其次，采用主成分分析法，按照特征值大于 1 的标准抽取因子，结果表明有 2 个主要成分的特征值大于 1。观察碎石图，发现碎石图的坡度在第 3 个主成分处有一个拐点（见图 3-5）。因此，职业身份认同可以提取 2 个主因子。

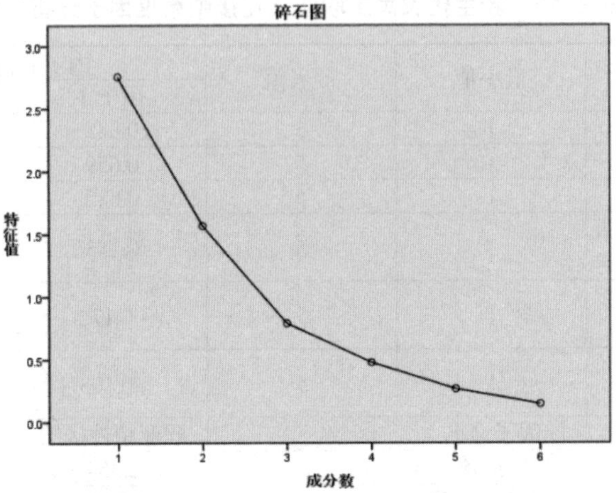

图 3-5　新生代农民工职业身份认同维度因子分析碎石图

再次，用最大方差法的正交旋转法进行旋转，旋转 5 次后收敛，这样就得到了各个测量题项与主要因子之间的因子载荷矩阵（见表 3-14）。根据表 3-14，6 个原始变量提取成 2 个公共因子后，公共因子可以解释总方差的 62.061%，丢失的信息不多，且每个变量在其归属的公共因子都有较高载荷值（均大于 0.50），而在其他公共因子上的载荷值相对较低，因此不需要剔除项目。

根据以上因子分析的结果，可以将职业身份认同的测量题项分为 2 个因子。其中，第一个因子反映的是身份认知，包含 3 个项目（E27、E28、E29），均来自初始框架中的“职业身份归属”维度，因此命名为职业身份归属因子；第二个因子反映的是情感意向，包含 3 个项目（E30、E31、E32），均来自初始框架中的“职业情感”维度，因此命名为职业情感建构因子。

表 3–14　新生代农民工职业身份认同维度因子分析结果

题项	最小值	最大值	因子载荷矩阵	
			因子 1	因子 2
E27 是一位农民	1	5	0.583	–0.103
E28 是城市工人阶级的一员	1	5	0.607	0.192
E29 与城市工人阶级没有什么区别	1	5	0.616	0.120
E30 喜欢现在的职业	1	5	0.243	0.635
E31 乐意告诉别人现在的职业	1	5	0.149	0.626
E32 愿意以后长期从事现在的职业	1	5	–0.125	0.614
因子命名			职业身份归属	职业情感建构
特征值			2.757	1.567
方差贡献率			38.457%	23.604%
累积方差贡献率			38.457%	62.061%

因子提取方法：主成分分析法（Principal Component Analysis）；

因子旋转方法：最大方差法（Varimax with Kaiser Normalization）。

可见，通过分层面因子分析，对“职业行为适应”“职业文化接纳”的部分题项进行删除，进一步调整和完善了新生代农民工就业质量的测试量表。

3.2.5　信度与效度分析

在问卷调查中，人们往往非常关心测量工具或测量手段是否是可靠和有效的，即是否是有信度和有效度的。其中，信度是指测量结果的一致性、可靠性或稳定性，即一个有信度的测量，应该是采用同样的方法对同一对象进行重复测量时，所得结果会始终保持一致。效度即有效性，是指观测工具或测量手段能够准确测出所要测量的变量或事物的程度，即能够准确、真实、客观地度量事物属性的程度。简单来讲，就是变量确实测量的是我想测量的，而不是别的。就两者的关系而言，信度是效度的基础，是效度的必要条件而非充分条件（即有信度不一定有效度，但没有信度肯定也没有效度）。效度是信度的归属和目标，没有效度的信度也就失去了应有的意义。任何社会测量，只有做到了信度和效度的统一，才是科学有效的。

本研究的内容和目标是新生代农民工就业质量，包括职业待遇整合、职业行为适应、职业文化接纳与职业身份认同。因此，问卷中的测量指标要客观反映以上方面的内容。在指标设计的过程中，本研究查阅了大量相关的文献和量表，以尽量保证量表的信度和效度。但从学术研究的科学性和严谨性而言，对相关量表进行信度和效度的检验仍是非常必要和重要的。

1. 信度分析

检验信度的方法有很多种，目前最常用的是Cronach' s Alpha信度系数。在数学原理上，Cronach' s Alpha信度系数等同于计算题目之间的相关程度，反映了每个因子所属变量的系统变异程度。通常认为，信度系数的取值范围在0 ~ 1之间，0.7是临界水平。如果量表的信度系数在0.7以上，表示量表是可以接受的；如果量表的信度系数在0.9以上，表示量表具有很高的内在一致性；如果量表的信度系数在0.8 ~ 0.9之间，表示量表具有较高的内在一致性；如果量表的信度系数在0.7以下，表示量表有些项目需要修订甚至抛弃；如果量表的信度系数在0.5以下，表示量表的信度很不理想，最好不要接受。

由此，本研究利用SPPS软件对就业质量量表进行可靠性分析（即 α 信度检验）。首先，分别对职业待遇整合、职业行为适应、职业文化接纳与职业身份认同4个分量表进行 α 信度检验。结果显示，4个分维度的信度系数均较高，分别为 0.804、0.816、0.803、0.809。其次，对整个量表的所有项目进行可靠性分析，得出就业质量整体量表的信度系数为 0.812，说明量表的信度比较好，整体上不需要再进行修改，每个项目都可以保留（见表 3–15）。

可见，新生代农民工就业质量各量表的信度检验都比较理想，信度系数都超过了 0.8，显示出题项之间的内在一致性比较好。

表 3–15　新生代农民工就业质量测量指标的信度检验

指标类型		内部一致性信度系数	检验结论
总维度	就业质量	0.812	理想
分维度	职业待遇整合	0.804	理想
	职业行为适应	0.816	理想
	职业文化接纳	0.803	理想
	职业身份认同	0.809	理想

2. 效度分析

效度是衡量量表好坏的又一重要指标。通常来讲，效度包括表面效度（Face Validity）、构念效度（Construct Validity）、效标关联效度（Criterion–related Validity）和结构效度（Structure Validity），每一种效度的含义和检验方法都有差异（见图 3–6）。

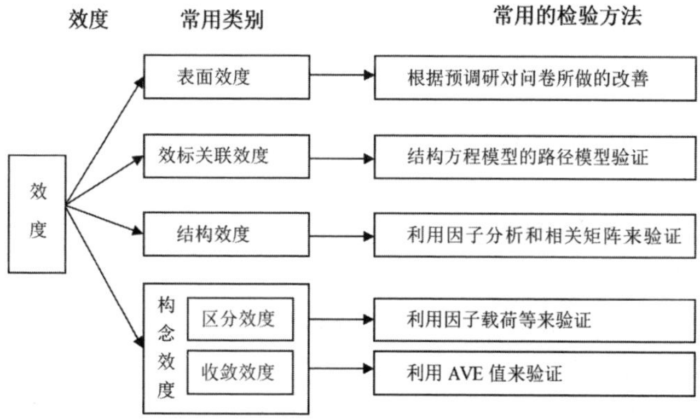

图 3–6　效度的常用类别与常用检验方法

就本研究而言，主要使用的效度分析方法有以下 2 种。

其一，表面效度，又称内容效度，是指某个指标确实能够测量到想测量的某个概念或者内容，这是最容易做到的，也是最基本的。为提高问卷的表面效度，本研究首先查阅和引用了国内外比较常用、成熟的量表，其次通过访谈新生代农民工、咨询相关专家和小范围的预调查，对量表的题项、问法等进行反复的修正，最终完成了问卷设计，因此可以在较大程度上保证问卷的表面效度。

其二，构念效度，衡量的是实证数据与测量理论之间的一致性程度，即实证数据能否真正支持所建构的理论。构念效度一般由区分效度和收敛（聚合）效度组成，区分效度是指不同潜变量之间是否存在显著的差异性，收敛（聚合）效度是指不同观测变量是否可用来测量同一潜变量。

区分效度通常可以用因子载荷值的方法来判断。每一个测量变量的因子载荷值均要大于临界值 0.5，且不能同时出现在 2 个因子之中，符合这个条件的测量变量越多，则说明因子之间的区别效度越高。①② 本研究中的探索性因子分析表明，所有测量题项均仅在其所属的因子中出现一个大于 0.5 的因子载荷值，说明本测量量表具有较高的区分效度。

对于收敛效度，本研究参考金晓彤等③，以及白凯、王晓娜④的方法，

---

① 朱红根，解春艳. 农民工返乡创业企业绩效的影响因素分析［J］. 中国农村经济，2012（04）：36-46.

② 吴明隆. 结构方程模型——AMOS 的操作与应用［M］.（第二版）. 重庆：重庆大学出版社，2010.

③ 金晓彤，韩成，聂盼盼. 新生代农民工缘何进行地位消费？——基于城市认同视角的分析［J］. 中国农村经济，2017（03）：18-30.

④ 白凯，王晓娜. 社会氛围对旅游劳工移民地方融入的影响研究——以丽江古城为例［J］. 人文地理，2018，33（05）：133-142.

采用拟合指标与 AVE（平均变异量）和 CR（组合信度）进行检验。如果 AVE 数值大于 0.5，CR 数值大于 0.7，则说明各构念之间收敛效度比较理想。具体检验结果如表 3–16 所示，各维度的 AVE 数值介于 0.5138 ~ 0.5993 之间，CR 数值介于 0.7146 ~ 0.8127 之间，均高于判定标准，说明本量表具有很好的收敛效度。

表 3–16　新生代农民工就业质量的收敛效度分析

维度	AVE	CR
职业待遇整合	0.5736	0.7649
职业行为适应	0.5841	0.7905
职业文化接纳	0.5138	0.7146
职业身份认同	0.5993	0.8127

3.2.6　验证性因子分析

在本研究中，由于职业待遇整合、职业行为适应、职业文化接纳、职业身份认同 4 个维度均由各自的观测指标综合而成，而新生代农民工的就业质量是由这 4 个维度拟合而成的潜变量。因此，新生代农民工的就业质量属于多阶潜因子型结构变量，其 4 个一阶潜在因子的背后是否真有一个共同的因子——就业质量的存在，需要分别通过一阶验证性因子分析和二阶验证性因子分析来进行验证。即首先对 4 个维度的一阶潜变量与其观测变量之间的测量模型进行估计；然后对一阶潜变量（各维度）与二阶潜变量（就业质量）之间的关系结构模型进行估计。

从模型检验结果来看，两个模型的 X2 /DF 值均小于 3，且 CFI、NFI、RMSEA 等统计量也都在可接受范围内（见表 3–17）。因此可以说，两个模型与实际样本数据的适配程度比较好，说明本研究设计修正的新生代农民工就业质量是一个一阶四因子、二阶一因子结构。

表 3–17 新生代农民工就业质量验证性因子分析模型检验结果

指数名称	具体指标	评价标准	一阶因子模型	二阶因子模型
绝对拟合指数	X2 /DF	< 3.00，越小越好	2.413	2.579
	GFI	> 0.90	0.911	0.911
	RMSEA	< 0.08，越小越好	0.059	0.069
	SRMR	< 0.05	0.043	0.046
相对拟合指数	TLI	> 0.90	0.917	0.918
	CFI	> 0.90，越接近 1 越好	0.950	0.950
	NFI	> 0.90	0.924	0.932

3.3 新生代农民工就业质量指标体系的确定和应用

3.3.1 指标体系的确定

上文利用项目区分度、探索性因子等方法对新生代农民工就业质量初始指标体系进行调整、剔除和降维，并通过信效度分析、验证性因子分析等方法来验证，发现就业质量各维度的因子载荷系数、方差贡献率、模型拟合指数等均较为理想，显示出良好的信度和效度。由此，根据以上研究结果，本研究最终基于社会融入的角度将新生代农民工就业质量指标体系确定为 3 个层次：4 个一级维度、12 个二级维度、30 个三级题项（见表 3–18）。

表 3–18 新生代农民工就业质量的测量指标体系

一级维度	二级维度	三级题项
职业待遇整合（5 个二级维度、11 个三级题项）	工资收入（2 个题项）	月均工资水平
		工资领取状况
	社会保险（3 个题项）	养老保险
		医疗保险
		工伤保险
	工作强度（2 个题项）	每天工作时间
		每周加班情况
	工作环境（2 个题项）	工作卫生条件
		工作安全系数
	职业发展（2 个题项）	就业培训状况
		职业晋升机会

续表

一级维度	二级维度	三级题项
职业行为适应（3 个二级维度、8 个三级题项）	职业知识技能适应（3 个题项）	工作任务完成
		职业学习
		技能提升
	职业人际适应（3 个题项）	上司 / 雇主关系
		同事关系
		客户关系
	职业心理适应（2 个题项）	工作压力调适
		职业信心
职业文化接纳（2 个二级维度、5 个三级题项）	职业精神接纳（3 个题项）	敬业精神
		工匠精神
		团队精神
	组织文化融入（2 个题项）	认可组织规章制度
		按组织的要求言行自律
职业身份认同（2 个二级维度、6 个三级题项）	职业身份归属（3 个题项）	自己是一位农民
		是城市工人阶级的一员
		与城市工人阶级没有什么区别
	职业情感建构（3 个题项）	喜欢现在的职业
		乐意告诉别人现在的职业
		愿意以后长期从事现在的职业

在这个指标体系中，一级维度是指标体系的核心框架，其所涉及的内容也是评测新生代农民工就业质量的主要依据。具体而言：

一是职业待遇整合。物质上的待遇是新生代农民工立足城市的基础，获得较高的收入水平仍是新生代农民工外出务工的首要追求，因此，工资福利、劳动保护和职业发展等是衡量就业质量最重要的指标。收入水平是新生代农民工就业的起点和关键；养老保险、医疗保险、工伤保险、工作时间、工作环境等社会保险和劳动保护折射出该群体的劳动权益享有状况，是新生代农民工就业质量的进一步体现；就业培训、职业晋升等职业发展空间则是其能否获得稳定、持续和更高收入的关键因素。

二是职业行为适应。行为上的适应是新生代农民工实现高质量就业的又一重要方面，反映的是新生代农民工在知识技能、人际交往、心理调适等显性层面对现代职业的融合程度。职业知识技能适应涉及新生代农民工对工作任务的胜任程度。其中，工作任务完成状况反映了新生代农民工对本职工作的胜任状况，是知识技能适应的起点；职业学习、技能提升状况反映了新生代农民工的职业能力成长与提升，是知识技能适应的进一步升级。上司 / 雇主关系、同事关系、客户关系等职业人际适应涉及新生代农民工在职场中的社会交往关系，指新生代农民工能够与上司 / 雇主、同事、客户等不同交往对象保持融洽的沟通、交流与协作关系，以保证工作能够有效开展。自我调适、职业信心等职业心理适应涉及新生代农民工在职场中的心理调适与自我效能，指新生代农民工能够积极、乐观应对紧张、复杂的现代职业环境。

三是职业文化接纳。文化上的接纳也是衡量新生代农民工就业质量的一个重要维度，反映的是新生代农民工在职业精神、组织文化等精神文化层面对现代职业的融合程度。工作敬业负责、思考把工作做得更好、团结协作反映了新生代农民工对敬业精神、工匠精神和团队精神等现代职业精神的习得程度，对组织规章制度的认可程度、按组织的要求言行自律则涉及新生代农民工从认知上拥护组织管理理念的程度，以及从行为上与组织文化的一致性程度，从侧面反映了新生代农民工对工作的满意程度。

四是职业身份认同。心理上的认同同样是新生代农民工实现高质量就业的重要标志，反映的是新生代农民工在身份认同、职业喜欢度、归属感等心理层面对现代职业的融合程度。对农民、农民工、城市产业工人的身份认同状况反映了新生代农民工对自己是谁的思考与认知，职业喜欢度、职业发展意愿等涉及新生代农民工对于所从事职业的心理距离、归属感。

二级维度包括 11 个，它们既是对一级维度内容的细化，同时也是设计三级题项的主要依据，因此是把一级维度和三级题项有机联系起来的重要桥梁，起到承上启下的作用。其中，职业待遇整合包括 5 个二级维度，分别是工资收入、社会保险、工作强度、工作环境、职业发展；职业行为适应包括 3 个二级维度，分别是职业知识技能适应、职业人际适应、职业心理适应；职业文化接纳包括 2 个二级维度，分别是职业精神接纳和组织文化融入；职业身份认同包括 2 个二级维度，分别是职业身份归属、职业情感建构。

三级题项共有 30 个，这些题项分别属于各个一级和二级维度，是直接面向新生代农民工收集数据的具体题目，也是进行问卷信度效度分析、因子分析、描述性统计分析、评价分析和计量模型分析等各种统计分析的数据来源，具有可计算性、可调整性和拆分统计性等特征，因而具有非常重要的意义。如果其缺乏信度和效度，则整个测量指标体系就会缺乏说服力和科学依据，因此需要字字推敲、仔细斟酌、不断打磨。本研究尽可能收集丰富的、有代表性的指标来设计三级题项，具体包括月工资水平、工资领取状况、养老保险的购买状况、医疗保险的购买状况、工伤保险的购买状况、每天工作时间、每周加班情况、工作卫生条件、工作安全系数、就业培训状况、职业晋升机会、专业知识、专业能力、完成工作任务状况、与上司 / 雇主关系的融洽状况、与同事关系的融洽状况、工作压力调适、职业信心、工作敬业负责、思考把工作做得更好、对组织规章制度的认可程度、按组织的要求言行自律、职业身份归属、职业喜欢度等。

3.3.2　指标体系的应用

本研究构建的上述指标体系在理论和现实中都具有重要的应用价值，

而这正是本研究提出这个指标框架的目的所在。

第一，本指标体系对于新生代农民工自身、政府和企业都有重要的启示与指导意义，推动相关部门从社会融入的指导思想出发展开政策实践，不仅仅着眼于生存问题，为新生代农民工提供直接的劳动权益保障，同时更加要着眼于社会融入问题，为新生代农民工提供全程化的就业指导，通过开展职业教育、成人教育等，使其在行为、文化和心理上都展现良好的适应、接纳与认同状态。

第二，本指标体系具有描述性与全面性、普遍性与特殊性的特征。具体来讲，其功能可以用来描述新生代农民工就业质量的现状与特点，这是其描述性；其内容包括经济、行为、文化和心理等多个层面，这是其综合性。因此能够比较全面、综合地描述新生代农民工就业质量的现状和特点。工资、福利等物质待遇的好坏仍然是衡量新生代农民工就业质量的主要标准，这是其普遍性。另外，就业待遇并非唯一标准，职业行为适应、职业文化接纳、职业身份认同对新生代农民工的就业质量同样有着重要的贡献，这是其特殊性，反映了新生代农民工从农民向新市民、从农民工向新产业工人转变的状况。

第三，本指标体系可以为相关研究的问卷设计提供借鉴，为调查数据的整理与分析提供参考。在从社会融入角度设计新生代农民工的就业质量问卷时，采用哪些指标、提出哪些问题能更好地测量新生代农民工总体及不同维度的就业质量现状是该调查成功与否的首要条件。鉴于本指标体系的系统性、简明性、兼容性等特点，它将对有关社会调查设计起到一定的借鉴与指导作用。本指标体系包括 4 个一级维度，每一个维度下可以划分为若干个二级维度，在每一个二级维度下，又有若干个具体的项目和问题，这些维度、指标和题目虽然有值得改进之处，但其具有简明、客观、易测、可比、系统等特点，能在一定程度上对有关调查研究的问卷设计与数据分析起到借鉴与启示作用。比如，在设计社会融入方面的就业质量问题时，可以围绕职业知识技能适应、职业人际适应、职业心理适应、职业精神接纳、组织文化融入、职业身份认同等方面提出相应的调查问题。

当然，本指标体系也有一定的不足和劣势，例如，对数据的覆盖面要求较高。从社会融入视角测评新生代农民工的就业质量需要收集大量的数据来保证全面、系统地反映新生代农民工就业质量状况，这对于任何一项研究而言都是复杂、烦琐的，数据收集与统计的工作量过大，从而使其在实际操作过程中有一定的难度。再如，社会融入层面的就业质量难以测量。相比而言，职业待遇整合层面的就业质量测量比较直观，容易量化，但在社会融入层面，无论职业行为适应，还是职业文化接纳和职业身份认同，其本质是一个复杂的抽象概念，难以量化，故而现存新生代农民工就业质量研究很少涉及行为、文化和心理方面的测量，从而不利于相关研究的开展。

第4章 新生代农民工就业质量的基本状况分析

新生代农民工的就业质量评价指标体系确定之后，还需要通过数理计算方法，把定性、抽象的指标分析转化为直观的、具体的量化结果。通常来讲，就调查指标的统计分析而言，至少有2种方法可供选择，一是单变量分析法，即利用单个指标法，对就业质量各指标下每个变量（如工资水平、工资领取状况等）的均值、频数分布等进行描述性统计。其优势在于，可以对就业质量的各个指标进行具体且详细的分析，从而描绘新生代农民工就业质量的全貌。二是多变量指数分析法，即利用因子分析法、模糊数学法等综合指数法，将数量众多、过于繁杂的题项简化为一个或几个主要的指数。其优势在于可以将复杂的体系简单化，得到一个系统性、整体性、高效性和简明性的综合指数，从而有利于掌握总的就业质量水平。就本研究而言，无论单变量描述统计分析，还是多变量综合指数分析，对于了解新生代农民工就业质量的基本状况都很重要。

由此，本章节首先利用问卷调查数据，采用单变量分析法对就业质量不同维度下的具体指标进行描述性统计分析，并利用对新生代农民工的访谈资料，揭示定量分析中难以体现的深层次问题，以弥补问卷数据的局限性，全面、深入、细致、系统、清晰地了解新生代农民工在各方面的就业质量状况。然后再采用多变量综合指数分析对就业质量的诸多指标进行归总和降维，以便进行回归分析，为接下来的计量模型研究奠定基础。

4.1　新生代农民工就业质量的描述性统计分析

4.1.1　职业待遇整合状况

1. 工作时间较长，但收入水平偏低

首先，我国法定工作时间是指每月工作 21.75 天，每天工作 8 小时。在调查中，当问及“您每天工作几小时”时，新生代农民工回答 8 小时或以下的占 35.6%，8 ~ 12 小时的占 55.6%，12 小时以上的还有 8.8%（具体见表 4–1）。

表 4–1　新生代农民工每天工作时间

题项		频数（人）	百分比（%）
每天工作时间	8 小时或以下	1105	35.6
	8 ~ 12 小时	1726	55.6
	12 小时以上	274	8.8

其次，当问到“您每周的加班情况”时，回答经常加班的占 16.2%，较常加班的占 20.9%，一般的占 27.7%，较少加班的占 18.7%，从不加班的仅占 16.5%（见表 4–2）。可以看出，加班成为新生代农民工工作中一个比较常见的现象。

表 4–2　新生代农民工每周加班情况

题项		频数（人）	百分比（%）
每周加班情况	从不加班	512	16.5
	较少加班	581	18.7
	一般	860	27.7
	较常加班	649	20.9
	经常加班	503	16.2

虽然加班加点是新生代农民工工资上涨的主要来源，但工作时间的延长并没有带来月收入水平的大幅度增长，其超长的工作时间与偏低的工资水平之间仍有明显的反差。在本研究中，我们以月均工资水平为主要调查口径，同时将调查样本所在城市的城镇职工月平均工资作为参考标准，来考察新生代农民工的收入水平状况。首先，调查结果显示，被访的新生代农民工的月平均工资仅为 3029.15 元。从收入区间分布来看，月工资水平在 2001 ~ 4000 元之间的被访者最多，占 58.4%，其次是在 4001 ~ 6000 元之间的，占 23.7%，在 6001 元以上和 2000 元以下的比例较少，分别占 9.4% 和 8.5%（见表 4–3）。从总体上看，新生代农民工就业的工资收入主要处于低水平阶段。其次，如果以每一个城市的平均工资标准为界，新生代农民工相对较低的工资收入特征更加显露无疑。就本研究调查的这些城市而言，2016 年，长沙市城镇职工月平均工资是 5013 元，上海市职工月平均工资是 6504 元，新余市职工月平均工资为 3105 元。而新生代农民工的月工资水平则主要集中在 2001 ~ 4000 元之间的较低水平。由此可见，城市规模越大，新生代农民工与城镇职工平均工资标准之间的差距越大。这一收入水平难以支撑他们在城市衣食住行、抚养子女等正常的“市民生活”。因此，被访新生代农民工的工资水平总体上还不够理想，他们的工作强度大，但拿到的工资水平却不高。以上结果也说明，工作时间超长而工资水平低下是新生代农民工就业质量的一大显著特征。

表 4–3　新生代农民工的月工资水平

题项		频数（人）	百分比（%）
月均工资收入	2000 元以下	264	8.5
	2001 ~ 4000 元	1813	58.4
	4001 ~ 6000 元	736	23.7
	6001 元以上	292	9.4

2. 工资领取状况较好，但社会保险权益明显缺失

工资领取、社会保障制度是完善新生代农民工就业保障体系、提高新生代农民工就业质量非常行之有效的一种方法。调查显示，在问及“您每个月的工资能否按时足额领取”时，58.3% 的被访者表示经常能，14.4% 的被访者表示较常能，11.5% 的被访者表示一般，12.3% 的被访者表示较少能，3.5% 的被访者表示从不能（见表 4–4）。近年来党和政府高度重视解决农民工工资拖欠问题，出台和实施了新劳动合同法，使得新生代农民工的工资领取状况有较大程度的改善。虽然有极少数的企业还存在拖欠农民工工资的不良行为，但绝大多数（72.7%）的新生代农民工能够及时足额领取每个月的工资。

表 4–4　新生代农民工的月工资领取状况

题项		频数（人）	百分比（%）
工资能否足额按时领取	从不能	109	3.5
	较少能	382	12.3
	一般	357	11.5
	较常能	447	14.4
	经常能	1810	58.3

本次调查发现，新生代农民工在社会保险参与方面的状况不容乐观。鉴于指标选择的简洁性和代表性要求，本研究并没有调查全部“五险一金”的享有状况，而只是列出了养老保险、医疗保险和工伤保险 3 个基本的项目，让新生代农民工选出自己参保的险种。从各个险种的调查结果来看，新生

代农民工享有城镇养老保险、医疗保险和工伤保险的比例均比较低，分别仅为21.5%、24.6%和35.6%。还有将近七成的被访新生代农民工没有享受任何一种社会保险权益（见表4–5）。这些数据说明新生代农民工社会保险权益明显缺失，他们的风险抵抗能力比较脆弱，社保覆盖率方面仍有较大提升空间。

表4–5　新生代农民工养老、医疗、工伤保险的享有情况

类别	养老保险（%）	医疗保险（%）	工伤保险（%）
享有	21.5	24.6	31.6
不享有	78.5	75.4	68.4

3. 工作环境总体较好，但职业发展空间不足

本研究对新生代农民工就业场所中的卫生环境状况进行了调查，包括工作卫生环境状况与工作安全系数两个方面。首先，调查表明，当被问及“您当前工作的环境卫生条件如何”时，17.3%的被访者认为非常好，29.7%的被访者认为比较好，32.4%的被访者认为一般，11.0%的被访者认为比较差，9.6%的被访者认为非常差（见表4–6）。这说明，大多数新生代农民工就业场所的卫生条件还比较干净、整洁。

表4–6　新生代农民工工作的环境卫生条件

题项		频数（人）	百分比（%）
环境卫生	非常差	298	9.6
	比较差	342	11.0
	一般	1006	32.4
	比较好	922	29.7
	非常好	537	17.3

其次，在问及“您当前所从事工作的安全系数如何”时，5.5%的被访者认为非常低，11.4%的被访者认为比较低，16.6%的被访者认为一般，45.8%的被访者认为比较高，20.7%的被访者认为非常高（见表4–7）。可见，

当前新生代农民工在工作中遭遇生命和健康危险的情况并不突出。

表 4–7　新生代农民工工作的安全系数

题项		频数（人）	百分比（%）
安全系数	非常低	171	5.5
	比较低	354	11.4
	一般	515	16.6
	比较高	1422	45.8
	非常高	643	20.7

以上调查结果在一定程度上表明调查对象的工作环境相对较好。作为在改革开放中成长起来的一代，新生代农民工的物质生活水平相比老一代农民工有了较大的提升，不会为了挣钱而选择危险系数大的工作，因此他们主要就职于批发和零售业、住宿和餐饮业等服务行业，这些领域的工作相对于建筑业、工业、制造业而言，职业危害因素较少。

然而，新生代农民工的职业发展状况却比较堪忧。对年轻人而言，职业发展是一个重要的主题和目标，用人单位有义务为青年职工提供充分的培训机会、顺畅的晋升渠道。但在调查中，当询问到“在您的就业单位，您参加过职业培训吗”时，39.5% 的被访者认为从不参加，20.4% 的被访者认为较少参加，21.0% 的被访者认为一般，14.9% 的被访者认为较常参加，仅有 4.2% 的被访者认为经常参加（见表 4–8），表明新生代农民工参与就业培训的比例较低，难以得到充分的锻炼，业务水平与就业能力也不可能得到更大的提升。结合课题组成员对被调查对象的访谈情况可知，大多数人没有接受过任何形式的就业培训，即便有一些新生代农民工参加了就业培训，也大多是不超过一个月的简单培训。当然，这其中的原因很复杂，既有培训地点不方便、培训经费不足等培训组织不力的问题，也有培训内容不实用等培训供需脱节的问题，这些因素集合到一起，就很容易降低新生代农民工参与就业培训的比例。

表 4–8　新生代农民工的就业培训

题项		频数（人）	百分比（%）
就业培训	从不参加	1226	39.5
	较少参加	633	20.4
	一般	652	21.0
	较常参加	464	14.9
	经常参加	130	4.2

此外，丰富、公平的职业晋升机会是实现向上流动的重要途径。但是，在调查中，当询问到“在您的工作中，您是否能获得公平的晋升机会”时，25.4% 的被访者认为从不能，27.8% 的被访者认为较少能，29.4% 的被访者认为一般，12.1% 的被访者认为较常能，仅有 5.3% 的被访者认为经常能（见表 4–9）。这些数据表明，目前大多数新生代农民工缺乏职业晋升的机会和空间，职业晋升状况不容乐观。为什么新生代农民工职业晋升的机会如此少呢？这与职业晋升体系的基本条件有关。在中国的企业文化中，一个员工要获得晋升，一方面要具备较强的工作能力和工作技能；另一方面要有良好的人际关系，只有具备这两方面的条件，上司 / 雇主才会重用你，同事下属才会信服你。然而，新生代农民工由于身份地位比较特殊，大多学历较低，分布在一线操作岗位，缺乏职业技能，劳资关系不稳定且容易发生劳资冲突，因此即使他们在岗位上干得再好，职业晋升空间也是非常狭小的。

表 4–9　新生代农民工的职业晋升机会

题项		频数（人）	百分比（%）
能否获得公平的晋升机会	从不能	789	25.4
	较少能	863	27.8
	一般	913	29.4
	较常能	376	12.1
	经常能	164	5.3

课题组访谈湖南某食品厂的新生代农民工了解到，该工厂员工规模 50 多人，主要生产的是零食、休闲食品。在访谈中我们认识了一个来自湖南益阳农村的 27 岁打工妹小胡。小胡在这个工厂工作了一年多，现在仍是一位一线的食品包装工，她主要的工作就是负责称量、打包、送货，虽然是比较简单的工作，工作环境也没有辐射、有毒气体等危害因素，但是工作强度非常大，每天工作 8 ~ 10 个小时，而且需要站大半天来完成，中午虽然留了 1 小时吃饭休息，但每周需工作 6 天，也就是每周大概工作时间为 48 ~ 66 个小时，违反了法定的 44 小时周工作时间制度。

小胡每天这样辛苦工作，所得到的报酬又如何呢？通过进一步的访问，我们得知，工厂实施的是计件工资制，小胡一天平均下来的工资能够拿到 103 元，每个月大概是 3100 元收入。对于这份收入，小胡说可以接受，“女生嘛，没读多少书，有 3000 块的工资就蛮好的了”。虽然小胡自身能够接受这份收入，但她付出的代价是非常大的，而且既不存在所谓的加班费，也没有稳定的“五险一金”，要是在工作中发生什么意外，老板最多就给一点点的慰问金，更多只能靠自己承担后果。长此以往，对身体的负荷和伤害是可想而知的。

谈到培训和以后的发展前景，小胡露出了一丝迷茫，她说：“就是开始进厂的时候进行了培训，但是只培训了两天就结束了，更多的是要我们遵守工厂的上下班时间等规定，文化知识上没有，至于包装的方法和技巧还是我后面跟着老员工学到的”“提拔晋升？我们这儿又没有太多的机会，往上发展要不就是班组长了，也一样累，而且也没什么意思，我没想过”。（个案 1：小胡，女）

总之，通过以上调查分析表明，新生代农民工的职业待遇状况总体较差。具体表现为：在工资收入上，他们拿到的工资水平不高，尤其与城镇职工平均工资标准之间的差距较大。在工作时间上，新生代农民工正常工作时间超时、节假日休假得不到保障、休假权益遭受侵害等情况还较为普遍。在养老保险、医疗保险、工伤保险等社会保险上权益缺失的问题还比较突出。在就业培训上参与比例低，在职业晋升上缺少渠道和机会。因此，政府相关部门要加大对新生代农民工职业待遇整合的支持力度，采取针对性的相关措施帮助新生代农民工更好地融入劳动力市场中。

4.1.2 职业行为适应状况

1. 职业知识技能适应

（1）适应起点：工作任务完成难度不大

新生代农民工在城市立足的基础是获得一份工作，而维持这份工作首先需要他们能够胜任工作岗位的要求。因此，完成工作岗位的任务要求成为新生代农民工职业适应的起点。

调查显示，55.2% 的新生代农民工能完成工作任务的要求，仅有 19.9% 的新生代农民工不能完成工作任务的要求（见表 4-10）。这表明，被访的新生代农民工对工作任务的完成状况较好，能够满足所在工作岗位的任职需要。其中的原因或许有两方面，其一，大多数新生代农民工有一定的文化基础，也有年轻的身体，这些要素能够保证他们确实有能力去做好他们的工作。其二，大多数新生代农民工的工作层次较低，对职业技能要求较低甚至无要求，因此适应起来并不难。

访谈中，一位在家具厂负责开车送货的工作人员小郭说：“我们的工作就是一个搬运工，技术要求不多，工作内容简单，就是上货、下货，甚至还有一些打杂的内容，没有什么技术可言，因此很容易适应，小学文化程度的人都可以来做。”（个案 2：小郭，男）

而即便是一些技术性工种，因为被企业分割在固定的工作岗位，每个人只对自己的工序负责，不用完成其他的任务，使得新生代农民工对工作岗位的胜任也相对容易。

小阳在上海一家服装厂的车间上了 5 年的班了，经验丰富的她说：“工厂大部分都是流水线生产，每个人负责一部分，我的工作就是负责车缝，也就是把分开的裁片缝合，这样就可以做出一个整件衣服，很多也是日复一日的重复性劳动，来个把月也就能上手，没啥难的。”（个案 3：小阳，女）

小陈在一家卖橱柜的个体户中负责安装油烟机、灶台等电器设备，在谈到能否适应这个岗位，以及多久能适应好时，他说：“现在都是组装家具的，不懂的人就觉得好像很难，实际上这个很简单，就是要掌握每个家具的零部件构造，量好尺寸，打好孔，这样才能把浴室柜等洁具装好，新手练个几天就好了。”（个案 4：小陈，男）

（2）适应升级：职业学习与技能提升明显不足

新生代农民工虽然大部分都能快速地与工作岗位相匹配，但这并不是万事大吉。为了寻求职业发展空间的突破，他们还需要不断加强知识技能学习，掌握优秀的专业技能，获得突出的业绩表现，从而在竞争激烈的务工环境中脱颖而出，实现向上的阶层流动。因此，完成工作任务只是新生代农民工职业知识技能适应的第一步，职业学习与成长、专业技能的提升对于新生代农民工的职业知识技能适应也是非常重要的一步，而且是职业知识技能适应的进一步提升，因此对新生代农民工的挑战也是非常大的。

首先，在就业过程中，学习并掌握一个工作相关的专业知识与专业能力时，胜任某种工作岗位就会更加顺利。但是，在调查中，我们发现，仅有38.9%的新生代农民工会不断学习与职业相关的知识或技能（见表4-10）。其次，新生代农民工职业知识技能适应的不足还体现为他们缺乏过硬的专业技能等级，难以从事技术含量很高的工作。数据表明，仅有31.3%的新生代农民工认为自己能胜任技术含量高的工作岗位，不能胜任的比例多达53.3%（见表4-10）。实际上，在发达国家，15%~20%的务工人员为高级技工，60%~70%的为中级工，10%~25%的为初级工，[①]与之相比，我国职业技能差、缺乏一技之长的新生代农民工比例偏高，未能建立起一支高素质的产业工人队伍，这使得他们难以有效满足企业人力资源对技术型岗位的人才需求。

表4-10　新生代农民工的职业知识技能适应状况（%）

题项	很不同意	不太同意	一般	比较同意	非常同意
我能完成工作任务的要求	9.2	10.7	24.9	26.7	28.5
我会不断学习与职业相关的知识或技能	10.7	28.6	21.8	22.6	16.3
我能胜任技术含量高的工作岗位	31.2	22.1	15.4	21.5	9.8

在我们对青年企业家、创业者的座谈中，一些用人单位谈到了目前新生代农民工专业技能习得的现状，他们对此深有体会：

80后创业青年小贺目前经营着一家橡胶塑料机械集团公司，在小组座谈中，谈到新生代农民工的工作技能的时候，他说："现在来找工作的年轻人大概可以分为以下三种，第一种是没学历也没技能的，他们只能做一

① 程艳萍．制造业中农民工向高素质产业工人转化的路径探析［J］．科技与创新，2014（17）：123-124．

些低端服务业的服务员等技术含量很低的工作，第二种是有一定技术或接受过职业技能培训的，他们可以做一些基础性的技术工作，第三种是有职业技能等级或接受过专门的职业技能教育培训的，他们是各家企业最受欢迎的招聘对象，但同时也是人数最稀少的，现在的年轻人愿意沉下心来学习一门手艺的太少了。”（个案 5：小贺，男）

小组座谈中，创业青年小蔡也谈到了很多企业在招技术性务工人员所面临的问题：“人才不足、流动性大是我们这种小企业面临的主要问题，比如我们一直想招个美工，招了几年还没招到一个想要的美工，因为技术太好的要价太高，留不住，技术一般的又做得差，还不如我来做。”（个案 6：小蔡，男）

与农村务农环境的个体化、保守化不同，城市工业社会是以竞争和革新为驱动的，需要不断改进技术、更新产品，同时社会分工更加精细和发达，这对从业者知识和技能水平要求更高，需要个人不断提升自己技术能力的专有性。但是，对于新生代农民工而言，他们年龄尚小，学历偏低，懵懵懂懂进入城市务工，对职业学习和技能提升也没有什么明确的规划，还未做好充足的准备。

20 岁的小张来自湖南邵阳的一个小县城，谈到学习和技能提升方面的适应时，他面露无奈，甚至向往农村的闲散生活：“城市生活工作节奏太快了，所以活得很累，不舒服，还不如以前在农村的人，大家各忙各的，农忙时双抢一下，农闲时就打打牌玩一下，也不怕失业，也没人考核你的业务水平，你可以慢慢做，真是轻松自在。”（个案 7：小张，男）

当然，新生代农民工并非就自甘堕落，职场竞争的激烈性、残酷性以及“机器换人”的危机等也让一些新生代农民工产生了强烈的学习充电意愿。但是，他们当中的很多人一方面自己不知道如何增能，另一方面也缺乏外界的赋权，比如正规的培训，最后往往就是无方向地学习，随遇而安、随波逐流，并没有带来知识能力的有效提升，导致最终还是退回去从事门槛低、流动性极大的服务行业。

30岁的小成做过四五份工作，在访谈中谈到了技能学习的困境："以前因为不会读书，所以高中毕业后就来打工了。最开始的时候，在一家饭店里打过杂，还去过一家机电厂打过工。后面家里给我买了一辆货车开，开了几年后觉得不安全，也老是被交警处罚，觉得还是学个手艺以后才能有个好饭碗。所以我就托人找了个修手机的师傅学修手机，手机用的人多啊，肯定有市场，可是修手机没个3～5年根本出不了师，更何况师傅也不会全部交给你，所以学了半年多我就不学了，学不成，到现在还是开货车为生。"（个案8：小成，男）

（3）二重挑战：浅层适应、深度区隔

新生代农民工面临适应基本工作要求与知识、技能提升的双重压力，决定了他们在知识技能适应中并非都一帆风顺。总的来讲，以上结果表明，新生代农民工在职业知识技能适应方面存在"表层适应、深度区隔"的现象，即一方面，新生代农民工能够比较好地熟悉工作内容的要求，但在职业学习成长、专业知识技能提升方面的适应性明显不足；另一方面，新生代农民工表面上看自己的知识技能与工作岗位的差距不大，但大部分新生代农民工只是适应于在劳动密集型企业从事技术含量不高的普通操作岗位，在适应创新驱动时代的知识型、技能型、创新型岗位方面还非常欠缺，尤其是学习意识、能力和技能提升能力不强，难以适应现代企业的需求。

2. 职业人际适应

从农村到城市，新生代农民工不仅在地理空间上流动，同时在文化、生活等方面也发生着变迁，其中人际交往环境的变化尤为明显。农村的人际交往环境比较单一、固定、紧密和封闭，基本限制在血缘和地缘关系中，业缘网络几乎是不在场的，而城市的人际交往环境比较广泛、松散和开放，不但有血缘、地缘网络，还有业缘关系。对于业缘关系网络，涂尔干认为，社会分工即人际交往范围的扩大，社会分工越发达，需要联系和作用的人就越来越多。①并且，这种以次级关系为联结的业缘网络更加复杂多样，不仅包括工作单位中的同事、上司 / 雇主，还包括工作单位外的客户等，如果处理不当，轻则发生误解或口角，重则影响正常的人际信任和职业发展。因此，在农村缺席的职业交往环境，到了城市却深深嵌入人们的各种职业活动中，使得新生代农民工面临全新的职业人际交往适应的挑战。对此，我们可以通过对新生代农民工与同事关系、上司 / 雇主以及客户关系的融洽程度来掌握其职业人际适应现状和问题。

（1）同事关系：竞争与流动中的交往困局

首先，对于同事关系，调查表明，63.4% 的被访者给予了积极肯定的评价，他们能够与同事保持融洽的相处关系（见表 4–11）。同事关系，尤其是与同龄人的同事关系往往是新生代农民工适应职场人际交往环境的突破口。因为同事之间的地位比较平等，加上年龄相仿，经历和成长轨迹类似，容易找到共同的话题和兴趣，这可以帮助新生代农民工融入同事职业群体

① 埃米尔·涂尔干. 社会分工论［M］. 渠东，译. 北京：生活 · 读书 · 新知三联书店，2000.

之中，并快速建立融洽的职场人际交往圈。

1989年出生的小吴是安徽人，2013年来到长沙做服务生，虽然是异乡人，但在谈到与同事的交往关系的时候，他一脸轻松地说："刚来的时候也不是很熟，但身边的同事大都是年轻人，一回生二回熟，像我也没那么多心眼，喜欢交朋友，也比较好相处，平时下班了跟同事一起喝喝酒、吹吹牛什么的，大家就很熟悉这个集体了，随便开玩笑。"（个案9：小吴，男）

但是，不是每个人的同事关系都像那样好相处、容易适应，我们还要看到，还有22.4%的被访者不能建立起融洽的同事关系（见表4-11）。事实上，同事之间既可以带来合作、心理上的愉悦，如互帮互助，也可以带来竞争、情感上的摩擦，如误会、嫉妒等，说明了同事交往之间的复杂性。在访谈中，我们也了解到一些新生代农民工由于劳动分工、工资分配不公等原因产生了各种利益冲突和矛盾，难以在情感上和同事之间达到真正的融洽和彼此认同，最后甚至沦落到一个孤立、对立的交往圈子里。

22岁的小赵虽然年龄不大，但在一家广告公司上班的他对同事关系的理解却也是颇有感触："同事关系也不是那么单纯的，主要还是利益问题，没有利益冲突的话，大家都是你好我好的，但是一旦有了利益上的瓜葛，就容易钩心斗角、拉帮结派。比如说我们这儿去年刚来了一个同事，负责做项目策划和推广，起薪就比我们很多同事高很多，其实做的事情差不多，但工资上就有差异，特别是开始一段时间还经常请假，让很多同事私下里讨论了很多，还有的向领导打小报告的，造成同事之间的关系很紧张。"（个案10：小赵，男）

对于新生代农民工而言，他们大多是流水线作业，加上就业流动性比较高，难以形成和发展一段稳定、深厚的同事关系，使新生代农民工在同事交往上也面临一些特殊的不适应。

小玲是安徽六安人，从初中毕业以后就开始打工，曾经在酒店、美容店都待过，现在在一家内衣厂上班。多个地方的工作经历使得她对同事关系有了很多感触，在她看来，在企业组织内部很难有长久、交心、贴心的同事关系："虽然大家在一起上班、吃饭、休息，但下了班就没事了，也不会串门，都是仅限于工作上的关系，没什么交流，有些时候好不容易能够有一两个玩得好的，有什么牢骚、难过的事情还可以找她们倾诉一下，让自己感到不那么孤单，但过一段时间人家辞职跳槽了，又要重新去适应一段新的同事关系，所以很难找到真正交心的同事朋友。"（个案 11：小玲，女）。

（2）领导关系：不平等与不成熟中的交往困境

要在职场中获得更好的生存和发展机会，与上级 / 雇主保持良性的交往至关重要。但是，调查结果表明，能够与上级 / 雇主保持融洽相处关系的新生代农民工占比并不多。其中，15.2% 的认为非常不能，26.9% 的认为比较不能，30.3% 的认为一般，认为比较能和非常能融洽相处的比例分别仅占 14.5%、13.1%（见表 4–11）。相对而言，新生代农民工与上级 / 雇主关系的融洽程度明显要低于与同事的融洽程度。根据人际交往理论，同事关系是一种横向的对等关系，上司 / 雇主关系则是一种垂直的、不对称的上下级关系，因此更加难以建立。换言之，受劳资关系、身份地位差异等方面的影响，新生代农民工与上司 / 雇主之间的交往从一开始似乎就是不平等的。加上部分上级 / 雇主的管理方式简单粗放，遇到问题，动辄严厉斥责、处罚，并没有真正平等地与员工相处。这对于年轻气盛的新生代农民工而言很难忍受，要知道他们的自尊意识较强，抗挫能力较差，从小受宠爱，一旦碰到上级/雇主的批评意见，就很容易意气用事、率性而为，从而造成上下级关系紧张。

访谈中，1991 年出生、在钢丝厂看机器的小李一脸惆怅地说："有些老板还比较好，但从我的经历以及我朋友的例子来看，打工遇到好老板的情况还不是很普遍，时间长了就容易和管事的或老板有冲突。我认识一个朋友，有一天上班因为有事出去了，没请假，老板就要扣他一天的工资，结果我朋友就不乐意，找老板理论，吵了一架，就这样闹翻了。像上班罚款、扣钱这种情况也是经常有的，目的就是让你一直要在那做事，否则的话就扣钱，很气人。"（个案 12：小李，男）

（3）顾客关系：城乡人际文化差异下的交往困惑

除了组织中的同事、上司/雇主之外，职场中要发生长久人际关系交往的对象还有组织外的顾客、客户等。尤其是对于新生代农民工而言，他们很多人在商业服务行业工作，与顾客交流比较频繁，处理好与顾客的关系就显得尤为重要。

调查结果表明，对于顾客关系，新生代农民工总体上适应良好，有 60.0% 的被访者给予了积极肯定的评价，其中 29.7% 的认为自己与顾客的关系处理得非常好，30.3% 的认为比较好（见表 4–11）。

正如访谈中，一位从事汽车销售行业的 90 后农民工小龙说道："公司对于怎么和客户打交道都有培训，包括礼仪、跟单技巧什么的都会有，因为我们和客户之间仅仅是工作上的关系，除了讲汽车的话题，其他也不会有太多的交流，所以关系还好。"（个案 13：小龙，女）

但是，我们也要看到，还有 29.9% 的被访者认为处理得不好，其中 16.4% 的认为比较差，13.5% 的认为非常差。访谈中小杰就向我们坦露了自己在处理顾客关系方面的一些经历和痛楚：

小杰的工作是在理发店负责帮顾客洗头，由于工作性质的缘故，他经常要面对诸多形形色色的客户。小杰与每个顾客接触的时间虽然很短，但简短的背后却夹杂着一些小冲突和不适应的地方，"有一次我在洗头的时候用手去帮一个顾客抓头皮，刚开始抓一下，那个顾客立马制止了我，叫我不要抓。真的，城里人讲究，在我们的镇上洗头都会抓头皮的，到了城市就不行（后来才知道是怕传染病），真是搞不懂城里人，让我感到跟城市人交往处处都要小心提防，一点人情味都没有，太恐怖了。还有一次，帮顾客洗头，水进到顾客耳朵里，那个顾客就指责我怎么把水弄到耳朵里了，非常生气，我说洗头总会有一点水进到耳朵里，他说他在理发店从来没有遇到过把水弄到耳朵里的情况，并要求马上换人帮他洗。为此，我们老板还批评了我，说我怎么还跟顾客争论起来，让我心里很难受。"（个案 14：小杰，男）

小杰在理发店的遭遇实际上就反映了城乡文化和价值观念的差异给新生代农民工所带来的冲击与不适应。在工商经济观念的驱动下，城市里的人际交往注重功利主义和理性主义。正如芝加哥学派的罗伯特・帕克所指出的："城市已经形成自身特有的城市心理，与乡村也迥然不同。城市人的思维方式是因果论的，理性的思维方式；而农村人则是自然主义的思想方法，属于幻想型。"① 一些新生代农民工初来乍到，不明白城市里工具化、

① 张海波，童星．被动城市化群体城市适应性与现代性获得中的自我认同——基于南京市 561 位失地农民的实证研究［J］．社会学研究，2006（02）：86-106，244.

理性化、世俗化的交往文化，不知道如何与不同人生观、价值观和世界观背景的顾客打交道，给新生代农民工带来一种“缺乏人情味”的感觉，让他们感到委屈和无奈。

表 4–11　新生代农民工的职业人际适应状况（%）

题项	很不同意	不太同意	一般	比较同意	非常同意
我与同事之间保持融洽的相处关系	8.9	13.5	14.2	37.6	25.8
我与客户的关系处理得不错	13.5	16.4	10.1	30.3	29.7
我与上级 / 雇主之间保持融洽的相处关系	15.2	26.9	30.3	14.5	13.1

3. 职业心理适应

现代职业的基本特征是工作节奏快、竞争激烈，几乎所有就业群体都面临着求职、升职等各种工作压力，这就需要劳动者在职业发展过程中积极应对工作上的挑战，培养自身的职业耐受性。对于大多数新生代农民工而言，由于他们年轻、学历不高、技能差，面临的工作压力和焦虑更加多样和繁重，体现在担心自己失业、找工作难、工资待遇低、工作强度大等许多方面，对这些不利就业环境的心理疏导与适应就显得尤为重要。调查发现，新生代农民工在职业心理适应过程中的问题主要表现在以下两方面：

（1）从憧憬到现实：难以调适的职业心理压力

由于学习成绩低、家庭经济条件差等原因，早点到城市打工成为许多新生代农民工的常规操作。他们羡慕城市的高楼大厦、灯火通明，期待朝九晚五的工作、养家糊口的收入，向往有周末、有节假日、有 Wi–Fi、有文化和旅游活动的工作环境。因此，新生代农民工常常怀揣着激动、兴奋和憧憬的心情来到城市务工，但是，真正到了城市以后，新生代农民工才发现工作并非想象中那么美好。收入难以维持城市高昂的生活成本，闲暇时间被高强度的工作所代替，脱离了家庭的庇护，这些负面的城市就业体验让新生代农民工不可避免遇到心理困境。特别是在车间、流水线等地方上班的群体，工作内容单调重复，生活空间三点一线，工作被异化、模式化，让这群充满生机和活力的年轻人感到很难忍受、很不如意。长此以往，很容易产生自闭、恐惧、仇恨等消极心理。这些职业心理压力虽然不是致命的疾病，但是危害却很大，会引起自身精神活力、工作效率和身体机能的下降，甚至对抗社会，引发社会问题。

本次调查的结果进一步证明了上述存在的现象。调查显示，对于“工作压力是暂时的和有办法解决的”这一说法，总共有接近一半（46.9%）的被访者表示不同意，其中 19.7% 表示很不同意，27.2% 表示不太同意，而非常同意和比较同意的比例合计仅为 38.1%（见表 4–12）。

访谈中，前文已提交到的个案小张告诉我们：“我在上海做房地产销售顾问工作，每天的工作是又要接客户，又要做行政，有些时候还要动脑筋做策划方案，确实比较累，有种被压垮的感觉，公司为了降低用工成本，不想再招工，我们的任务就更加重了，其实身累一点都没关系，休息一下就好了，主要还是心累。”（个案 7：小张，男）

即使是在中小城市务工的新生代农民工，在面对工作压力的时候同样也显得措手不及。

26 岁的小刚来自湖南益阳，目前在一家建工公司做施工员。在座谈会上，谈及工作压力，他深深地叹了一口说道：“我现在是在益阳一家建工集团公司上班。像我们益阳这样的三四线城市也一样有压力，不只是大城市才有。现在我们公司业务范围也很广，为国家‘一带一路’倡议承接了老挝、缅甸、柬埔寨等国家的基础设施建设。但是最近几年的世界经济也不是很好，建筑市场不好做，老板的压力也挺大的，但没办法，老板要让公司活下去壮大下去，公司要业绩，对我们要求很高，所以就要我们多做事，多拼命，多加班，而且员工之间的竞争压力也大，所以没有一定的抗压能力真的适应不了现在的工作。”（个案 15：小黎，男）

（2）从清晰到模糊：缺失的职业发展信心和自我价值感

在经历了进城之初的新鲜感、兴奋期之后，新生代农民工逐渐感受到就业过程中的不适与压力，其对未来的人生规划也变得模糊和迷茫起来。调查表明，有五成多（57.4%）的新生代农民工对于实现职业发展的目标缺乏信心，其中，36.8% 的表示比较没有信心，20.6% 的表示非常没有信心，非常有信心和比较有信心的比例合计仅占 23.6%（见表 4–12）。

1993 年出生的湖南省浏阳市人小文在 2011 年高中毕业后，先后去过广州、深圳等地方打工，2015 年后到长沙务工，目前是一名网约车司机。“在外面打工这么多年，也是没学到什么东西，钱也存不到，挣多少花多少，有时候还不够养活自己，只能当一个啃老族。创业又没资金没项目，打工又没有技术、没学历，有时候感觉自己真是一无是处，想在市里买套房、闯出自己的一番事业太难了。”（个案 16：小文，男）

事实上，新生代农民工也很想为了梦想努力奋斗，实现自己的价值追求，但是，由于乡村带来的弱势思想和保守思想，在进入一个新的城市环境后，一些新生代农民工陷入自卑和自闭之中，职业发展的“挫败感”“无价值感”“低效能感”油然而生。

比如，部分新生代农民工受乡村弱势思想的影响而缺乏自信心，他们认为自己来自乡下，装扮土气，说话带有浓重的乡音，不能跟城里人比，加上学历低，没有一技之长，使他们在找工作、面试和职业发展时都会感到自卑。

23 岁的小美来自湘西的一个小地方，目前在一家超市当营业员，她接触了很多的顾客，看到他们来买东西都是大把大把地买买买，她更感到自己与城里人的差距大。“城里人真有钱，买东西好像不要钱似的，随便拿，我买东西都要挑好久，都不敢买，穷啊。所以我们农村来的和城里的人还是有很大差距的，不仅是花钱，还有理财、经商、创业等很多地方都不如城里人吧。他们有头脑，所以我们也就只能帮他们打打工，做一些没有发展前景的工作。”（个案 17：小美，女）

除了妄自菲薄之外，还有些新生代农民工进城后怕受到中介诈骗、老板欺诈、市民歧视嘲笑等伤害，始终保持防御和封闭的心理，不愿和外界进行过多的接触，失去了很多学习和提高的机会，导致在城市工作多年依旧处在城市的边缘，职业发展效能感随之丧失。

在访谈中，25 岁的小李谈起了他那段不愉快的工作经历：“去年我在某网站上看到一些招聘信息，招家政、招工人、招司机的好多，我报名的是保险，面试很容易通过了，还说像我这样能说的一个月肯定能拿过万的工资，后来他们马上就叫我去听课，我穿着正装兴致勃勃地去听他们的课，谁知道一去他们就要我交 200 块钱，说是培训费，我就交了，但是听了两天就不去了，觉得不靠谱，什么正式的手续都没办，他们就是骗我去拿人头费的。所以在城市打工也真是要小心，骗子很多，还不如找熟人介绍工作靠谱。”（个案 12：小李，男）

从上文的案例中可以看出，进城之后，很多新生代农民工在就业过程中会遭遇被欺骗、被欺压等现象，城市几乎成为“不守信用”的代名词，让涉世不深的新生代农民工缺乏安全感、信任感。一些新生代农民工开始“安分守己”地退回到熟人支持通道，通过亲戚朋友的介绍虽然也能够找到工作，但毕竟这种就业信息片面、就业渠道匮乏，他们错过了很多更好的工作和发展机会。这也导致一个恶性循环，使原本就自闭、自卑的一些新生代农民工产生了更加严重的自闭、自卑心理。

表 4-12　新生代农民工的职业心理适应状况（%）

题项	很不同意	不太同意	一般	比较同意	非常同意
工作中的压力是暂时的和有办法解决的	19.7	27.2	15.0	24.7	13.4
我有信心实现我的职业发展目标	36.8	20.6	19.0	13.7	9.9

4.1.3　职业文化接纳状况

1. 职业精神接纳：系统性缺失

一项对苏州 800 家企业的问卷调查显示，在用人单位最看重的劳动者素质中，排在前三位的分别是职业道德、敬业精神、团队合作意识，后面才是职业技能[①]，这说明用人单位更加看重劳动者的职业精神文化，也反映了大部分劳动者群体的职业文化精神建设比较滞后。我们的调查也发现新生代农民工的职业精神非常淡薄，存在职业精神系统性缺失的问题。

首先，敬业精神是对从业者的基本要求，“它要求从业者以尽职、尽责的态度对待自己所从事的职业”。[②]但是，对新生代农民工的调查发现，对于“认真负责对待工作”的说法，29.9% 的被访者表示很不同意，19.4%

① 全国政协委员莫荣：应加强劳动者职业精神教育培训［EB/OL］. https：//baijiahao. baidu. com/s ? id=1627328261862985615&wfr=spider&for=pc，2019-03-7.

② 邱吉. 培育职业精神的哲学思考——从职业规范的视角看职业伦理［J］. 中国人民大学学报，2012，26（02）：75-82.

的被访者表示不太同意，22.3% 的被访者表示一般，19.6% 的被访者表示比较同意，8.8% 的被访者表示非常同意（见表 4–13）。

对瑞华建设集团的访谈资料显示，新生代农民工在工作中缺乏责任意识与敬业精神的行为时有发生。例如，在长沙一个楼盘工地上盖楼的小胡说："遇到钢筋切割机等一些机器设备有故障的时候，很少有新生代农民工愿意抢修，都巴不得它坏，因为它坏了，我们就可以休息一下了。还有就是，遇到风雨天气，工作条件比较差，一些新生代民工常常借故偷懒或者随意离岗。到了临近下班的时间，活没干完就准备赶着去吃饭。"（个案 18：小胡，男）

其次，工匠精神是指工匠对自己的产品精雕细琢、精益求精，追求完美和极致的精神理念，其核心品质包括专注、坚持、打磨、创新、韧性、自律等内容。工人是否有工匠精神，直接影响着产品的质量和成败，党的十九大报告明确提出要"弘扬劳模精神和工匠精神"。工匠精神培育的主体是城市一线产业工人，而当前我国城市一线产业工人的重要组成部分是新生代农民工。因此，新生代农民工成为工匠精神培育的关键对象。但是，调查显示，对于"思考如何把工作做得更好" 的说法，32.5% 的被访者表示很不同意，11.6% 的被访者表示不太同意，28.6% 的被访者表示一般，19.7% 的被访者表示比较同意，7.6% 的被访者表示非常同意（见表 4–13）。新生代农民工大多收入偏低，职业期望与就业现实之间形成了明显的反差，加之城市居民的偏见、二元制度的歧视以及企业的压榨，因此还难以做到兢兢业业，更难做到精益求精、追求完美和极致的工匠精神。

在青年小组座谈中，一个搞电商行业的创业青年在谈到员工的工作态度和工匠精神的时候，非常有感慨地说道："现在生活条件、环境好了之后，反而员工的感恩心理越来越少，工作态度越来越不好；该玩玩、该弄弄、该消极懈怠就消极懈怠，像个逃兵一样，哪里还会像以前的老手艺人那样去坚持、认认真真专研？工作心态问题有时候是管理解决不了的。”（个案 19：小彭，男）

再者，团队精神是团队成员间团结合作、互相帮助、协同作战，共同维护和实现团队的利益与目标。在流动社会和个体化社会下，人与人之间的关系越来越淡薄，用人单位很难招到有着团队精神的员工，这在新生代农民工群体中表现得尤为明显。本次调查发现，对于“愿意在工作协作配合”的说法，31.6% 的被访者表示很不同意，22.8% 的被访者表示不太同意，11.4% 的被访者表示一般，26.3% 的被访者表示比较同意，7.9% 的被访者表示非常同意（见表 4–13）。新生代农民工大多数成长在独生子女家庭之中，从小形成了自我为中心的倾向，与人合作、分享的意识淡薄，缺乏集体的概念，由此也影响了团队合作精神的养成。

访谈中，从事服务业的小肖谈到了自己对于团队合作精神的看法：“上班的时候每个人都是做好自己的事情，很少去顾及别人，也没有什么合作的机会。有时候合作也会有矛盾有争吵，怕任务分工和工资分配不公平。尤其是做生意的不会合伙，所以你看只要稍微掌握一点资源就出去单干。”（个案 20：小肖，女）

表 4–13　新生代农民工的职业精神接纳状况（%）

题项	很不同意	不太同意	一般	比较同意	非常同意
我能认真负责对待工作范围内的事情	29.9	19.4	22.3	19.6	8.8
我在工作中精益求精，经常思考如何把工作做得更好	32.5	11.6	28.6	19.7	7.6
我重视团队合作，愿意在工作中协作配合	31.6	22.8	11.4	26.3	7.9

2. 组织文化融入：文化冲击下的抗拒与滞后

随着现代化、市场化经济的渗透，农村地区开始形成了组织化的专业合作社经济或其他商品经济市场，但从根本上来讲仍是属于自产自销、自主经营的小农经济阶段，尤其是广大中西部地区的农村更是如此。做与不做、做多做少始终是农户自主决定、自我管理的事情，不用正规的组织系统来规制。城市则不同，城市里就业的基本特征是高度的组织化。也就是说，城市是一个被高度组织起来的社会系统，它有着各类不同社会分工的组织，其中企业更是最为常见的组织。企业组织为了实现组织目标尤其是盈利目标，会设置一套相应的科层制度来统筹执行组织的各种任务，通过这些科层制度的实施，来维持组织的有序运转。作为从农村转移到城市就业的新生代农民工，他们也需要依托于城市里的各种企业组织平台来展开他们的职业生涯。同时，在获准进入组织，成为组织的一员以后，他们也需要遵守组织的规章制度，接受组织的管理、指挥与协调，在组织的制度框架内开展具体的工作。这是现代职业人所绕不开的一个客观环境，对于受小农经济影响的新生代农民工而言更是如此。

不过，坦白讲，新生代农民工对于组织文化融入仍然非常滞后。调查显示，32.5% 的被访者表示非常不认可组织的规章制度，17.5% 的表示比较不认可，24.0% 的表示一般，表示比较认可和非常认可的比例合计仅占 26.0%（见表 4–14）；另外，实际行为方面，对于“按组织的要求言行自律”的说法，有 38.7% 的被访者表示很不同意，19.4% 的表示不太同意，17.9% 的表示一般，17.2% 的表示比较同意，6.8% 的表示非常同意（见表 4–14）。这些数据一定程度上表明新生代农民工组织观念比较淡薄，对组织文化融入存在不同程度的抗拒问题，有的人不能认可组织的管理方式和规章制度，直接通过行动表达自己的抗拒，比如频繁地离职等，有的人则是“表面接受，内心抗拒”，进一步导致在工作中缺乏敬业精神和责任心。

小孙在8年时间里换过5份工作，在谈到对组织管理方式的评价的时候，她语气变得很冲：“我也不想换工作，我的家人也不希望我总换工作，但看到有些企业只顾着自己挣钱、不顾员工死活的做法真的让人受不了，他们就是想着如何花最少的钱让员工干最多的活儿。例如我前年在一家皮革厂工作，这个厂子规定上班的时候不可以随意走动，也不许讲话、交头接耳等，我是不想委屈自己就辞职了，因为管理太苛刻了，不能忍。”（个案21：小孙，女）

小阳也有着相同的感受：“打过工的都知道，厂里面就是流水线工作，和机器人一样，每天忙个不停，而且一个萝卜一个坑儿，有事也很难请假，请了假还扣工资，所以说企业的各项规定约束真的很多，要不是看在钱的分上，早就辞工了，现在是没办法，只能暂时忍一忍，按它的规定来。”（个案3：小阳，女）

总的来讲，对于以上新生代农民工在职业文化接纳方面遭遇的困境，我们一方面可以借用美国人类学家奥伯格（K.Oberg）于1960年提出的文化冲击（culture shock）概念来解释。① 文化冲击原本是指跨国公司与东道国之间的文化冲突，后来也被学者用来解释中国城市与乡村的文化差异和距离。②③ 当一个人从一种熟悉的文化生活环境迁入到一个陌生的异域文化

① KALERVO OBERG. Cultural Shock: Adjustment to New Cultural Environments［J］. Practical Anthropology，1960（4）.

② 祝影. 中国城乡经济发展差异的文化探析［J］. 探索，2003（03）：115-117.

③ 郑欣. 进城：传播学视野下的新生代农民工［M］. 北京：社会科学文献出版社，2018.

环境中，面对周围的人和事往往感到焦虑与迷惑，不知道什么该做，什么不该做，这个时候就发生了文化冲击，这种文化冲击使得受冲击者感到无所适从。新生代农民工虽然不同于国际上的种族文化冲击，但是，他们从农村弱势文化迁入到城市强势文化中进行就业，在跨文化交流方面也有相似之处，即均需要适应一个崭新的职场环境，遵守新的职场行为文化规范，融入新的职场群体。打工前，新生代农民工或多或少对城市中的用工环境有一定的了解，但毕竟不是亲自体验过的，进入城市就业以后，他们才发现还有很多规矩是不知道的，并因此产生文化惰距，即新生代农民工来自农村，且大多初入职场、涉世未深，仍处于个性鲜明、血气方刚的“半成人”阶段，其乡土性、个体性的文化惰性仍然在发挥作用，不利于强调共性、组织性的城市职业文化因素对他们的输出。

另一方面，新生代农民工遭遇的职业文化接纳困境也与企业的粗放式管理有关。也就是说，一些组织和企业在用工管理的过程中，仍然沿用过去泰罗的“科学管理原理”，盲目追求高标准化、军事化、绝对服从，忽视了对新生代农民工人文精神的关怀，很容易造成新生代农民工不能积极有效地服从企业的管理方式和决策，使其对职业精神和企业文化接纳水平比较低下和滞后，最终对他们的职业稳定性和职业生涯发展造成负面影响。当然，需要指出的是，新生代农民工对职业文化的接纳与服从，不应是践踏人格、剥夺自由的绝对服从，而应该是建立在新生代农民工和组织之间相互尊重、相互满足各自需要基础上的相对服从，也就是说，新生代农民工在接纳现代职业文化的时候，既能实现个人的发展目标，同时又能实现组织的利益需要。因此，解决新生代农民工职业文化接纳不足的问题，实际上首先需要企业和组织对新生代农民工更加有社会责任感和人文关怀意识。

表 4–14 新生代农民工组织文化融入状况（%）

题项	很不同意	不太同意	一般	比较同意	非常同意
我认可组织的规章制度	32.5	17.5	24.0	16.3	9.7
我按照组织的要求言行自律	38.7	19.4	17.9	17.2	6.8

4.1.4 职业身份认同状况

1. 职业身份归属

在关于新生代农民职业身份认同的相关研究中，城市性与乡土性往往与职业身份认同相伴随，二者都会影响新生代农民工对自我身份的认知与定位。有学者强调，农民工从农村到城市打工谋生本身就是一个追求“现代性”与摆脱“乡土性”同时进行的过程。[①]也有研究者认为，乡土性与城市性的发展并非二元对立，二者可以相互共存。[②]因此，如何处理乡土性与城市性的关系是新生代农民工职业身份归属研究中应该重点关注的问题。

（1）乡土性的断裂与难以消解的乡土情结

自费孝通创作了经典的《乡土中国》一书以后，乡土性就成为描述中国农村社会、中国农民问题的一个重要概念。乡土性，从字面意思来讲，代表一种“乡下人”“土气”的涵义，但从其实质来讲，是一种乡土记忆

① 汪华，孙中伟．乡土性、现代性与群体互动：农民工老乡认同及其影响因素［J］．山东社会科学，2015（02）：21–27.

② 李强，李凌．农民工的现代性与城市适应——文化适应的视角［J］．南开学报（哲学社会科学版），2014（03）：129–139.

和身份、一种乡土文化和情感。进城之后，新生代农民工开始在新的空间场域内开启新的生活体验和工作体验，一些乡土性断裂了，比如乡里的农活，但一些乡土性仍然没有消解，比如农村的“土地”，还有“家”和“人”，这些乡土记忆无疑影响着新生代农民工对自我职业身份的归属，表现出“身份留守”的特征。我们的调查也显示，49.2% 的被访者对自己“农民”的身份表示非常赞同或比较赞同（具体见表 4–15）。在这个问题上，一些新生代农民工道出了自己留恋农村的感受：

谈及自己的职业身份，21 岁的小翟说道：“我户口是农村的，虽然现在是在城市打工，甚至以后还会一直打工下去，但还是觉得叫农民工多一些吧，现在当农民好，有地有房子，我现在还经常想回家，以后也肯定是要回农村的。”（个案 22：小翟，男）

（2）身份求同：产业化愿望的生成

众所周知，新生代农民工城市融入的愿望比较强烈，他们希望能够被社会认同、被城市接纳。因此，面对城乡空间和职业的隔离，他们往往又产生了一种比较强烈的职业身份求同意识。

调查显示，53.6% 的被访者“把自己看作是城市工人阶级的一员”，51.4% 的被访者认为自己“与城市工人阶级没有什么区别”（具体见表 4–15）。可见，部分新生代农民工对城市产业工人身份认同的比例较高，身份建构趋向工人化。结合访谈资料，我们发现，这种身份建构的来源略有差异：

第一，根据马克思主义的阶级分析理论，决定个体阶级意识或认同的首要因素就是其职业、收入、受教育程度等客观社会经济地位。因此，一部分新生代农民工基于较好的社会经济地位和成就主动建构自己的城市工人阶级身份。

1983年出生的小曹是一名建筑工人，早在1998年，初中刚毕业的他就跟着家里的一个亲戚出来打工，学焊接，虽然有一定的技术，但这么多年在外面总觉得有点飘，而且工资、社保、专业知识也都没有系统的保障。2011年小曹决定回长沙发展，经历了几年的适应之后，2014年加入瑞华建设集团，这才走上了职业发展的正轨。他在2014年的时候和瑞华建设集团签订了劳动合同，瑞华集团每个月给他缴纳养老保险、医疗保险、失业保险、工伤保险，工资也是按月发放，他还经常参加技能提升培训、职业病预防等培训，已然成为一个现代产业工人，就像《农民工之歌》里唱的那样，“昨天我是农民，今天当工人，城市的新主人意气风发……”。

谈到小曹的职业身份，他很高兴，也很自信地认为自己是产业工人队伍的一员。小曹说：“以前没合同、没保障，觉得自己就是人们常说的民工，特别是发工资的时候最难过，因为老板要拖欠工资，现在到这里要好多了，有社保、有工会活动，和城里人一样了，不用担心拖欠工资，而且能学到很多东西，这里的员工都蛮有技术和文化的，一起交流、一起学习，以后肯定还会发展得更好。”（个案23：小曹，男）

可见，小曹现在在城市也算事业有成，小有成就了。正如他所言，他并不认为自己与城里的上班族有什么区别，也不太愿意承认自己是一个“民工”“打工仔”的身份，而是一个实实在在的城市产业工人，事业成为他在城市就业中找到归属感的基础。

第二，还有一些新生代农民工基于推力拉力因素的比较来选择自己的身份归属。这部分新生代农民工工资福利待遇可能并不优越，但是，城乡一拉一推的合力驱使他们不断形成城市工人阶级的身份认知。

前文所提到的小赵在谈到自己是什么职业身份时，他自信而又带着一丝无奈的语气说道："我现在的状态应该说和城里的上班族没什么两样吧，每天上午上班，中午休息，下午下班，每个月 1800 元的基本工资，加上业务提成和年终奖，一年也有个几万块钱的收入。虽然打工有这样或者那样的不好，但总归每个月还有几千块的工资，要是回老家种地当农民，根本挣不到这些钱。再说，回家种地也是不现实的，老家的人都出来了，不出来还认为你没出息，连媳妇都娶不到，所以回去当农民是根本不可能的。"（个案 10：小赵，男）

因此，小赵对城市工人阶级身份的认同与其说是产业工人的拉力有多大，倒不如说是农村务农的推力更胜一筹。换句话说，老一代农民工即使进城失败，也还可以回到农村，住自己的房子，种自己的土地，与之相比，新生代农民工与农村的联系明显减少，他们即使在城市竞争中失败，也不愿意甚至没有能力退回农村中从事农业劳动，因为城市的就业机会、收入来源比农村多，城市的基础设施、公共服务也比农村好。正是在这种拉力－推力的作用下，小赵得以确认自己在城市的产业工人身份。

总之，主动也罢，无奈也好，新生代农民工都希望与城里的工人阶级保持相似性和一致性。

3. 平衡性认同与模糊性认同：一种多元认同的策略

值得说明的是，新生代农民工对农民、城市工人阶级职业身份归属三项指标的百分比分布规律比较一致，这一定程度上表明新生代农民工在职业身份的认同上并非"非此即彼"的关系，而是一种非线性的过程，可以多种身份共存、相互交叉，既是农民，又是农民工，抑或又是城市产业工人，符合 Berry 所讲的双向认同模型理论。[①] 彼得布劳也认为："流动的人不能简单地抛弃旧有的角色属性和角色关系，但他们如果不能接受新的角色属性、不建立新的角色属性，那么他们就不能够适应新位置。迁居到城市的农民，其工作生活毫无疑问地受到他们农村背景和现在所处城市环境的双重影响。"[②] 因此，乡土记忆的再现和城市就业体验的全面覆盖，使得新生代农民工的乡土性与现代性相互融合，找到二者最佳的平衡点成为他们达到职业身份归属理想状态的一个重要方式。

但是，反过来讲，多元的身份认同一定程度上也说明新生代农民工可能并不确定自己的身份归属，即一部分新生代农民工的职业身份认同比较模糊，他们可能既不认为自己是农民或农民工，同时也不认同城市工人阶级身份，从而产生职业身份认同危机。这种现象在我们的访谈中得到了充分的印证。

例如，在访谈中我们认识了一位来自湖南省岳阳市的 26 岁青年农民工小宋，他自 2008 年高中毕业后开始加入务工队伍，在广州当过司机，在深圳做过房屋中介，2015 年到长沙一家化工厂，后来这家工厂因污染严重而被封停关闭，不得已又开始寻找下一份新的工作。在谈到他是哪个身份的时候，他一脸迷茫地说："农民工这个称呼还是有点歧视，肯定不愿被别人称为是民工，城市白领、上班族好像比较高大上，和我也不匹配"，"当农民吧，我又不会种田，我也不知道自己到底属于哪里"。（个案 24：小宋，男）

① BERRY J W，PHINNEY J S，SAM D L. Immigrant youth：Acculturation，identity，and adaptation［J］. Applied psychology，2006（3）.

② 彭远春. 时空情境变换与农民工身份认同［J］. 信阳师范学院学报（哲学社会科学版），2008（02）：48-51，55.

这部分群体尤其值得关注，一方面，他们可能认为当一个农民身份并不现实，因为他们大多没有务农经历，更多的是有从家门到校门、从校门到厂门的务工经历；但是，他们也不大认同城市工人阶级身份，因为城市并没有很好地接纳他们，他们难以享受和城镇职工同等的就业、社会保障待遇；但是，如果接受农民工身份，意味着城乡两头都融不进，也不符合他们的预期。这种不确定的身份认同使新生代农民工很难有意识地进行明确的职业规划，因此就容易出现像小宋那样的频繁跳槽和随意换工现象。

事实上，无论是双重身份认同，还是模糊身份认同，这都是正常的认同状态，或者说这是新生代农民工的自我认同策略。这些认同现象并不矛盾，只是新生代农民工平衡自我、平衡城乡的一种方式。

表 4–15　新生代农民工的职业身份归属状况（%）

题项	很不同意	不太同意	一般	比较同意	非常同意
我常常想到自己是一位农民	13.2	15.3	22.3	30.9	18.3
我把自己看作是城市工人阶级的一员	10.1	16.7	19.6	31.8	21.8
我与城市工人阶级没有什么区别	10.7	13.7	14.2	32.1	19.3

2. 职业情感建构

（1）工作喜欢度不高

调查显示，28.8% 的被访者非常或比较“喜欢现在的职业”，表示非常不喜欢或较不喜欢的占 51.1%（具体见表 4–16）。29.7% 的被访者非常或比较“乐意告诉别人现在的职业”，表示非常不乐意或比较不乐意的占 38.4%（具体见表 4–16）。这种数据说明被访的新生代农民工对于现在自己所从事职业的喜欢度不高，比较消极。

在访谈中，前面所提到的在工地上干活的小胡说：“以前老家的发小和同学，有不少都大学毕业了，工作找得都不错，现在我们在这工地上干活，又脏又累又没钱，都不好意思告诉别人我做这个，真是想转行。”（个案 18：小胡，男）

在工厂有过上班经历的小艾表达了同样的心声：“我上一份工作是在一家机械制造厂的车间做普工，因为是计件制，所以很多人为了挣钱就拼命做，从早干到晚，甚至吃饭午休时间都很少，更别说空出休闲时间去玩或生活，真不知道这种工作有什么好的，做起来很烦人的。”（个案 25：小艾，男）

（2）职业发展意愿不确定

调查显示，26.7% 的被访者表示自己非常或比较“愿意以后长期从事现在的职业”，表示非常不愿意或比较不愿意的占 58.5%（具体见表 4–16），说明接近六成的被访者对自己未来是否能长期从事现在的职业存在不确定性，变数较大，影响了职业发展的稳定性。

对于是否愿意继续从事现在的职业，1992 年出生的小陈这样说：“我在装修公司已经有 3 年多了，但我并不希望以后长期从事现在这份职业，因为这个太不稳定了，没事就要打电话追客户，还时不时地被人骂，说咱们是骚扰电话。最重要的是我们这种做销售的不像做技术的，比如电动车维修或汽车修理，如果学得好，学得精，确实以后就是吃饭的手艺，可以做一辈子，但是像销售服务的，也就是看行情，现在行情好可以做一下，以后行情不好就要另外再找工作了，所以以后讲不清楚，反正如果有别的更挣钱的工作，我就会另外去做别的。你看我们这儿的同事也是经常换，流动性很大的。”（个案 26：小陈，女）

在机电厂上班的小丁也表达了类似的想法："在厂里工作也是比较辛苦的，有时候订单多的时候要通宵加班，但是钱又给得少，规矩多，不自由，现在年轻，还能熬一下，等以后年纪大一点，肯定吃不消，所以这种工作也就能做个眼前。"（个案 27：小丁，男）

表 4–16　新生代农民工的职业情感状况（%）

题项	很不同意	不太同意	一般	比较同意	非常同意
我喜欢我现在的职业	34.7	16.4	20.1	21.2	7.6
我乐意告诉别人我现在的职业	14.3	24.1	31.9	14.2	13.5
我愿意以后长期从事现在的职业	37.2	21.3	14.8	15.5	11.2

综合以上职业行为适应、职业文化接纳、职业身份认同三个维度的信息，可以了解到新生代农民工虽然转移到了非农职业，参与着城市的劳动分工，但在职业行为适应、职业文化接纳、职业身份认同方面与非农职业之间还存在明显的区隔和隔离，具体表现为：职业知识技能仅在浅层适应，在深层次方面还有明显的不适应，尤其是职业学习和技能提升不足；与上司 / 雇主、同事以及顾客等职场交往对象之间均存在不同程度的人际交往困局；职业心理适应还存在职业压力难以调适、缺乏职业发展信心和自我价值感缺失等消极因素；职业精神淡漠、组织文化融入滞后；职业喜欢度不高，职业身份认同比较多元与模糊，甚至产生了职业身份认同危机；等等。

凡此种种，都是新生代农民工就业质量低下的现实表现，势必影响新生代农民工向上职业流动的机会，反过来也制约着他们的城市融入和"城市梦"梦想的实现。因此，从职业行为适应、职业文化接纳、职业身份认同等社会融入方面提升新生代农民工的就业质量迫在眉睫。

4.2 新生代农民工就业质量的综合评价分析

前文的单个指标分析有助于我们了解新生代农民工就业质量的某一侧面，在此基础上，我们还有必要选择一种合理的评价方法（常见的方法有专家赋值法、因子分析法、层次分析法等），把各维度就业质量转化成一定的综合数值，以掌握新生代农民工就业质量的综合状况。为了避免主观因素的干扰，本研究使用因子分析法对新生代农民工就业质量得分进行综合测评：

4.2.1 评价方法

1. 分维度指数的计算

本研究首先对职业待遇整合、职业行为适应、职业文化接纳、职业身份认同这 4 个分维度的指数进行因子值计算。具体方法是以该因子载荷值占总载荷值的比重作为每个指标的权重，乘以该指标的得分取值，再对各因子指标进行加权，得到各维度的综合得分，公式为

$$F_i=\sum_{i=1}^{n}a_iX_i$$

其中，F_i 是为各个因子的值，a_i 代表每个测量指标在第 i 个因子上的载荷值占总载荷值的比重，X_i 是每个测量指标的得分取值。

经过以上计算过程，得到各维度就业质量的表达式为

职业待遇整合 =0.507× 工资水平 +0.493× 工资领取 +0.377× 养老保险 +0.313× 医疗保险 +0.309× 工伤保险 +0.516× 每天工作时间 +0.484× 每周加班情况 +0.501× 工作卫生条件 +0.499× 工作安全系数 +0.481× 就业培训 +0.519× 晋升机会

职业行为适应 =0.342× 完成工作任务 +0.393× 职业学习 +0.265× 技能提升 +0.327× 上司 / 雇主关系 +0.338× 同事关系 +0.335× 客户关系 +0.521× 工作压力调适 +0.479× 职业信心

职业文化接纳 =0.326× 敬业精神 +0.331× 工匠精神 +0.342× 团队精神 +0.506× 认可组织规章制度 +0.414× 按组织的要求言行自律

职业身份认同 =0.323× 是一位农民工 +0.336× 是城市工人阶级的一员 +0.341× 与城市工人阶级没有什么区别 +0.339× 喜欢现在的职业 +0.334× 乐意告诉别人现在的职业 +0.327× 愿意以后长期从事现在的职业

2. 总指数的计算

本研究还要进一步考察基于 4 个分维度而形成的就业质量综合指数。在以往研究中，明娟[①]、李中建[②]等学者采用等权平均法或加总法来获得就业质量的总指数，这实际上是认为各维度对就业质量的影响是同等重要的，因此仍然带有一定的主观性。因此，在考察总的就业质量时，仍然需要采用因子分析等客观的方法确定各维度的权重。由此，本研究参考李笑樱、闫寒冰[③]等学者的做法，将已得到的 4 个因子作为新变量，再次采用主成分分析法进行正交旋转，按照特征值大于 1 的标准抽取因子，结果 4 个变量可以进一步聚合成 1 个更高阶的因子，该因子可以解释 68.514%的总方差。这个提取出的高阶因子即为新生代农民工总的就业质量。

① 明娟，王明亮．工作转换能否提升农民工就业质量？［J］．中国软科学，2015（12）：49–62.

② 李中建，袁璐璐．务工距离对农民工就业质量的影响分析［J］．中国农村经济，2017（6）：70–83.

③ 李笑樱，闫寒冰．教师职业认同感的模型建构及量表编制［J］．教师教育研究，2018，30（02）：72–81.

对于这个高阶因子的得分，我们以因子得分系数为权重进行计算。即首先采用回归法估计因子得分系数（具体见表 4–17），然后以因子得分系数为权重，乘以各指标得分，最后通过加总得到就业质量的综合指数得分：

新生代农民工就业质量得分 =0.263 × 职业待遇整合 + 0.247 × 职业行为适应 + 0.209 × 职业文化接纳 +0.231 × 职业身份认同

表 4–17　新生代农民工就业质量因子载荷与因子得分系数表

指标	因子载荷	因子得分系数
职业待遇整合	0.740	0.263
职业行为适应	0.694	0.247
职业文化接纳	0.665	0.209
职业身份认同	0.683	0.231
特征值	3.327	
累积方差贡献率	68.514%	

4.2.2　评价结果分析

经过以上方法的运算，可以得出新生代农民工就业质量测评体系中 4 个分维度以及总的就业质量得分。为了更直观地呈现新生代农民工就业质量的测评结果，我们将以上 4 个分维度因子值及总因子得分转换为 1 ~ 100 之间的标准分。转换的公式为：转换后的因子值 =（因子值 +B）×A，其中 A=99/（因子最大值 – 因子最小值），B=（1/A）– 因子最小值。[①] 转换后 4 个分维度得分及总就业质量得分的基本分布情况见表 4–18。

表 4–18　新生代农民工就业质量的评价结果

	职业待遇整合	职业行为适应	职业文化接纳	职业身份认同	就业质量
均值	54.41	49.22	39.35	42.58	46.39
标准差	8.25	10.16	7.18	7.43	9.94

① 边燕杰，李煜．中国城市家庭的社会网络资本［J］．清华社会学评论，2001（2）．

从表 4–18 中我们可以看到新生代农民工就业质量发展水平呈现总体水平低、内部不平衡发展的特点。

第一，总体水平低，即新生代农民工就业质量的总体状况仍然发展不充分。

从总指数看，在满分 100 分制中新生代农民工就业质量的平均值未超过 50 分，仅为 47.01 分。从总指数的得分分布来看，位于 40 ~ 60 分、20 ~ 40 分之间的中低等水平的人数最多，分别占比 46.33% 和 28.72%，处于 60 ~ 80 分、80 分以上的较高水平和 20 分以下极低水平的比例较少，分别占比 17.40%、4.30% 和 3.25%，总体呈现“两头小、中间大”的正态分布格局（具体见图 4–1）。以上结果说明，在倡导新型城镇化、就业是民生之本的今天，新生代农民工的就业质量状况的发展仍然还很不充分，总体就业质量处于较低水平，还有很大的提升空间。

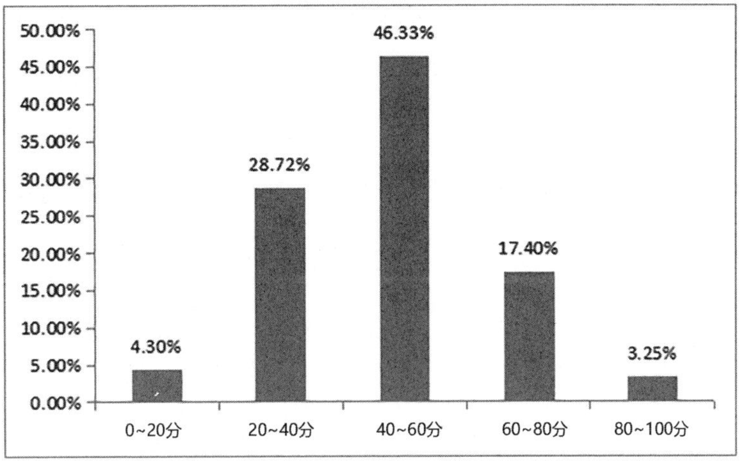

图 4–1　新生代农民工就业质量总指数的分布图

第二，内部差序性，即不同维度之间的就业质量发展不平衡，具体表现为职业待遇整合＞职业行为适应＞职业身份认同＞职业文化接纳。

从4个分维度的指数看，职业待遇整合、职业文化接纳、职业身份认同、职业行为适应的发展并非齐头并进（具体见图4–2）。其中，职业待遇整合发展水平最高，为54.41±8.25分。正如以往研究指出的，在户籍制度的限制下，经济待遇上的融合可能是最容易达到的，经济融合水平要高于其他领域的融合水平①。但职业待遇整合的离散系数较大，说明不同群体新生代农民工的职业待遇整合水平可能存在较大的差别。职业行为适应、职业身份认同、职业文化接纳的发展水平较低，尤其是职业文化接纳的发展水平最低，仅为39.35±7.18分，且离散性也是最小的，说明不同群体新生代农民工的职业文化接纳水平差异不大、普遍较低。这进一步印证了以往的相关研究，即新生代农民工最大的问题就是缺少职业责任意识与敬业精神②。

由此可见，一方面，新生代农民工在就业质量各维度上的发展水平普遍不高，但另一方面，不同维度就业质量的发展水平又具有差异性和不平衡性特征，具体表现为职业待遇整合＞职业行为适应＞职业身份认同＞职业文化接纳。也就是说，新生代农民工职业待遇整合的绝对水平虽然不高，但发展相对较快。当前，城乡收入差距大、获取经济收益仍然是新生代农民工外出的主要动机，他们找到一份工作并不难，特别是在民工荒、招工难现象频繁发生的背景下，一些用人单位开始以发奖金、提供免费Wi–Fi等各种福利待遇吸引年轻农民工的加入，因此外出务工确实能赚到不少的工资收入，否则的话新生代农民工也会采取“用脚投票”的方式离职。不过，

① 李培林，田丰. 中国农民工社会融入的代际比较［J］. 社会，2012，32（05）：1–24.

② 刘奉越，庞学光. 基于社会流动的新生代农民工转化学习［J］. 现代远距离教育，2013（03）：45–48.

在更为深刻的职业行为适应、文化观念、身份认同领域，新生代农民工还未真正融入非农职业，具体反映在知识技能、职业心理的适应差，职业喜欢度和发展意愿不高等方面，尤其是敬业精神、工匠精神、团队精神等现代职业精神文化存在系统性缺失问题，因而难以真正转变为城市新工人阶级群体。

正如以往研究所指出的，新生代农民工从身份上讲已经属于产业工人，但是其阶级属性和社会身份还不是真正意义上的城市工人，二者仍存在不小差距。[①] 实际上，按照文化堕距理论[②]，就业待遇问题更多地表现为物质形态上的问题，它受经济和市场环境的影响较大，当经济发展到一定水平的时候，转变相对会较快，而职业精神、职业文化或职业认同更多地表现为一种隐性的社会思想文化问题，除了制度和环境的约束之外，它受文化传统和固有价值观的影响较大，转变会较慢。当然，这种就业质量状况的形成也与新生代农民工的个体因素、企业因素、社会制度因素等密切相关。

从个体因素看，一是新生代农民工追求自由开放、个性张扬。新生代农民工由于年纪轻、涉世未深、初入职场，缺乏生活和工作历练，怕吃苦、自尊心强、听不进去别人的意见和管教，还不太习惯于被约束和管理的感觉，因此带来了诸多就业行为、文化适应上的挑战。二是新生代农民工就业流动性高，职业精神文化专注度不够。清华大学社会学系发布的《农民工“短工化”就业趋势研究报告》显示，老一代农民工在同一岗位上持续工作时间的一般为 4.2 年，而 90 后农民工从事同一种工作的时间平均仅为

① 马艳，杨培祥，邬璟璟，等. 中国农民工的阶级属性与社会身份——基于马克思主义政治经济学的审视［J］. 财经研究，2018，44（07）：73-85.

② 奥格本. 社会变迁［M］. 杭州：浙江人民出版社，1989.

0.9年，这一定程度上说明新生代农民工就业的流动性比老一代农民工大，他们一不开心就想换工作走人，导致新生代农民工对职业知识技能、敬业精神等方面的专注度非常不够。三是新生代农民工是一个游离在城市边缘的矛盾体，他们一方面推崇城市人的工作和生活方式，渴望在城市获得归属感和认同感，但另一方面又缺乏忍耐力，对物质财富的要求和依赖还非常高，因此眼高手低的他们相比老一代农民工更加脆弱，一旦觉得工作薪酬待遇不能满足他们的期望值，就容易心浮气躁，也就很难沉下心思去适应、接纳和认同自己的工作。

从企业因素看，一些组织和企业受管理水平和利益驱使的影响，急功近利、逃避责任，更多的是把员工当作经济人来看待，在用工过程中重物质轻精神、强调硬性管理忽视柔性管理，忽略了对新生代农民工的人文关怀，因此还难以满足新生代农民工对宽松的工作环境、城市职业身份认同感和成就动机的需要。

此外，从社会制度因素看，在流动的背景下，城市职业环境的复杂化、城乡二元分割结构的制度化，也决定了新生代农民工对职业行为、文化和身份的融合性绝非一蹴而就。

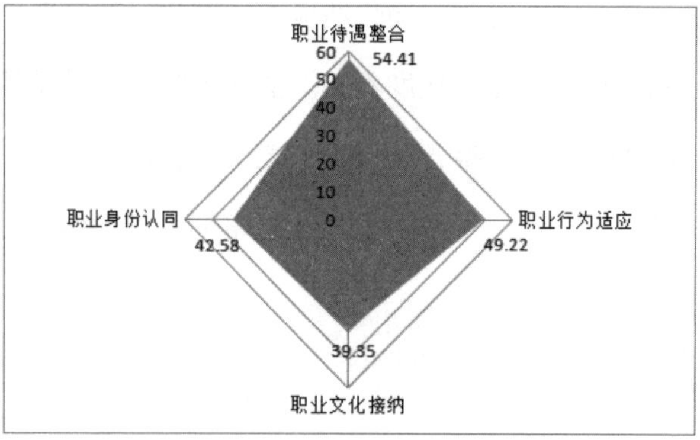

图4–2　不同维度新生代农民工就业质量发展水平雷达图

第 5 章　新生代农民工就业质量的影响因素研究

在追求就业质量提升的过程中，新生代农民工面临着群体性与个体性分化的问题。就群体而言，新生代农民工的就业质量普遍不高，但就个体而言，就业质量会有高有低，水平不一。事实上，新生代农民工进城后，由于个人禀赋、交往圈子和资源利用等的差异，在就业质量提升中逐渐发生了分化，其同质性逐渐减弱，而异质性不断凸显，这都是十分正常的现象。那么，哪些因素导致了新生代农民工就业质量的内部差异呢？对于这个问题，本章将在已有文献的基础上，通过建立回归模型来进行分析和验证，以期得出一些有意义的研究发现，为提高新生代农民工的就业质量提供有益的政策启示。

5.1　文献回顾与理论基础

以往研究表明，影响新生代农民工就业质量走向群体分化的因素很多，突出体现在人力资本和社会资本的累积效应方面。

首先，人力资本理论的集大成者舒尔茨认为人力资本是人们通过自身投资所形成的各种知识能力，一般表现为劳动者在教育、知识、能力、工作经验、身体健康状况等方面积累的资源总称。[①] 其后的诸多实证研究都表明人力资本是影响就业质量高低的一个最基本变量，具有较高人力资本的劳动者在市场上更容易获得高收入和好的就业岗位。

新生代农民工的人力资本主要包括受教育程度、专业技能等级、职业培训状况以及健康的身体。然而，新生代农民工普遍学历低、缺乏专业技能等级和职业培训，这种低水平的人力资本是导致其就业不稳定、不正规的重要原因。[②] 因此，提高新生代农民工的人力资本存量成为促进其就业质量的重要手段。谢勇的研究表明，在受教育程度、职业培训状况以及技能水平等人力资本方面具有优势的农民工，其就业的质量也较高。[③] 赵亮、张世伟也认为，教育、培训、技术等级和工作经验对农民工的收入产生明显促进作用。[④] 刘莹莹等的研究进一步表明不同人力资本各要素对就业质量的不同指标产生了不同程度的影响，其中，技能培训对收入的影响要大于受教育程度的影响；文凭、证书对劳动合同的签订和五险一金参保方面

---

① SCHULTZ T Z. Investment in human capital [J]. American Economic Review, 1961, 51 (1): 1-17.

② 石智雷. 迁移劳动力的能力发展与融入城市的多维分析 [J]. 中国人口·资源与环境, 2013, 23 (01): 89-96.

③ 谢勇. 基于就业主体视角的农民工就业质量的影响因素研究——以南京市为例 [J]. 财贸研究, 2009, 20 (05): 34-38.

④ 赵亮, 张世伟. 人力资本对农民工就业、收入和社会保险参与的影响 [J]. 重庆大学学报（社会科学版）, 2011, 17 (05): 48-52.

有很强的影响，而对于工作时间情况的改善作用不大。[①] 沈诗杰的研究发现人力资本中的受教育程度和技能水平对新生代农民工就业质量的影响最强，身体健康状况和工作经验的影响相对较弱。[②]

其次，最早提出社会资本概念的布迪厄认为，社会资本是镶嵌在社会结构中，能够为个人的生存与发展提供各种支持的社会资源。社会资本理论提出以后，我国学者便开始将其引入到农民工、下岗职工等社会弱势群体的就业问题研究上，认为农民工之所以就业弱势，其重要原因就是社会网络资源的缺失。赵蒙成的研究表明，当前新生代农民工的社会资本存量较低，且以同质性社会资本为主，不利于其职业发展。[③]

事实上，中国是一个关系主导型社会，社会网络资本在就业过程中的影响较大，尤其是对于农民工而言，他们较少有机会获得政府和市场的正式制度帮助，更多的还是依靠非正式的社会关系网络展开就业，包括求职、介绍工作等。因此，社会网络资本通过收集信息、筛选信息、协助推荐就业等作用机制，可以弥补政府制度和市场机制的不足，从而帮助劳动力快速匹配工作、获得积极的生产率效应。[④] 不过，不同层次的社会资本对农民工的就业质量有着不同的影响。沈诗杰的研究表明，社会资本中网络质

---

① 刘莹莹，梁栩凌，张一名. 新生代农民工人力资本对其就业质量的影响［J］. 调研世界，2018（12）：30–35.

② 沈诗杰. 东北地区新生代农民工“就业质量”影响因素探析——以“人力资本”和“社会资本”为中心［J］. 江海学刊，2018（02）：229–237.

③ 赵蒙成. 社会资本对新生代农民工就业质量影响的调查研究——SZ 市新生代农民工的案例研究［J］. 人口与发展，2016，22（02）：48–55.

④ 边燕杰. 找回强关系：中国的间接关系、网络桥梁和求职［A］. 中国社会科学院社会学研究所. 中国社会学（第一卷）［C］. 上海：上海人民出版社，2002.

量对就业质量的影响更为显著，全面影响其工作满意度、就业稳定性、职业声望、工资福利、工作与家庭和谐度，网络规模则仅对工作满意度、就业稳定性和职业声望产生了正向影响，对工资福利、工作与家庭和谐度没有显著影响。①

当然，新生代农民工就业质量的高低是多种因素共同作用的结果，除了以上人力资本和社会资本的影响因素之外，个体特征、社会与法律、行业和职业的限制以及制度歧视环境等因素都会对农民工的就业质量产生重要影响。例如，有研究围绕流动人口的个体特征，发现性别、年龄组、受教育程度、流动范围等个体因素显著影响其就业质量。②也有研究从社会与法律因素出发，认为社会排斥、对劳动法律法规的认知、组织参与等因素都对农民工就业质量有一定影响。③

已有的研究成果为本研究的模型构建和实证研究提供了重要的参考依据。这些研究表明，影响就业质量的变量一般包括性别、年龄、受教育程度、流动经历、行业、职业、人力资本、社会资本等因素。由此，本研究在借鉴以往文献的基础上，选取了新生代农民工的个体特征、流动特征、就业特征、人力资本特征、社会资本特征五类变量作为解释新生代农民工就业质量的核心自变量。

---

① 沈诗杰. 东北地区新生代农民工“就业质量”影响因素探析——以“人力资本”和“社会资本”为中心［J］. 江海学刊，2018（02）：229-237.

② 梁海艳. 中国流动人口就业质量及其影响因素研究——基于2016年全国流动人口动态监测调查数据的分析［J］. 人口与发展，2019，25（04）：44-52.

③ 庞子渊. 农民工就业质量及其社会与法律因素探析——基于珠三角的实证分析［J］. 社会科学研究，2013（06）：100-105.

5.2　变量界定与回归模型

5.2.1　变量界定

1. 自变量

根据以上文献和理论分析，本研究的自变量包括新生代农民工的个体特征、流动特征、就业特征、人力资本特征、社会资本特征五类变量，其操作化指标具体如下：

（1）个体特征。在越来越开放、竞争、公平的劳动力市场中，个人的性别、年龄、婚姻状况等人口学特征将是影响新生代农民工就业质量的最基本决定因素。本研究用 3 个指标来衡量新生代农民工的个体特征：①性别，操作化为男 =1，女 =0；②年龄，操作化为实际岁数；③婚姻状况，操作化为在婚者 =1，不在婚者（包括未婚、离婚、丧偶）=0。

（2）流动特征。对于新生代农民工来说，流动是其重要的群体特征之一，因此本研究还将考察不同流动特征的新生代农民工在就业质量上的差异，具体用 2 个指标来衡量新生代农民工的流动特征：①流入区域，操作化为中小城市 =1，大城市 =2，超大城市 =3；②流动次数，指新生代农民工在不同城市之间流动的经历，在问卷中通过询问新生代农民工流动过的城市个数（包括当前打工城市）来测量，操作化为连续变量。

（3）就业特征。不同就业行业、就业职位、就业企业的用工环境和雇佣管理不同，将直接影响新生代农民工的劳动权益获得、职业适应与认同感。本研究用 3 个指标来衡量新生代农民工的就业特征：①行业类型，操作化为服务业、制造业、建筑业三类，以服务业为参照组；②企业规模，操作化为 50 人以下 =1，50 ~ 100 人 =2，100 人以上 =3；③就业岗位，操作化为普通职员、自营劳动者、管理人员、专业技术人员、雇主五类，以普通职员作为参照组。

（4）人力资本特征。受教育程度、工作经验等人力资本具有积极的向上就业效应、融合效应、保障效应和学习效应，[①] 能够有效提升新生代农民工各个方面的就业质量。本研究用 2 个指标来衡量新生代农民工的人力资本特征：①受教育程度，即新生代农民工接受学校正规教育的状况，体现新生代农民工的文化程度，操作化为初中及以下 =1，高中或中专 =2，大专及以上 =3；②务工年限，即新生代农民工从首次进城务工以来经历的时间，体现新生代农民工的非农工作经验，用调查时点时间减去首次进城务工时间计算得到。

（5）社会资本特征。社会资本具有信息效应、情感支持效应等工具效应，能够为个体的职业搜寻、职业适应和职业发展等各个方面的就业问题提供各种情感和工具支持，因而是影响新生代农民工就业质量的又一重要因素。本研究用 2 个指标来衡量新生代农民工的社会资本特征：①网络规模，即构成新生代农民工社会网络成员的多少，体现了新生代农民工社会网络资源的数量和广度，通过手机联系人方法进行测量，其操作方法是通过询问“在当前工作的城市中，您的手机保存了多少个联系人的电话号码”来测量。②网络质量，即手机网络成员中的阶层差异，体现了新生代农民工社会网络资源的同质性和异质性程度。本研究参照

① 徐美银. 人力资本、社会资本与农民工市民化意愿[J]. 华南农业大学学报(社会科学版)，2018，17（04）：53-63.

张昱[①]、沈诗杰[②]等已有研究的做法，用网络成员中的职业类型来考察新生代农民工的网络质量。首先选用社会中最常见的 12 种职业类型，分别是农民、无业人员、建筑工人、商业服务员、个体工商户、经理人员、企业老板、学校老师、医护人员、律师、政府办事员、政府领导，然后根据陆学艺先生的社会地位分层方法[③]，将这 12 种职业归结到 10 个阶层之中，然后我们将处于最底层的阶层赋值为 0 分，每上升一个阶层就加权赋值 1 分，例如，网络中有农民或无业人员加 0 分，有建筑工人、商业服务员的加 1 分，有个体工商户的加 2 分，有学校老师、医护人员、律师的加 3 分，有经理人员、企业老板的加 4 分，有政府办事员的加 5 分，有政府领导的加 6 分，把以上得分加总，就得到其网络质量得分的高低，其取值的范围是 0 ~ 21 分，得分越高，说明网络质量越高。

2. 因变量

在本研究中，就业质量由职业待遇整合、职业文化接纳、职业行为适应与职业身份认同 4 个维度构成。这些维度和指标具有一定的独立性，分别从某一个方面来评价新生代农民工的就业质量。相应地，分析影响某一个方面就业质量的因素有哪些，对于我们掌握新生代农民工的就业质量规律就尤为重要。所以，在构建统计模型时，我们分别要寻找就业质量 4 个

① 张昱，杨彩云．社会资本对新生代农民工就业质量的影响分析——基于上海市的调查数据［J］．华东理工大学学报（社会科学版），2011，26（05）：9-20.

② 沈诗杰．东北地区新生代农民工“就业质量”影响因素探析——以“人力资本”和“社会资本”为中心［J］．江海学刊，2018（02）：229-237.

③ 陆学艺以职业分类为基础，把中国社会划分为十大社会阶层：国家与社会管理者阶层、经理人员阶层、私营企业主阶层、专业技术人员阶层、办事人员阶层、个体工商户、商业服务业员工阶层、产业工人阶层、农民阶层、城乡无业、失业、半失业者阶层。

维度的影响因素。

自变量、因变量的操作化和分布状况如表 5-1 所示。

表 5-1　变量界定

变量	定义	均值	标准差	变量类型
自变量				
个体特征				
性别	男 =1；女 =0	0.56	0.48	虚拟变量
年龄	2016 年调查时的实际年龄（岁）	25.7	2.04	连续变量
婚姻状况	在婚者 =1；不在婚者（包括未婚、离婚、丧偶）=0	0.47	0.85	虚拟变量
流动特征				
流入区域	中小城市 =1；大城市 =2；超大城市 =3	1.98	1.16	定距变量
流动次数	总共流动过的城市个数（个）	3.68	1.72	连续变量
就业特征				
行业类型	服务业 =1，其他 =0； 制造业 =1，其他 =0； 建筑业 =1，其他 =0	0.63 0.28 0.19	0.13 0.05 0.04	虚拟变量 虚拟变量 虚拟变量
企业规模	50 人以下 =1；50 ~ 100 人 =2；100 人以上 =3	1.86	1.76	定距变量
就业岗位	普通职员 =1，其他 =0； 自营劳动者 =1，其他 =0； 管理人员 =1，其他 =0； 专业技术人员 =1，其他 =0； 雇主 =1，其他 =0	0.48 0.20 0.15 0.10 0.07	0.18 0.09 0.07 0.05 0.02	虚拟变量 虚拟变量 虚拟变量 虚拟变量 虚拟变量
人力资本特征				
受教育程度	初中及以下 =1；高中或中专 =2；大专及以上 =3	2.13	1.91	定距变量
务工年限	到县市连续务工经商半年以上的时间（年）	4.86	2.83	连续变量
社会资本特征				
网络规模	新生代农民工在当前打工城市中的手机联系人数量（人）	20.3	4.15	连续变量
网络质量	新生代农民工手机网络中成员的阶层差异	9.35	5.27	连续变量
因变量				
职业待遇整合	因子取值	57.41	8.25	连续变量
职业行为适应	因子取值	49.22	10.16	连续变量
职业文化接纳	因子取值	39.35	7.18	连续变量
职业身份认同	因子取值	42.58	7.43	连续变量

5.2.2　回归模型

本章研究的主要目的是探讨新生代农民工就业质量的影响因素。具体来说就是探讨新生代农民工的个体特征、流动特征、就业特征、人力资本特征、社会资本特征对其职业待遇整合、职业行为适应、职业文化接纳和职业身份认同等变量的相关性影响及显著性程度。因此，这类问题实质上是一个回归问题。与此同时，回归模型的类型众多，在定量研究中，选用何种回归分析模型取决于数据的特征和实际研究的需要，当因变量为数值型变量时，可以通过多元线性回归模型（OLS 回归）进行分析。如前所述，本研究的因变量均为连续性的数值型变量，因此统一使用多元线性回归模型进行统计分析。

多元回归分析模型，就是分析自变量与因变量之间存在的相关性和显著性关系的一种回归模型。通过观察相关性和显著性程度，可以找出多个自变量中哪些变量能够对因变量产生影响，影响的程度如何，其数学表达式为

$$E(y)=\beta_0+\beta_1 x_1+\beta_2 x_2+\cdots+\beta_k x_k+\varepsilon$$

其中，$E(y)$ 是因变量，在本研究中表示第 i 名样本新生代农民工各维度的就业质量，包括职业待遇整合、职业行为适应、职业文化接纳、职业身份认同。$x_1 \cdots x_k$ 是自变量，在本研究中表示影响第 i 名样本新生代农民工各维度就业质量的因素向量，包括性别、年龄、婚姻状况、流动次数、流入区域、受教育程度、务工年限、网络规模和网络质量等五大类变量。此外，ε 表示其他随机误差项的影响。$\beta_1 \cdots \beta_k$ 表示各自变量的影响系数，β_0 是常数项。

5.3 回归结果与分析

本研究利用 SPSS22.0 软件对新生代农民工就业质量的影响因素模型进行估计和检验，结果发现，各个 OLS 回归方程的 R^2 值相对较好，同时各个回归模型均在 1% 的统计水平上通过了 F 检验（见表 5–2），充分表明 OLS 回归模型的总体拟合效果较好，所选择的自变量能够较好地解释和预测因变量，比较符合理论预期，且与大多数实证研究结论比较一致。接下来，本研究将对各个模型的回归结果逐一进行分析。

5.3.1 职业待遇整合的影响因素分析

1. 个体特征变量的影响分析

表 5–2 中的模型 1 显示，在个体特征中，性别、年龄和婚姻状况特征对新生代农民工的职业待遇整合状况均产生了显著性影响，具体而言：

第一，性别对职业待遇整合的回归系数为 1.550（$P < 0.01$），说明在控制其他因素不变的情况下，男性新生代农民工的职业待遇整合水平比女性要高出 1.550 分。这与大多数的研究结论一致，男性一般是家庭的主要经济来源，同时农民工一般从事体力劳动，男性较之于女性在体力上具有优势，因此能获得更高的收入和福利待遇。相反，女性在身体和生理上存在一些特殊性，例如相貌、年龄、女性四期（经期、孕期、产期、哺乳期）等，在就业过程中往往会面临各种的工资和职业发展歧视。

第二，年龄对职业待遇整合的回归系数为 1.285（$P < 0.01$），说明在控制其他因素不变的情况下，年龄每增加 1 岁，新生代农民工的职业待遇整合水平就相应增加 1.285 分。年龄较小者，特别是 20 岁以下的 95 后农

民工更注重享受，加上可能刚刚进入劳动力市场，缺乏工作经验的积累和吃苦耐劳的精神，大多只能从事收入和福利水平较低的职业；相反，随着年龄的增长，新生代农民工的工作经验逐渐丰富，因此能获得更好的工资福利待遇。

第三，婚姻状况对职业待遇整合的回归系数为 0.613（$P<0.05$），说明在控制其他因素不变的情况下，在婚者的职业待遇整合水平要比未婚者高出 0.613 分。在婚者承担着养家糊口的责任，同时家庭经济消费负担也相应增加[①]，这一方面从经济压力层面会迫使他们积极努力地进行工作；另一方面也从主观动力层面使他们在职业发展方面有更高的要求，更加注重未来的职业发展，因此有助于这一群体就业质量的提升。

2. 流动特征变量的影响分析

模型 1 显示，在流动特征中，流入区域、流动次数特征对新生代农民工的职业待遇整合状况均产生了显著的影响，具体来看：

第一，从流入区域来看，大城市、超大城市对职业待遇整合的回归系数分别为 1.036（$P<0.01$）、1.752（$P<0.01$），说明在控制其他因素不变的情况下，大城市、超大城市比中小城市新生代农民工的职业待遇整合水平分别高出 1.036 分、1.752 分。这与胡斌红、杨俊青的研究结论比较相似[②]，城市规模越大，经济越发达，用工制度越规范，工资和福利待遇水平自然也会更高。

① 邓睿，冉光和．子女随迁与农民工父母的就业质量——来自流动人口动态监测的经验证据［J］．浙江社会科学，2018（01）：66–75.

② 胡斌红，杨俊青．农民工为何“偏爱”大城市？——基于城市规模与农民工就业质量的研究［J］．学习与实践，2019（06）：24–34.

第二，流动次数对职业待遇整合产生了显著性正向影响（B=0.476，$P<0.01$），而其平方项的影响系数为负（B=-0.107，$P<0.01$），说明流动次数与职业待遇整合之间存在倒U形曲线关系，即随着流动次数的增加，新生代农民工的职业待遇整合水平先上升后下降。这或许说明，适度的流动可以增加新生代农民工的社会阅历，丰富新生代农民工的工作经验，因此能够改善其工资收入、社会保险、职业发展状况。但是，当流动的经历过于频繁的时候，将不利于新生代农民工职业待遇水平的进一步提升。因为，流动的城市过多，新生代农民工的职业稳定性比较差，社会保险缴费、转移接续困难，职业晋升等劳动权益也难以得到有效的保障。

3. 就业特征变量的影响分析

模型1显示，在就业特征中，行业类型对职业待遇整合的影响没有通过显著性检验，企业规模和就业岗位则产生了显著的正向影响，具体而言：

第一，从行业类型来看，制造业和建筑业变量在职业待遇整合上的回归系数分别为0.318（$P<0.05$）、0.231（$P<0.05$），说明在控制其他因素不变的情况下，制造业和建筑业新生代农民工的职业待遇整合水平比服务业新生代农民工要分别高出0.318分、0.231分。这可能是因为服务业的从业门槛比较低（大部分为售货员、餐饮服务员等），员工的劳动关系比较灵活、自由和松散，因此收入水平低，社会保险等劳动权益也很难有效监管。制造业和建筑业对于体力和技术有更高的要求，收入会相应提高。此外，制造业用工制度相对比较规范，建筑业发生职业伤害的风险高，因此在这些行业就业的新生代农民工的社会保险权益能够得到更为有效的保护。

第二，从企业规模来看，50 ~ 100 人、100 人以上规模变量在职业待遇整合上的回归系数分别为 0.142（$P < 0.1$）、0.251（$P < 0.05$），说明在控制其他因素不变的情况下，在 50 ~ 100 人、100 人以上规模企业就业的新生代农民工比在 50 人以下规模企业就业的新生代农民工的职业待遇整合水平要分别高 0.142 分、0.251 分。其原因在于，企业规模越大，一定程度上说明企业的效益越好，经济实力越强，因此工资和社保待遇的支付能力更强。此外，企业规模越大，培训体系越丰富，职业晋升制度越健全，也能有效提升新生代农民工的职业待遇整合水平，而小企业缺乏完善的规章制度，发展很不稳定，常常使人看不到未来的希望和发展前景，影响了职业待遇的提升。

第三，从就业岗位来看，雇主、专业技术人员、管理人员的回归系数显著为正，说明雇主、专业技术人员、管理人员的职业待遇整合水平要高于普通职员。按照已有研究对农民工职业阶层的划分方法，专业技术人员、管理人员、雇主被视为相对高端的职业，新生代农民工在这些岗位中，就业比较稳定、收入比较高，因此能够获得较高的就业待遇。不过，自营劳动者与普通职业的就业质量水平无明显差异。自营劳动者一般是店主或摊贩，对劳动者资金、技术、能力的要求较低，具有工作时间长、缺乏福利保障等特点，因此也处于不利的就业境地。

4. 人力资本变量的影响分析

模型 1 显示，在人力资本特征中，受教育程度、务工年限特征对职业待遇整合均产生了显著的正向影响：

第一，从受教育程度来看，高中、大专及以上变量在职业待遇整合上的回归系数分别为 0.904（$P < 0.01$）、1.673（$P < 0.01$），说明在控制其他因素不变的情况下，高中、大专及以上新生代农民工的职业待遇整合水平比初中及以下新生代农民工要分别高出 0.904 分、1.673 分，再次说明教育是促进职业向上流动和就业质量提升的重要渠道。

第二，从务工经验来看，务工年限变量对职业待遇整合的回归系数为 1.506（$P < 0.01$），说明在控制其他因素不变的情况下，务工年限每提高 1 个单位，新生代农民工的职业待遇整合水平就相应提高 1.506 分。这或许是因为，新生代农民工所从事的工作对智力、技术的要求普遍不高，实际工作经验和熟练程度的影响较为重要，而务工年限反映了工龄的长短和工作经验的多少，因此是职业发展的重要条件。一般而言，务工年限越长，工作经验越丰富，工资福利自然会增长，晋升的机会也会更多。

5. 社会资本变量的影响分析

模型 1 显示，在社会资本特征中，网络规模对职业待遇整合的影响没有通过显著性检验，网络质量则产生了显著的正向影响，具体而言：

第一，网络规模对职业待遇整合没有产生显著影响。究其原因，主要是因为职业待遇整合中的工资、职业晋升等都是实实在在的问题或难处，面对这些问题或难处，并不是整个社会网络成员都能给予帮助，而一般只有与自己比较亲近的某些特定的人才会帮忙，但是，一般来说，在异地就业的新生代农民工亲近的网络规模非常有限，而且很多社会关系都停留在礼节性交往层面，真正给予关照性、工具性交往的很少。

第二，网络质量对职业待遇整合的回归系数为 0.981，且在 1% 的统计水平上显著，说明在控制其他因素不变的情况下，网络质量每提高 1 个单位，新生代农民工的职业待遇整合水平就相应提高 0.981 分。说明同质性的社会资本提供的信息和资源质量较低，难以帮助新生代农民工实现高端就业；相反，由少数几个甚至个别上层社会关系构成的异质性社会资本，则可以为新生代农民工提供更多的接触高质量职业的机会、资源和帮助，也就更容易取得职业成功。

5.3.2　职业行为适应的影响因素分析

1. 个体特征变量的影响分析

表 5–2 中的模型 2 显示，在个体特征中，性别、年龄和婚姻状况特征对新生代农民工的职业行为适应状况均产生了显著性影响，具体而言：

第一，男性对职业行为适应的回归系数为 0.427（$P < 0.01$），说明在控制其他因素不变的情况下，男性新生代农民工的职业行为适应水平要比女性高出 0.427 分。实际上，关于性别对职业适应的影响，不同的研究者曾经得出不同的研究结论。例如风笑天、王小璐的研究表明性别对职业适应没有影响[①]，而赵晓歌、薛君的研究发现性别对农民工的职业适应有负向的影响，即女性的职业适应水平高于男性[②]。可见，在这个问题上研究者们并没有形成一个统一的结论。不过，本研究发现，不同性别之间的职业行为适应存在着显著差异。目前，就业中对女性的性别歧视是一个客观存在的事实，这种受歧视的就业环境会造成女性新生代农民工对工作意义

① 风笑天，王小璐. 城市青年的职业适应：独生子女与非独生子女的比较研究［J］. 江苏社会科学，2003（04）：18–23.

② 赵晓歌，薛君. 青年农民工职业适应性的影响因素探析［J］. 青少年研究（山东省团校学报），2010（02）：47–49.

和成就感的降低，导致女性新生代农民工在就业适应过程中遇到的困难更多、阻力更大。加上“相夫教子”“男主外，女主内”等传统思想的长期影响，很多女性在就业之外还要承担生育、照料孩子的家庭功能，不得不处于“半就业”或灵活就业状态，影响了女性就业的参与度和稳定性，使其职业适应处于相对不利的地位，尤其表现在知识技能等方面。

第二，年龄对职业行为适应的回归系数为 0.528（$P<0.01$），说明在控制其他因素不变的情况下，年龄每增加 1 岁，新生代农民工的职业行为适应水平就相应增加 1.326 分。年龄小者初入职场，处于职业搜寻期，工作经验和知识技能欠缺，人际关系处理能力不足，职业心理和前途压力通常会比较大；相反，随着年龄的增长，新生代农民工的棱角被磨平，工作经验得到了较多积累，注意力开始转向实现稳定的就业，因此会对自己所从事的职业越来越熟练。正如人格发展理论所指出的，一个人在从少年期、前青年期、青年早期向青年后期的成长过程中，将逐渐形成复杂的人际关系处理和解决问题的能力，自我系统会更加稳定。[①]

第三，婚姻状况变量对职业行为适应的回归系数为 0.209（$P<0.05$），说明在控制其他因素不变的情况下，在婚新生代农民工的职业行为适应水平要比不在婚者高出 0.209 分。这进一步证实了赵晓歌、薛君的相关研究成果。[②] 一方面，婚姻与家庭能够让已婚者的心智变得更加成熟，使其在

① 陈坚. 从沙利文的人际理论看青少年良好人际关系模式的建立［J］. 云南电大学报，2008，10（04）：32-35.

② 赵晓歌，薛君. 青年农民工职业适应性的影响因素探析［J］. 青少年研究（山东省团校学报），2010（02）：47-49.

处理社会关系、实现职业稳定、应对负面情绪方面保持理性行为[1]；另一方面，婚姻本身也是一种社会支持和情感支撑。其中，在婚是一种比较良好的婚姻状态，未婚、离异和丧偶则是一种不良的婚姻状态。[2]不良婚姻状态容易使新生代农民工在遇到就业困难或工作压力时，会更加无助，感到挫败、沮丧和压抑，而在婚者伴有配偶和家庭的后盾，能够缓解不良心态和情绪，在职业适应中也更加有韧性。

2. 流动特征变量的影响分析

模型 2 显示，在流动特征中，流入区域、流动次数特征对新生代农民工的职业行为适应状况均产生了显著的影响，具体来看：

第一，从流入区域变量来看，大城市、超大城市对职业行为适应的回归系数分别为 –0.276（$P < 0.05$）、–0.369（$P < 0.05$），说明与中小城市相比，大城市新生代农民工的职业行为适应水平要分别低了 0.276 分、0.369 分。大城市尤其是超大城市工作压力大、节奏快，就业竞争激烈，对从业者的知识技能素养要求高，加上迁移距离比较远，很难在城市形成稳定、亲密的人际交往圈子，这会给新生代农民工带来不小的心理负担，使其要很好地适应这种职场压力与挑战并不容易。而在中小城市，工作节奏比较慢，社会关系复杂度相对单一，相似性程度较高，加上与家人、亲戚朋友的距离比较近，因此能够减轻职业适应的压力。

第二，流动次数变量对职业行为适应的回归系数为 –0.881（$P < 0.01$），

---

① 徐晓鹏. 青年农民工就业质量的影响因素研究——基于河南郑州 586 份问卷数据［J］. 调研世界，2016（11）：13–18.

② 汪昕宇，陈雄鹰，邹建刚. 超大城市新生代农民工就业满意度评价及其比较分析——以北京市为例［J］. 人口与经济，2016（05）：84–95.

说明在控制其他因素不变的情况下，流动次数每增加 1 个单位，新生代农民工的职业行为适应水平就相应降低 0.881 分。这可能是因为，职业行为适应需要以稳定的就业和学习为重要条件，新生代农民工每流动一次，都要面临对工作环境、工作内容、人际交往圈子的重新调整与适应，在这种碎片化、不稳定的工作经历中，新生代农民工对专用知识技能的学习与积累就很容易受到干扰，也更容易受到不良心理情绪的影响。

3. 就业特征变量的影响分析

模型 2 显示，在就业特征中，行业类型、就业岗位对职业行为适应没有产生显著性影响，企业规模的影响则通过了显著性检验，具体而言：

第一，从行业类型来看，制造业和建筑业变量在职业行为适应上的回归系数分别为 0.231、0.192，但这种影响并没有通过显著性检验，说明职业行为适应的差异并非是由行业特征所引发的，而是其他因素作用的结果。

第二，从企业规模来看，50 ~ 100 人、100 人以上的回归系数分别为 –0.244（$P < 0.1$）、–0.371（$P < 0.05$），说明在 50 ~ 100 人、100 人以上规模企业就业的比在 50 人以下规模企业就业的新生代农民工的职业行为适应水平要分别低 0.244 分、0.371 分。可能是因为企业规模越大，管理越严格，新生代农民工感知到的工作压力越大，反而增加了新生代农民工对工作岗位的适应难度。

第三，从就业岗位来看，雇主、专业技术人员、管理人员、自营劳动者的回归系数未通过显著性检验，说明新生代农民工在不同岗位上的职业行为适应差异也不是很明显。

4. 人力资本变量的影响分析

模型 2 显示，在人力资本特征中，受教育程度、务工年限特征对职业行为适应均产生了显著的正向影响：

第一，从受教育程度来看，高中、大专及以上变量在职业行为适应上的回归系数分别为 0.135（$P < 0.05$）、0.611（$P < 0.01$），说明在控制其他因素不变的情况下，高中、大专及以上新生代农民工的职业行为适应水平比初中及以下新生代农民工要分别高出 0.135 分、0.611 分。具有高学历的新生代农民工因受过更为高等的教育，更加具有发展提高型的需要和学习能力，例如读书看报、职业规划等，因而更能适应现代化的生产环境。而初中及以下低学历的新生代农民工，因为缺乏良好的学习基础和学习习惯，对知识文化的积累比较欠缺，不利于适应现代职业的要求。比如，我们对新生代农民工闲暇活动的调查发现，初中及以下新生代农民工的闲暇活动以上网、玩手机（46.4%）、睡觉（44.4%）、看电视、听音乐和看电影（39.1%）为主，呈现消遣娱乐化倾向，平常看书或阅读报纸杂志等发展提高型活动偏低（17.9%），甚至还有一部分存在打牌、打游戏（15.4%）等不良休闲习惯。相比之下，高中、大专及以上新生代农民工更加具有读书看报、学习充电、提升自我的意识，这一定程度上造成对知识技能等职业适应的差别。此外，新生代农民工在接受学校教育的过程中，获得了更多的心理健康的知识和教育，也更有助于进行职业心理调适。

第二，务工年限变量对职业行为适应的回归系数为 0.753（$P < 0.01$），说明在控制其他因素不变的情况下，务工年限每提高 1 个单位，新生代农民工的职业行为适应水平就相应提高 0.753 分。务工年限是一种经历与磨炼，新生代农民工在进城务工之初，工作往往以临时性的零工、短工为主，工资福利、工作经验、人际交往圈子等都非常有限，随着外出务工时间的延长，新生代农民工通过干中学也在逐渐成长，工作会更熟练，人际交往

圈子也更成熟，因此有助于摆脱最初的职业不适应状态。

5. 社会资本变量的影响分析

模型 2 显示，在社会资本特征中，网络规模对职业行为适应产生了显著性影响，网络质量的影响则没有通过显著性检验，具体而言：

第一，网络规模对职业行为适应的回归系数为 0.479（$P < 0.01$），说明在控制其他变量不变的情况下，网络规模每提高 1 个单位，新生代农民工的职业行为适应水平就相应提高 0.479 分。新生代农民工转移就业过程是一个充满压力的过程，难免会出现心理紧张、焦虑和对未来前途产生怀疑的时候，而社会关系网络具有情感支持效应，它的一个重要功能是能够为网络成员提供心理劝导和情感支持，这一点在过去的研究中也有所证实。[①] 当社会网络规模越大，新生代农民工能够倾诉的对象也越多，越有助于排解紧张和焦虑的情绪，树立起职业信心，因此有助于保持良好的职业适应。

第二，网络质量对职业行为适应的回归系数为正，但这种影响并没有通过显著性检验。究其原因，主要是因为网络质量很大程度上是一种弱关系，互动次数有限，情感连接不强，因此对职业适应的影响不大。

5.3.3　职业文化接纳的影响因素分析

1. 个体特征变量的影响分析

表 5–2 中的模型 3 显示，在个体特征中，性别、年龄和婚姻状况特征

① 罗竖元. 社会网络、身份认同与新生代农民工的心理危机［J］. 华南农业大学学报（社会科学版），2018，17（04）：95–105.

对新生代农民工的职业文化接纳状况均产生了显著性影响，具体而言：

第一，男性对职业文化接纳的回归系数为 –0.189（$P < 0.1$），说明在控制其他因素不变的情况下，男性新生代农民工的职业文化接纳水平比女性低了 0.189 分。究其原因，这和男女两性的个性特征差异有关，男性往往顽皮、胆大和批判，在面对诸多的企业管理约束文化中更容易叛逆、违纪等，而女性身心发育的时间比男生早，往往更细心、友善、懂事和听话[①]，因此在现代企业文化制度面前会表现得更加顺从和友好。

第二，年龄对职业文化接纳的回归系数为 0.206（$P < 0.05$），说明在控制其他因素不变的情况下，年龄每增加 1 岁，新生代农民工的职业文化接纳水平就相应增加 0.206 分。这符合新生代农民工不同年龄阶段的特征，年龄较小者比较以自我为中心，比较逆反和脆弱。而年龄较大者在长期的工作中逐渐磨平了心高气傲的棱角，也更加善于忍让和妥协，从而有助于形成对现代职业文化的接纳。

第三，婚姻状况变量对职业文化接纳的回归系数为 0.153（$P < 0.05$），说明与不在婚者相比，在婚新生代农民工的职业文化接纳水平要高出 0.153 分。这可能是因为，其一，不在婚者比较自由和个体化，其自我约束和服从管理的意识都相对有限，因此不利于其接纳现代职业精神与组织文化。其二，在婚者面临购房、子女教育、养家糊口等现实压力，更加会表现出积极的职业耐受力。

2. 流动特征变量的影响分析

模型 3 显示，在流动特征中，流入区域、流动次数特征对新生代农民

① 许传新. 学校适应情况：流动儿童与留守儿童的比较分析［J］. 中国农村观察，2010（01）：76–86，96.

工的职业文化接纳状况均产生了显著的影响，具体来看：

第一，从流入区域变量来看，大城市、超大城市对职业文化接纳的回归系数分别为 0.384（$P<0.1$）、0.505（$P<0.01$），说明在控制其他因素不变的情况下，大城市、超大城市新生代农民工的职业文化接纳水平比中小城市新生代农民工要分别高出 0.384 分、0.505 分。这是因为，相对于中小城市，大城市和超大城市经济发展水平更为发达，企业管理走在前列，各类管理人才、技术人才聚集越多越能够培养新生代农民工的职业文化素养。

第二，流动次数变量对职业文化接纳的回归系数为 –0.572（$P<0.01$），说明在控制其他因素不变的情况下，流动次数每增加 1 个单位，新生代农民工的职业文化接纳水平就相应降低 0.572 分，说明频繁转换工作造成与企业的联系脆弱，不仅影响新生代农民工的物质利益，同时也会在职业精神文化层面造成不利的影响。

3. 就业特征变量的影响分析

模型 3 显示，在就业特征中，行业类型对职业文化接纳的影响没有通过显著性检验，企业规模、就业岗位则产生了显著的正向影响，具体而言：

第一，行业类型变量对新生代农民工的职业文化接纳没有产生显著影响，说明制造业、建筑业与服务业新生代农民工的职业文化接纳水平可能差别不大，普遍缺乏敬业精神、服从意识。

第二，从企业规模变量来看，100 人以上的回归系数为 0.238（$P<0.05$），说明在 100 人以上规模企业就业比在 50 人以下规模企业就业的新生代农民工的职业文化接纳水平要高 0.238 分。可能是因为规模较大的企业对高

素质新生代农民工的需求也较大，给予新生代农民工的就业培训机会相应增多，因此有助于新生代农民工接触和学习职业精神与文化。

第三，从就业岗位来看，雇主、专业技术人员、管理人员、自营劳动者的回归系数显著为正，说明雇主、专业技术人员、管理人员、自营劳动者的职业文化接纳水平要明显高于普通职员。这或许是因为普通职员常以“打工者”心态自居，对工作热情不足，把工作当成是谋生的手段，制约了职业精神文化的培育。

4. 人力资本变量的影响分析

模型 3 显示，在人力资本特征中，受教育程度、务工年限特征对职业文化接纳均产生了显著的正向影响：

第一，从受教育程度来看，高中、大专及以上的回归系数分别为 0.132（$P < 0.1$）、0.541（$P < 0.01$），说明高中、大专及以上比初中及以下新生代农民工的职业文化接纳水平要分别高出 0.132 分、0.541 分。接受过高等教育的新生代农民工整体素质比较高，受到学校教育的熏陶和影响，他们对企业的文化、归属感等精神文化层面的需要更为关注。而低学历的新生代农民工群体比较不重视对职业文化和职业精神的养成。在访谈中，我们发现一些初中及以下学历的新生代农民工比较注重工资收入等物质层面的需要，他们的职业价值观比较功利，能从工作中得到好处和回报就继续，不如意就跳槽，缺乏责任心、敬业心等精神文化意识。因此，不同的职业价值观导致低学历新生代农民工的职业精神和职业文化接纳水平要低于高学历的新生代农民工。

第二，务工年限变量对职业文化接纳的回归系数为 0.418（$P < 0.01$），

说明在控制其他因素不变的情况下，务工年限每增加 1 个单位，新生代农民工的职业文化接纳水平就相应增加 0.418 分。这可能是因为，新生代农民工外出务工的时间越长，就越容易受到城市文化的影响，对现代职场的生存规则也就越熟悉和习惯，因此能够增加对职业文化的接纳与认可。

5. 社会资本变量的影响分析

模型 3 显示，在社会资本特征中，网络规模对职业文化接纳的影响没有通过显著性检验，网络质量则产生了显著的正向影响，具体而言：

第一，网络规模变量对职业文化接纳没有产生显著的影响。对于新生代农民工来说，绝大多数人的交往对象是家人、老乡和同事等同质性较高的群体，他们的工作经历与职业观念比较相似，因此难以触发其对现代职业文化的接纳。

第二，网络质量变量对职业文化接纳的回归系数为 0.302（$P<0.01$），说明在控制其他因素不变的情况下，网络质量每增加 1 个单位，新生代农民工的职业文化接纳水平和职业精神得分就相应增加 0.302 分。可能的原因在于，社会网络质量越高，那么网络成员中的异质性越强。这样，新生代农民工就越能从这些与自身文化程度、能力、技能、思维方式等不同或者更高的人中学习到更多的知识和工作经验，从而提升自身的职业文化水平。

5.3.4 职业身份认同的影响因素分析

1. 人口学特征变量的影响分析

表 5-2 中的模型 4 显示，在个体特征中，婚姻状况变量对职业身份认

同的影响没有通过显著性检验，而性别、年龄变量的影响通过了显著性检验。具体而言：

第一，男性对职业身份认同的回归系数为 –0.246（$P < 0.05$），说明在控制其他因素不变的情况下，男性新生代农民工的职业身份认同水平比女性低了 0.246 分。这与以往的相关研究结果比较一致，即女性更希望追求稳定的生活和工作，身份认同转变会更加明显。[①] 究其原因，可能与男女职业心态特征的差异有关。男性更加注重自我的职业发展与能力提升，职业期望更高，导致男性新生代农民工的职业身份认同反而更差。女性新生代农民工承担着生育、照料孩子等家庭功能，工作家庭的冲突使得女性对工作时间的投入相对有限，职业晋升与发展的期望不如男性强烈，反而能获得较高的职业认同。

第二，年龄变量对职业身份认同的回归系数为 0.326（$P < 0.01$），说明在控制其他因素不变的情况下，年龄每增加 1 岁，新生代农民工的职业身份认同水平就相应增加 0.326 分。罗明忠等的研究认为，年龄越高，越有可能产生积极的收获型认同。[②] 这是因为，其一，按照萨帕的职业生涯发展阶段理论，25 岁以下的新生代农民工大多处于职业生涯的探索阶段，主要表现为频繁地转换工作，职业发展愿望比较强烈，正在探索适合自己长期从事的工作。而 25 岁以上的新生代农民工，处于职业生涯的确立和维持阶段，这一时期他们就业相对稳定，尽管在工作上也面临一些挑战，

① 李荣彬，张丽艳．流动人口身份认同的现状及影响因素研究——基于我国 106 个城市的调查数据［J］．人口与经济，2012（04）：78–86.

② 罗明忠，卢颖霞．影响农民工职业认同的个性特征因素分析——基于佛山市南海区部分农民工的问卷调查［J］．农业经济与管理，2014（02）：72–79.

但相比前者，他们更希望维持稳定的岗位，因此会产生较高的职业身份认同度。其二，年龄较大的新生代农民工就业更加追求稳定，从事工作的时间越长，感情也更加深厚。

2. 流动特征变量的影响分析

模型 4 显示，在流动特征中，超大城市变量对职业身份认同的影响没有通过显著性检验，但大城市变量和流动次数变量均产生了显著的影响。具体来看：

第一，从流入区域来看，仅大城市变量对职业身份认同产生了显著的正向影响，超大城市的影响不显著，说明中小城市和超大城市均不利于新生代农民工形成积极的职业身份认同。其潜在的作用机制可能不同，在中小城市，就近务工者居多，新生代农民工与农村的联系较大，强烈的乡土记忆不利于形成城市化的职业认同。而在超大城市，受城乡二元、区域二元等多重社会分割的影响，城市居民对外来农民工的社会排斥比较明显，使新生代农民工常常面临受歧视的社会环境，这无疑会增加他们在城市从业的不确定性，产生相对剥夺感，最终造成职业身份与情感认同的偏移。

第二，流动次数变量对职业身份认同产生了显著性正向影响（$B=0.706$，$P < 0.01$），其平方项的影响系数为负（$B=-0.011$，$P < 0.01$），说明流动次数与职业身份认同之间存在“倒 U 形”曲线关系，即随着流动次数的增加，新生代农民工的职业身份认同水平先上升后下降。工作匹配模型强调，劳动者只有通过一定程度的离职、搜寻和工作转换，才能找到与自己的能力、兴趣、性别等各方面特征相匹配或大致相符的工作，只有这样劳动者才能提升工作的积极性、创造性和主动性，才能产生更为积极和愉悦

的职业认同感受。[①] 但是，当流动的经历过于频繁的时候，意味着其在某一特定城市或工作单位中的就业稳定性比较差，而根据领导－成员的交换关系理论[②]，这不利于新生代农民工与组织、领导之间建立稳定、良好的互惠关系，员工难以得到领导或组织给予的帮助和支持，因此阻碍了新生代农民工对工作和组织的认同。

3. 就业特征变量的影响分析

模型 4 显示，在就业特征中，行业类型、企业规模和就业岗位对新生代农民工的职业身份认同均产生了显著的影响，具体而言：

第一，从行业类型来看，制造业和建筑业变量对职业身份认同的影响效应分别为 0.286（$P < 0.05$）、0.275（$P < 0.05$），说明在制造业和建筑业就业的新生代农民工的职业身份认同水平要高于在服务业就业的新生代农民工。这可能是因为服务行业的收入水平和福利待遇不如制造业和建筑业，因此会降低其职业身份认同的水平。

第二，从企业规模来看，50 ~ 100 人、100 人以上的回归系数分别为 0.109（$P < 0.1$）、0.312（$P < 0.01$），说明在 50 ~ 100 人、100 人以上规模比在 50 人以下规模企业就业的新生代农民工的职业身份认同水平要分别高 0.109 分、0.312 分。一般而言，大企业发展比较稳定，给予的薪酬、福利待遇更完善，而规模较小的企业发展前景不够广阔，员工容易失业，因此难以形成积极的职业身份认同。

① 明娟，王明亮. 工作转换能否提升农民工就业质量［J］. 中国软科学，2015（12）：49–62.

② 钱士茹，徐自强，赵斌斌. 新生代员工心理契约和离职倾向的关系研究［J］. 当代青年研究，2015（02）：81–87.

第三，从就业岗位来看，雇主、专业技术人员、管理人员、自营劳动者的回归系数显著为正，说明雇主、专业技术人员、管理人员、自营劳动者的职业身份认同水平要明显高于普通职员。这与罗明忠等的相关研究结果是比较一致的。①普通职员岗位多为直接接触客户或面对生产线的一线员工，工作内容多属于体力劳动型，工作收入比较低，工作方式单调重复，缺乏灵活性和自由度，这些岗位特点反映在职业身份认同上，表现为较低的身份归属感和职业情感。与之相比，雇主、专业技术人员、管理人员的经济收入、职业地位、工作自由度等都要更高，因此更能获得积极的职业身份认同。自营劳动者的职业身份认同水平之所以要高于普通职员，或许是因为自营劳动者从事的是自主经营活动，更加具有主人翁精神，容易形成积极的身份建构和职业情感。总之，不同就业岗位的职业身份认同水平存在明显的差异，这种差异不仅来源于岗位本身，同时与附加在岗位上的物质和精神内涵紧密相关。

4. 人力资本变量的影响分析

模型 4 显示，在人力资本特征中，大专及以上变量对职业身份认同的影响没有通过显著性检验，但高中和务工年限变量均产生了显著的影响，具体而言：

第一，从受教育程度来看，高中对职业身份认同的回归系数为 0.285（$P < 0.05$），说明在控制其他因素不变的情况下，高中学历新生代农民工的职业身份认同水平比初中及以下者要高出 0.285 分。大专及以上变量的影响虽然为正，但并没有通过显著性检验，说明大专及以上新生代

① 罗明忠，卢颖霞．影响农民工职业认同的个性特征因素分析——基于佛山市南海区部分农民工的问卷调查［J］．农业经济与管理，2014（02）：72–79.

农民工并不一定能够获得积极的职业身份认同。其中的原因在于以下3点：一是，大专及以上的新生代农民工对教育回报的期望比较高，他们虽然身处现在的职业之中，甚至占据着较好的工作岗位，但仍不太安于现状，希望继续寻找到职业声望、经济回报更高的就业单位或岗位，因此职业身份认同度不高。二是，以户籍制度为核心的城乡二元结构将新生代农民工屏蔽在社会资源之外，教育的回报功能被剥离，学历开始贬值，现实与期望之间的落差加大，导致受教育程度较高的新生代农民工的职业身份认同度反而更低。三是，受外界社会认同的影响，在很多人的印象中，新生代农民工所从事的工作被认为是学历、技能要求均较低的低端工作，难以得到社会的理解和尊重，这使得学历较高的新生代农民工尤其无法认同自身的职业。

第二，从工作经验来看，务工年限变量对职业身份认同产生了显著性负向影响（$B=-0.284$，$P<0.01$），而务工年限平方项的影响系数为正（$B=0.094$，$P<0.01$），说明务工年限与职业身份认同之间存在“U 形”曲线关系，即随着务工年限的增加，新生代农民工的职业身份认同水平先下降后上升。这或许说明，新生代农民工刚参加工作时，对新工作往往充满着热情与向往，职业认同问题不大，随着务工的进一步展开，新生代农民工发现了理想与现实的差距，反而容易产生消极的身份认同与职业情感，如职业发展信心不足、找不到归属感等，但是，随着务工年限的进一步延长，新生代农民工在城市和对工作投入的时间、精力等成本会越来越多，而按照行为经济学理论，行为成本投入越高，个体对客体情感联结越深。因此，长时间的务工在一定程度上意味着新生代农民工对城市的心理契约较为坚定，同时在工作中也更加重视对职业发展的定位和规划，因而容易产生积

极的身份认同和职业情感。

5. 社会资本变量的影响分析

模型 4 显示，网络规模对新生代农民工的职业身份认同没有产生显著的影响，网络质量则产生了显著的影响。具体来看：

第一，网络规模变量对职业身份认同没有产生显著的影响。这是因为同质性越高的群体，其身份认同也具有较高的同质性。

第二，网络质量对职业身份认同的回归系数为 0.571，且在 1% 的统计水平上显著，说明在控制其他因素不变的情况下，网络质量每提高 1 个单位，新生代农民工的职业身份认同水平就相应提高 0.571 分。职业身份认同具有社会性和互动性特征，既需要新生代农民工自身的建构，同时也需要城市不同阶层居民的接纳与包容。网络质量越低，网络成员的同质性越强，在这种网络关系中，新生代农民工日常生活和工作的接触与参照对象大都是跟自己相仿或相同阶层的人，不利于其对职业身份的市民化认同。相反，网络质量越高，网络成员的异质性越强，在这种网络关系中，新生代农民工越能走出内卷化的交往圈子，这一方面产生了多样化的接触与认知，获得了更多的替代性经验，因此会有意识地尝试调节自身的价值观念，实现身份的转化；另一方面也增进了与市民群体的群际信任，缩短了社会距离，因此可以帮助新生代农民工获得城市化的身份认同与职业情感。

表 5–2　新生代农民工就业质量影响因素的 OLS 回归模型

自变量	因变量			
	职业待遇整合	职业行为适应	职业文化接纳	职业身份认同
个体特征	回归系数	回归系数	回归系数	回归系数
性别 a				
男	1.550***	0.427***	−0.189*	−0.246**
年龄	1.285***	0.528***	0.206**	0.326***

续表

自变量	因变量			
	职业待遇整合	职业行为适应	职业文化接纳	职业身份认同
婚姻状况 b				
已婚	0.613**	0.209**	0.153**	0.125
流动特征				
流入区域 c				
大城市	1.036***	−0.276***	0.384*	0.394**
超大城市	1.752***	−0.369***	0.505***	0.228
流动次数	0.476***	−0.881***	−0.572***	0.706***
流动次数平方项	−0.107***	0.003	0.002	−0.011***
就业特征				
行业类型 d				
制造业	0.318**	0.231	0.208	0.286**
建筑业	0.231**	0.192	0.179	0.275**
企业规模 e				
50 ~ 100 人	0.142*	−0.244*	0.176	0.109**
100 人以上	0.251**	−0.371**	0.238**	0.312***
就业岗位 f				
管理人员	0.853***	0.172	0.212***	0.429***
专业技术人员	0.767***	0.334	0.218***	0.337***
雇主	0.689***	0.267	0.303***	0.502***
自营劳动者	0.137	0.324	0.158***	0.184***
人力资本特征				
受教育程度 g				
高中（中专）	0.904***	0.135**	0.132*	0.285**
大专及以上	1.673***	0.611***	0.541***	0.194
务工年限	1.506***	0.753***	0.418***	−0.284***
务工年限平方项	0.002	0.004	0.001	0.094***
社会资本特征				
网络规模	0.582	0.479***	0.194	0.303
网络质量	0.981***	0.358	0.302***	0.571***
Constant	24.049***	28.574***	19.765***	22.532***
调整的 R^2	0.273	0.258	0.216	0.249
F	897.39***	886.51***	698.14***	877.05***

注：1.*、** 和 *** 分别表示 $P < 0.1$、$P < 0.05$、$P < 0.01$；

2.a：参照组为“女”；b：参照组为“未婚”；c：参照组为“中小城市”；d：参照组为“服务业”；e：参照组为“50 人以下”；f：参照组为“普通职员”；g：参照组为“初中及以下”。

5.4 小结与讨论

本章从新生代农民工的个体特征、流动特征、就业特征、人力资本特征、社会资本特征层面考察了新生代农民工就业质量的影响因素。纵观4个维度的多元回归分析结果，我们可以看到，新生代农民工就业质量的提升是一个复杂、动态的过程，性别、年龄、婚姻状况、流入区域、流动次数、就业行业、就业企业规模、就业岗位、受教育程度、工作年限、网络规模、网络质量等因素均在不同程度上发挥着显著影响，凸显了新生代农民工就业质量影响因素的多元化和差异性。具体来讲，我们可以从以上回归结果中得出以下几点初步结论：

第一，女性、年龄小、不在婚者的就业质量比较差，要给予他们更多的支持和帮助。

研究表明，男性新生代农民工的职业待遇整合、职业行为适应水平高于女性，而女性更容易实现职业精神文化和职业心理认同上的融入。年龄越大者，心智越成熟，工作经验越丰富，职业待遇整合、职业行为适应、职业文化接纳和职业身份认同水平会相应越高。在婚者的职业待遇整合、职业行为适应、职业文化接纳水平高于不在婚者，但在职业身份认同方面并无显著差异。可见，相对而言，女性、年龄小、不在婚的新生代农民工在诸多方面的就业质量状况都比较差，因此要重点给予他们更多的关注和帮助。

第二，不同区域新生代农民工的就业质量呈现复杂的非单一性特征。

从流入区域看，职业待遇整合、职业行为适应、职业文化接纳均有显著的地区差异，但规律并不相同。其中，超大城市新生代农民工的职业待遇整合、职业文化接纳水平均显著高于大城市和中小城市。不过，在职业行为适应方面，超大城市并未体现其优势。这反过来提示相关职能部门要更加重视中小城市新生代农民工职业待遇的整合、职业文化的培育，以及超大城市新生代农民工对职业行为的适应。此外，在职业身份认同方面，仅大城市变量产生了显著的正向影响，超大城市的影响不显著，说明中小城市就近务工者居多，新生代农民工与农村的联系较大，强烈的乡土记忆不利于形成城市化的职业认同。而超大城市新生代农民工常常面临受歧视的制度和社会环境，也容易造成职业身份与情感认同的偏移。

第三，频繁的流动造成与企业的联系脆弱，不仅影响新生代农民工的经济利益，同时在精神文化层面也会造成不利的影响。

研究表明，流动次数与职业待遇整合、职业行为适应、职业文化接纳和职业身份认同之间均呈现显著的负向关系，说明高流动性不仅影响新生代农民工的经济利益，同时在行为适应、精神文化和心理认同层面也会造成不利的影响。因此，保持新生代农民工就业的稳定性对于提升新生代农民工的就业质量非常重要，这是获取高质量就业的基本前提。

第四，不同行业新生代农民工群体间的就业质量差异不大。

研究表明，不同行业新生代农民工群体间的就业质量差异不大，仅在职业待遇整合、职业身份认同方面有显著的差异，表现为制造业、建筑业新生代农民工的职业待遇整合、职业身份认同水平要高于服务业，在职业行为适应和职业文化接纳方面没有显著的差异。

第五，不同就业企业新生代农民工群体间的就业质量存在显著差异。

研究表明，企业规模越大，新生代农民工的职业待遇整合、职业文化接纳、职业身份认同水平越高。企业是新生代农民工就业和融入的基本空间，企业规模越大，一定程度上说明企业的效益越好，经济实力越强，培训体系越丰富，晋升渠道越丰富，因而有助于维护新生代农民工的劳动权益，增强其职业文化素养与认同感。因此，完善企业的用工环境也是全面提升新生代农民工就业质量的重要路径。不过，企业规模与职业行为适应之间呈现负相关关系。企业规模越大，对新生代农民工的职业素养和任务胜任的要求越高，反而增加了新生代农民工对岗位的适应难度。这提示相关职能部门在全面提升不同企业新生代农民工就业质量的同时，还需要明确重点，分类施策，例如，对于中小企业，要着重促进新生代农民工的职业待遇的整合、职业文化的培育和职业身份认同感的建构，对于大企业，则要更加重视职业行为适应性的提升。

第六，就业岗位层次高的新生代农民工具有更高的职业待遇整合、职业文化接纳和职业身份认同水平，而职业行为适应水平差异不明显。

研究表明，不同就业岗位新生代农民工的就业质量存在一定的差异，这种差异主要来自职业待遇整合、职业文化接纳和职业身份认同，而在职业行为适应上，不同就业岗位的差异并没有通过显著性检验。具体来讲，普通职员的职业待遇整合、职业文化接纳和职业身份认同水平比较低，雇主、专业技术人员、管理人员的水平相对高一些。一般而言，雇主、专业技术人员、管理人员岗位对于从业人员的学历、职业化、专业化程度等方面的要求较高，但工作条件和职业培训也更为完善，同时，由于这几类从业人员的整体素质和综合能力相对较高，因此能够比较好地整合到城市劳动力市场当中。普通职员的从业门槛较低，常以“打工者”心态自居，加之城市社会的偏见和歧视，导致他们就业待遇偏低，职业精神培育和身份转变较慢。虽然普通职员与自营劳动者的职业待遇整合水平差异不明显，但自营劳动者的职业文化接纳和职业身份认同水平要高于普通职员。这很大程度上与就业岗位背后隐藏的个人投入程度有关。也就是说，相对于普通职员，自营劳动者更加具有主人翁精神，对工作的投入更自觉、更积极。而在现实中，自主经营的很多事情需要自己亲力亲为，凝聚了个人和家庭的很多劳动与心血，付出多了自然就会产生情感，因而更容易形成积极的职业精神和职业认同。

第七，受教育程度的提高对新生代农民工的就业质量具有积极的促进作用，主要通过职业待遇整合、职业行为适应和职业文化接纳得以体现。

从受教育程度对职业身份认同的影响来看，仅高中或中专的影响显著，大专及以上的影响不显著。但是，高中或中专、大专及以上变量对其他 3 个维度均产生了一致的正向影响。因此，虽然大专及以上高学历新生代农民工并没有获得较高的职业身份认同，但总的来讲，在人力资本中，受教育程度越高，越有助于新生代农民工获得更高的职业待遇整合、职业行为适应、职业文化接纳水平。不同受教育程度者的学习意识、学习能力和价值观念肯定是存在差异的，受教育水平越高，越有助于学习新的知识技术，吸收新的文化观念，更能适应现代化的工作与生活，实现阶层的向上流动。因此，良好的受教育程度仍然是提高新生代农民工就业质量的关键所在。这提示政府职能部门在致力于提供劳动权益保障的同时要更加注重文化教育，增加对新生代农民工的教育投资，培养他们自觉学习的意识，提高其内生发展动力。

第八，务工年限对 4 个维度的就业质量均产生了一致的正向影响。

研究还表明，随着务工年限的增加，职业待遇整合、职业行为适应、职业文化接纳、职业身份认同水平都有显著提高。务工年限的增加反映了新生代农民工在城市的“常住化”和“市民化”趋势，因而具有累积效应、融合效应，可以提高新生代农民工的适应和融入城市的能力，使其在城市积累到更多的经济资本、文化资本和社会资本等，从而能够有效提升新生代农民工各个方面的就业质量。

第九，要认清不同形式社会资本在新生代农民工就业质量提升过程中所扮演的角色。

研究表明，在社会资本中，网络规模对职业待遇整合、职业文化接纳、职业身份认同的影响均不显著，仅有助于提升职业行为适应水平。网络质量对职业行为适应的影响不显著，但有助于提高职业待遇整合、职业文化接纳和职业身份认同水平。这说明不同形式的社会资本在新生代农民工就业质量提升过程中所发挥的作用存在差异，网络规模能够在精神上帮助新生代农民工快速适应就业环境，以免其沦为城市的边缘、孤岛群体，但对职业待遇、职业文化和身份转变作用有限。要促进职业待遇整合、职业文化接纳和职业身份认同水平的提升，还需要新生代农民工突破内卷化的交往圈子，通过积累跨越型社会资本来实现。

第十，新生代农民工的就业质量存在“经济接纳、社会拒入”现象。

回归结果还表明，新生代农民工个体的各种资源禀赋对职业待遇整合的解释程度最高，其次是职业行为适应和职业身份认同，对职业文化接纳的解释力最小。这说明已有的新生代农民工就业保障的政策重点依旧集中在工资、参保等领域，对职业适应与身份认同等社会心理层面的关注度非常欠缺，其作用力也非常有限，“经济接纳、社会拒入”现象在就业质量领域也得到了体现。事实上，新生代农民工的就业质量涉及从生存到适应与认同的全过程，各个维度之间相互联系、相互影响，因此提升新生代农民工的就业质量需要从各个维度来统筹考虑，否则单纯讨论某一个方面都不能完全满足新生代农民工群体的就业质量需求。

第 6 章　社会融入对新生代农民工就业质量的影响及其地区差异研究

前文研究表明，新生代农民工就业质量的影响因素非常多元和复杂，是个人、流动、市场和资本等诸多因素综合作用的结果。不过，这些影响因素研究比较宽泛，缺乏理论视角的解释，因此还需要进一步深化和完善。事实上，在众多的研究中，不同学者对于新生代农民工就业质量的影响因素关注的重点不同，形成了两种基本的研究取向：

一是对相关影响因素进行综合分析，全面考察各方面因素的影响。例如，赵蔚蔚等从个体特征、人力资本特征、就业理念和环境特征 4 个方面分析了新生代农民工就业质量的影响因素，[①] 蔡瑞林等对青年农民工高质量就业的影响因素进行统计发现，工资福利、就业能力、就业环境、就业嵌入、受教育程度和在外打工年限对高质量就业均有显著促进作用，性别、

① 赵蔚蔚，刘立坤. 新生代农民工就业质量影响因素的统计分析［J］. 统计与决策，2013（23）：87-90.

年龄和就业保护则没有显著性影响。[①]

二是聚焦于一定的研究视角，强调单个或单方面因素的影响。这类研究比较多，形成了比较丰富的理论视角，包括务工距离、工作转换、城市规模、子女随迁、健康状况、工会组织、代际差异、人力资本和社会资本等。例如，有的研究认为务工距离与农民工就业质量之间具有“正U形”曲线关系，在本县范围内，务工距离增加会降低农民工的就业质量，但超出本县范围后，务工距离的增加将有助于提升农民工的就业质量。[②]有的研究从工作转换的角度，认为农民工在行业内和行业间的转换会对其就业质量产生显著的不利影响，不仅降低了农民工的收入水平，同时社会保险和劳动合同签订也受到影响，从而使农民工的就业质量相比之前下降。[③]有的研究从健康自评和社会网络资本的研究视角出发，发现社会网络资本对农民工的就业质量具有直接的正向效应，而健康自评则可能会通过正向影响社会网络资本而间接影响农民工的就业质量。[④]也有研究从子女随迁的角度考察农民工的就业质量，发现子女随迁增加了农民工父母在城市务工的间接效用和主观福利效用，进而有助于提高城市就业质量。[⑤]有的研究检

① 蔡瑞林，张国平，谢嗣胜．青年农民工高质量就业的蕴意及其影响因素［J］．中国青年社会科学，2019，38（03）：111-119.

② 李中建，袁璐璐．务工距离对农民工就业质量的影响分析［J］．中国农村经济，2017（6）：70-83．

③ 明娟．工作转换对农民工就业质量影响的实证分析——基于工作原因、行业、城市转换维度［J］．湖南农业大学学报（社会科学版），2018，19（01）：38-45.

④ 邓睿，冉光和．健康自评和社会网络资本对农民工就业质量的影响［J］．城市问题，2018（02）：58-66.

⑤ 邓睿，冉光和．子女随迁与农民工父母的就业质量——来自流动人口动态监测的经验证据［J］．浙江社会科学，2018（01）：66-75.

验了城市规模对农民工就业质量的影响效应，发现城市规模越大，农民工的就业质量越高，其影响机制在于大城市存在“厚劳动力市场效应”和“学习效应”，一方面能够提高农民工的工作匹配效率；另一方面也能使农民工学习到更多更有价值的宝贵经验，从而更能提高农民工的就业质量。[①]同时，还有的研究以人力资本和社会资本为中心对新生代农民工就业质量的影响机制进行分析，发现以受教育程度和技能水平为核心的人力资本与以社会网络质量为核心的社会资本是能够显著促进新生代农民工的就业质量，因而是提高其就业质量的关键因素。[②]

由此可见，以上研究从各个角度探讨了新生代农民工就业质量的形成机制，对本研究有很好的启发作用。但是，从中我们也可以看出，目前还鲜有从社会融入的角度来进行的相关研究，对于社会结构、文化心理等社会融入因素的关注较少，尚未形成一个社会融入理论的解释框架。事实上，新生代农民工是一个迁移、流动的特殊移民群体，他们面临着与城市社会互动和融合的问题，即面对变化了的社会环境，新生代农民工能否融入城市的社会制度与公共服务体系、社会交往和文化生活之中的问题等，这可能是影响新生代农民工就业质量更为关键和独特的因素。

因此，在分析新生代农民工的就业质量时，我们不仅要从个体和资本因素等普适的角度出发，也应从该群体的特殊社会问题的角度出发，考察新生代农民工个体与城市的社会融入关系状况对其就业质量的影响效应。

---

① 胡斌红，杨俊青. 农民工为何“偏爱”大城市？——基于城市规模与农民工就业质量的研究［J］. 学习与实践，2019（06）：24-34.

② 沈诗杰. 东北地区新生代农民工“就业质量”影响因素探析——以“人力资本”和“社会资本”为中心［J］. 江海学刊，2018（02）：229-237.

那么，新生代农民工与城市社会的融入状况对其就业质量到底会产生怎样的影响？这种影响在不同维度、不同地区之间又有何差异？带着这样的疑问，本章研究拟通过建立结构方程模型的方法，估计新生代农民工社会融入对其就业质量的影响效应及其地区差异，以补充已有研究的不足，并提供相应的政策启示。

6.1 社会融入影响新生代农民工就业质量的理论假设

前文研究表明，社会融入是一个内涵丰富、外延复杂的多维度概念，其本质在于农民工与市民群体之间在民生、文化、身份等方面“差异的消减”[①]，包括职业融合、政治融合、民生融合、文化融合、关系融合和身份融合等诸多方面的融入表现。[②] 由此，本研究从制度融入、经济融入、文化融入、社会关系融入和心理融入 5 个方面界定社会融入，并将之作为解释新生代农民工就业质量的主要因素。

6.1.1 社会融入度与就业质量

就业与社会融入问题是社会学的一个重要研究领域。已有研究常常把就业看作是新生代农民工社会融入的内生变量，认为更高的就业质量是新生代农民工在城市扎根的前提和基础，因而将就业状况作为前置变

① 悦中山，李树茁，费尔德曼. 农民工社会融合的概念建构与实证分析[J]. 当代经济科学，2012，34（01）：1-11，124.

② 杨聪敏. 新生代农民工的“六个融合”与市民化发展［J］. 浙江社会科学，2014（2）：71-77.

量来检验其对社会融入的影响效应。[①]然而，这一单向的作用路径能否准确地描述出就业与社会融入之间的关系呢？新生代农民工的就业质量是否会随着社会融入的进程而趋于提高？对于这些问题，目前还鲜有学者进行研究。

事实上，根据职业社会学理论，劳动者的就业质量离不开一定的社会结构和社会环境，这在很大程度上会影响到他们的工作和事业的成败。对于新生代农民工而言，迁移流动使其远离乡土社会环境而进入城市社会环境，如果新生代农民工不能很好地融入城市社会环境，出现制度排斥、社会歧视、缺乏城市归属感等现象，将不利于其就业的稳定性和就业成长，进而阻碍其就业质量的提升。因此，社会融入是影响新生代农民工就业质量好坏的重要的结构性因素，社会融入能力的大小、融入环境的优劣、融入方式与途径的多寡等都将影响新生代农民工就业的展开。以往有个别研究利用上海市流动人口动态监测数据，初步证实了政治融合、关系融合和文化融合等社会融合因素对农民工的就业质量具有显著的促进作用。[②]

基于以上分析，本研究提出第一个假设，即总的假设：

假设 1：社会融入度越高，新生代农民工的就业质量状况越好。

6.1.2　制度融入与就业质量

研究中国的人口迁移和社会融入，制度层面的分析是不可能回避的。[③]

① 徐延辉，王高哲．就业质量对社会融合的影响研究——基于深圳市的实证研究［J］．学习与实践，2014（02）：101-111．

② 郭庆．社会融合对农民工就业质量的影响研究［J］．调研世界，2017（07）：22-27．

③ 王桂新，王利民．城市外来人口社会融合研究综述［J］．上海行政学院学报，2008（06）：99-104．

制度融入可以理解为新生代农民工在流入地社会的核心制度下，获得相关权利与公共服务的状况，例如就业培训、住房保障、子女教育、社会救助、政治参与权利等。

新生代农民工是一个跨城乡流动的弱势就业群体，因此制度赋权是新生代农民工实现平等就业、获得高质量就业的基础。尽管有研究认为随着户籍制度改革的深入，户籍制度对乡城移民的影响在弱化[①]，但很多实证研究都表明，户籍制度以及户口等级差别对流动人口的收入等方面仍然存在结构性影响[②③]。而且，事实一再证明，以户籍制度为核心的城乡二元分割体制将新生代农民工排除在城市社会资源占有和权利享有之外，使得新生代农民工就业的权利缺乏有效的制度保障。正如权利贫困理论所指出的，新生代农民工在就业的各个环节均遭受比较明显的制度性歧视和权利排斥，导致新生代农民工出现就业机会不平等、自由择业权不平等、工作条件和待遇不公平等就业贫困问题[④]，例如，在就业机会方面，户籍身份作为一种先赋因素让农村务工人员难以获得平等的医疗卫生、教育设施、公共服务等资源，其资源禀赋与城市居民有着先天不足，导致进城务工人员大多只能在次级劳动力市场寻找就业机会。在就业服务方面，职业介绍、技能培训、信息发布等就业服务不到位或执行不彻底，大部分新生代农民

① 胡书芝．乡城移民家庭城市融入研究［D］．华中科技大学，2014.

② 陆益龙．户口还起作用吗——户籍制度与社会分层和流动［J］．中国社会科学，2008（01）：149-162，207-208.

③ 宁光杰，段乐乐．流动人口的创业选择与收入——户籍的作用及改革启示［J］．经济学（季刊），2017，16（02）：771-792.

④ 宋宝安，刘赛特．我国农民工就业权利贫困与赋权反贫困策略研究——基于权利贫困理论［J］．山东社会科学，2017（07）：103-107.

工仍然依靠熟人关系就业和择业，对于心理调适、文化认同等也没有完善的职业指导和教育服务体系。在工作条件和待遇方面，新生代农民工的特殊身份使得他们的社会保险、合同签订、工作时间等福利保障与城镇职工都有着明显的区别。正因如此，本研究认为，即便在户籍制度改革不断推进的今天，制度上的融入程度依旧是影响新生代农民工能否获得高质量就业一个不可忽视的因素。

基于以上分析，本研究提出第二个假设及其子假设：

假设 2：制度融入水平越高，新生代农民工的就业质量状况越好。

假设 2.1：制度融入水平越高，职业待遇整合状况越好；

假设 2.2：制度融入水平越高，职业行为适应状况越好；

假设 2.3：制度融入水平越高，职业文化接纳状况越好；

假设 2.4：制度融入水平越高，职业身份认同状况越好。

6.1.3　经济融入与就业质量

经济融入是新生代农民工在城市立足的基础，主要强调新生代农民工在就业市场中的工资福利水平、职业地位与工作状态等。新生代农民工外出务工的主要动机是获取高收入和职业发展，因此经济融入对于新生代农民工至关重要。

经济融入在很大程度上可以折射出流入城市的经济发展环境①，对这种经济环境的融入程度无疑会直接影响新生代农民工个体的收入、社会保险和福利水平等就业质量表现。此外，随着经济融入程度的提高，个体对

① 杨菊华. 城乡分割、经济发展与乡 – 城流动人口的收入融入研究［J］. 人口学刊，2011（05）：3–15.

自身工作的满意度逐渐增加，自我价值得到确认，也更有信心和能力与当地人交往、被当地人接纳[①]，从而有助于他们以更乐观的心态、更稳定的职业发展意愿，积极投身于流入地的工作中，进而促进其在城市的职业成长与发展。

基于以上分析，本研究提出第三个假设及其子假设：

假设 3：经济融入水平越高，新生代农民工的就业质量状况越好。

假设 3.1：经济融入水平越高，职业待遇整合状况越好；

假设 3.2：经济融入水平越高，职业行为适应状况越好；

假设 3.3：经济融入水平越高，职业文化接纳状况越好；

假设 3.4：经济融入水平越高，职业身份认同状况越好。

6.1.4 文化融入与就业质量

Redfield et al. 最早使用文化融入（cultural integration，或称涵化、文化适应）的概念，通常是指具有不同文化特质的群体或个人通过相互间接触、交流沟通后，其中一个群体或者所有群体改变原有文化观念、行为模式发生变化的过程。[②] 通常来讲，新生代农民工的文化融入包括语言能力、现代性、价值观念、文化参与、风俗习惯等诸多方面的内容。

根据文化决定论观点，“文化性质如同流淌在人身的血液，只要活着的人，他（她）所接受的文化就必然会直接地影响其日常生活及其行为方

① 钱泽森，朱嘉晔．农民工的城市融入：现状、变化趋势与影响因素——基于 2011—2015 年 29 省农民工家庭调查数据的研究［J］．农业经济问题，2018（06）：74-86.

② REDFIELD R，LINTON R，HEISKOVITS M J. Memorandum for the Study of Acculturation［J］. American Anthropologist，1936，38（1）.

式”①。对于新生代农民工而言，他们是一个文化移民②，进城后面临着地域文化和阶层文化双重文化障碍③，需要学习城市文化规则、价值观念、模仿城市文化实践④。共同的文化准则更能促进包容性发展，最终使新生代农民工在共享的文化氛围中更快地整合于流入地的经济结构中。一些研究分析了文化因素对新生代农民工就业和城市融入的影响机制。例如，有研究表明文化融入可以转化为经济资本、社会资本和心理资本，从而促进新生代农民工在城市的就业和融入。⑤具体来讲，第一，文化融入有助于开拓个体自我实现的潜能，因为在文化参与中，透过自我异化，主体可以熟悉自我、开发自我，并转化为收入等社会经济地位的提升。⑥第二，文化融入有助于加强沟通、拓展交往圈。新生代农民工往往会经历一个语言再社会化的过程⑦，他们对流入地主流语言越熟悉，就越容易与用工单位、上司、客户等不同群体沟通，从而有助于新生代农民工转移就业，增加其对非农职业的理解与融入。相反，如果语言不通，新生代农民工一般难以

① 沃野．典范的危机——徽州古村落生态文化的现代缺陷［J］．学术研究，2007（3）：53.

② 郭星华，姜华．农民工城市适应研究的几种理论视角［J］．探索与争鸣，2009（01）：61-65.

③ 刘辉武．文化资本与农民工的城市融入［J］．农村经济，2007（01）：122-125.

④ 朱虹．打工妹的城市社会化——一项关于农民工城市适应的经验研究［J］．南京大学学报（哲学．人文科学．社会科学版），2004（06）：51-57.

⑤ 李振刚．新生代农民工文化资本对社会融合影响的实证研究［J］．社会发展研究，2017，4（04）：85-104，239.

⑥ 金晓彤，崔宏静，李茉．新生代农民工教育型文化消费对务工收入的逆向作用机制分析［J］．农业技术经济，2014（9）：79-88 .

⑦ 刘玉屏．农民工语言再社会化实证研究［J］．语言文字应用，2010（2）：63-71.

找到需要大量沟通的、管理性的工作岗位，从而限制其就业机会和职业发展。第三，文化融入可以缩小心理距离，价值观念、文化惯习或语言风俗的差异加剧了新生代农民工在城市的社会排斥，是导致新生代农民工产生“边缘人心理”的重要因素，因此文化上的弥合无疑有助于增强新生代农民工在城市的归属感、认同感和职业发展意愿等。

可见，总体而言，文化融入对新生代农民工就业的作用机制体现在以下两方面：首先，从文化融入本身来看，它是一种文化素质和现代性能力的体现，能够起到很好的职业发展的作用；其次，文化融入还可以转化为经济资本、社会资本和心理资本，从而直接或间接影响着新生代农民工的适应、认同等诸多方面的就业质量。

基于以上分析，本研究提出第四个假设及其子假设：

假设 4：文化融入水平越高，新生代农民工的就业质量状况越好。

假设 4.1：文化融入水平越高，职业待遇整合状况越好；

假设 4.2：文化融入水平越高，职业行为适应状况越好；

假设 4.3：文化融入水平越高，职业文化接纳状况越好；

假设 4.4：文化融入水平越高，职业身份认同状况越好。

6.1.5　社会关系融入与就业质量

社会关系融入是国内外社会融入研究中不可忽视的一个方面，表现为社会交往、社会参与以及由此形成的社会网络等方面的内容。社会关系对于任何人而言都是重要的，特别是对于新生代农民工而言尤其如此。诸多研究表明，新生代农民工在流动过程中远离了原有的乡土社会关系，很多时候社会交往圈子都比较小，以亲缘、地缘为主，这种社会关系网络具有规模小、层次低、同质性强、内卷化等特征，[①] 难以有效发挥作用，因此需要新生代农民工积极构建新的、现代化的社会关系网络。

研究表明，社会关系方面的融入具有情感支持、精神慰藉等正功能，对于农民工的物质生活和精神健康都至关重要[②]，因而是解决其个人力量不足的重要方式，也是获得高质量就业的重要途径。因此，我们可以推测，新生代农民工越是努力扩展自身的社会交往范围，积极投身工会、团委的各种团体组织，就越有助于争取和利用更大范围社会资源，从而帮助他们找到更好的工作、接触和理解现代职业文明，最终成为一个职业化的人。

基于以上分析，本研究提出第五个假设及其子假设：

假设 5：社会关系融入水平越高，新生代农民工的就业质量状况越好。

假设 5.1：社会关系融入水平越高，职业待遇整合状况越好；

假设 5.2：社会关系融入水平越高，职业行为适应状况越好；

假设 5.3：社会关系融入水平越高，职业文化接纳状况越好；

假设 5.4：社会关系融入水平越高，职业身份认同状况越好。

6.1.6　心理融入与就业质量

传统观点会认为，新生代农民工的就业质量主要取决于个人的能力或相关的用工环境，较少涉及心理层面因素的分析。但是，近年来积极心理学、心理资本等相关研究表明，乐观、开朗、阳光等积极的心理状态是个人就

---

① 冯建蓉．从强关系到弱关系：农民工社会网络转变的社会学分析［J］．西南农业大学学报（社会科学版），2011，9（12）：79–83.

② 聂伟，风笑天．农民工的城市融入与精神健康——基于珠三角外来农民工的实证调查［J］．南京农业大学学报（社会科学版），2013，13（05）：32–40.

业能力和竞争力的重要来源之一，对员工工作绩效和工作满意度具有积极影响。①

新生代农民工从农村流动的城市，远离了家庭的庇护，进入了一个陌生的生存环境，难免产孤独感、无助感、挫折感；同时制度上的区别对待使新生代农民工在城市被边缘化，社会剥夺感油然而生。这些心理隔阂问题是一种消极的心理状态，不利于他们在城市的身份认同、就业选择、行为适应与发展意愿等。所以，以往研究通常认为，心理上的融入是农民工社会融入的最高层次和最后阶段，新生代农民工只有找到了城市归属感、认同感，把自己当作城市人时，才算完全融入了城市②，因此市民身份认同、城市归属感等心理融入的形成是新生代农民工融入城市的真正标志。这样的心理融入表现无疑是一种积极、健康的心理状态，能够提高新生代农民工的就业适应能力和就业质量。一些研究从身份经济学、归属感等角度证实了心理融入对农民工就业表现和就业质量的重要作用。例如，国外研究表明，身份是一种象征，也是一整套社会规范，这种身份认同对就业的影响通过态度和行为方式表达出来，可以导致更稳定的就业和更高的生产率③，尤其是移民增强对流入地身份的认同能有效促进移民的就业绩效④。

---

① 杜晓静，李慧娟，王智红，等．心理资本视角下90后大学生就业问题实证研究［J］．高教探索，2014（03）：159-166.

② 朱力．论农民工阶层的城市适应［J］．江海学刊，2002（06）：82-88，206.

③ AKERLOF G A，KRANTON R E．Economics and Identity［J］．The Quarterly Journal of Economics，2000（3）．

④ NEKBY L，RODIN M．Acculturation Identity and Employment Among Second and Middle Generation Immigrants［J］．Journal of Economic Psychology，2010（1）：35-50.

国内研究发现，身份具有就业效应[①]，“城市人”身份认同对农民工的劳动供给行为具有积极影响作用，体现为提高劳动参与率、降低就业流动性等，进而提高就业质量[②]，再如，研究表明，归属感是一种重要的心理资源，劳动者有了归属感，会激发更大的创造力和工作积极性，而缺乏归属感往往使新生代农民工对工作不会有太大的热情，只是“例行操作”，甚至“隐性对抗”[③]，也就难以获得高质量的就业。

基于以上分析，本研究提出第六个假设及其子假设：

假设 6：心理融入水平越高，新生代农民工的就业质量状况越好。

假设 6.1：心理融入水平越高，职业待遇整合状况越好；

假设 6.2：心理融入水平越高，职业行为适应状况越好；

假设 6.3：心理融入水平越高，职业文化接纳状况越好；

假设 6.4：心理融入水平越高，职业身份认同状况越好。

6.2　变量处理

6.2.1　社会融入变量的处理

1. 社会融入变量的测量

对社会融入变量的测量和选择既是一个方法问题，也是一个理论问题，

---

① 邓睿．身份的就业效应——“城市人”身份认同影响农民工就业质量的经验考察［J］．经济社会体制比较，2019（05）：91–104.

② 卢海阳，梁海兵．“城市人”身份认同对农民工劳动供给的影响——基于身份经济学视角［J］．南京农业大学学报（社会科学版），2016，16（03）：66–76，158.

③ 张静．新生代农民工就业适应性及应对措施——对北京市新生代农民工的问卷调研［J］．现代经济探讨，2016（06）：60–64.

应该能有效回答研究问题、检验理论假设。本研究一方面借鉴以往研究成果；另一方面结合本研究的理论假设需要，对社会融入变量进行测量，具体如下（见表 6–1）：

（1）制度融入。新生代农民工的制度融入以户籍改革为基础，最终体现在住房、社会保险、社会救助等市民待遇和公共服务方面的均等化程度。在实证研究中，张庆武从社会管理、社会服务和差别待遇三方面测量青年农民工政策融入的问题。① 由此，本研究从社区帮助、公共服务和户籍改革 3 方面测量新生代农民工的制度融入状况，具体采用 3 个描述性语句形式进行询问，答案设置为“很不同意 =1、不太同意 =2、一般 =3、比较同意 =4、非常同意 =5”。得分越高，表明新生代农民工公共服务可及性程度越高，受户籍制度的约束越小，即制度融入水平越高。

（2）经济融入。经济融入是新生代农民工立足和融入城市的基础和前提。鉴于经济融入的重要性，有不少学者专门针对经济融入的现状与指标体系进行研究。例如，杨菊华认为经济融入可以从以下 7 个维度进行测量和分析：就业机会、劳动时间、职业声望、收入水平、社会保障、居住环境以及教育培训。② 张庆武等以北京市新生代农民工为例，从劳动就业、职业发展、收入水平、社会保障等 4 个方面分析其经济融入情况。③ 王一帆等从就业职业融入、收入支出差异、社会保障以及住房状况 4 个

① 张庆武. 青年流动人口社会融入测量与实证研究［D］. 北京交通大学，2017.

② 杨菊华. 城乡差分与内外之别：流动人口经济融入水平研究［J］. 江苏社会科学，2010（03）：99–107.

③ 张庆武，廉思，冯丹. 新生代农民工经济融入状况研究——以北京为例［J］. 学习与实践，2015（12）：103–112.

维度建立了流动人口经济融入水平的评价指标体系。① 由此，本研究从就业机会、就业稳定性和收入结余3方面测量新生代农民工的经济融入状况，答案设置为“很不同意 =1、不太同意 =2、一般 =3、比较同意 =4、非常同意 =5”。得分越高，表明新生代农民工经济融入水平越高。

（3）文化融入。文化融入是农民工融入城市的重要切入点②，体现着农民工在价值观念、思维方式、语言能力、风俗习惯等方面的转变内容。③ 在实证研究中，悦中山等以方言掌握程度和现代性程度来衡量农民工的文化融入。④ 杨菊华将文化融入操作化为对本地语言的掌握程度，以及在饮食、服饰、卫生、节庆风俗等方面与本地市民的差别等方面。⑤ 由此，本研究从语言掌握、文化活动和生活方式等方面选取 4 个指标测量新生代农民工的文化融入状况，答案设置为“很不同意 =1、不太同意 =2、一般 =3、比较同意 =4、非常同意 =5”。得分越高，说明新生代农民工越趋向同化与接受城市主流文化，即文化融入水平越高。

（4）社会关系融入。社会关系融入强调农民工在社会关系和社会互

① 王一帆，刘追，刘泽双. 基于三阶段灰色聚类的流动人口经济融入水平评价研究［J］. 人口与经济，2019（4）：1-18.

② 沈蓓绯，纪玲妹，孙苏贵. 新生代农民工城市文化融入现状及路径研究［J］. 学术论坛，2012，35（06）：73-79.

③ 杨聪敏. 新生代农民工的“六个融合”与市民化发展［J］. 浙江社会科学，2014（2）：71-77.

④ 悦中山，李树茁，费尔德曼. 农民工社会融合的概念建构与实证分析［J］. 当代经济科学，2012，34（01）：1-11，124.

⑤ 杨菊华. 中国流动人口的社会融入研究［J］. 中国社会科学，2015（02）：61-79，203-204.

动方面的融入。[①] 在实证研究中，聂伟和风笑天从亲密朋友数量、新生社会网络、当地语言熟悉程度以及组织参与等方面对农民工的社会融入展开测量。[②] 杨菊华从主要交往对象、困难求助对象、社区活动参与和组织参与 4 方面测量农民工社会生活适应与融入问题[③]。可见，大部分学者从微观社会交往与宏观社会交往两方面测量农民工的社会融入状况。由此，本研究选取市民朋友交往、组织参与、社会参与等 4 个指标测量新生代农民工的社会关系融入状况，答案赋值为“很不同意 =1、不太同意 =2、一般 =3、比较同意 =4、非常同意 =5”。得分越高，说明新生代农民工社会关系融入水平越高。

（5）心理融入。心理融入侧重关注新生代农民工的主观感受与评价。新生代农民工只有找到了心理归属感，把自己当作城市人时，才算完全融入了城市，因此市民身份认同、城市归属感等是新生代农民工心理融入的重要标志。在实证研究中，有些学者采用单个指标测量农民工的心理融入，例如，崔岩将心理层面的融入操作化为本地人身份认同。[④] 也有一些学者采用多个指标测量心理融入，例如，郭庆等采用融入意愿和融入感知指标测量农民工的心理融合。[⑤] 胡书芝从城市情感、城市归属

① 李培林，田丰. 中国农民工社会融入的代际比较［J］. 社会，2012，32（05）：1–24.

② 聂伟，风笑天. 农民工的城市融入与精神健康——基于珠三角外来农民工的实证调查［J］. 南京农业大学学报（社会科学版），2013，13（05）：32–40.

③ 杨菊华. 中国流动人口的社会融入研究［J］. 中国社会科学，2015（02）：61–79，203–204.

④ 崔岩. 流动人口心理层面的社会融入和身份认同问题研究［J］. 社会学研究，2012，27（05）：141–160，244.

⑤ 郭庆，余运江，黄祖宏. 流动人口社会融入感的空间差异及影响因素研究——基于 ESDA 的视角［J］. 人口与发展，2015，21（04）：52–59.

及城市定居意愿 3 个方面来考察农民工的心理融入问题。①可见，虽然不同学者对心理融入的测量方式不一样，但大多从认同、意愿等情感方面选择测量指标。由此，本研究选取城市认同、城市发展意愿等 3 个指标测量新生代农民工的心理融入状况，答案设置为“很不同意 =1、不太同意 =2、一般 =3、比较同意 =4、非常同意 =5”。得分越高，说明新生代农民工的城市认同与城市发展意愿越强烈，即心理融入水平越高。

表 6–1　社会融入的测量与描述性统计结果

维度	测量指标	赋值	均值	标准差
制度融入	Q1 遇到困难，所在社区会帮助我	1 ~ 5	1.158	0.525
	Q2 当地政府出台了一些公共服务政策来帮助我们	1 ~ 5	2.089	0.967
	Q3 当地户籍对我来说不重要	1 ~ 5	2.970	0.880
经济融入	Q4 有较多的就业选择	1 ~ 5	2.186	1.163
	Q5 就业稳定性好	1 ~ 5	2.537	1.028
	Q6 在城市日常消费开支后有较多收入结余	1 ~ 5	1.834	1.625
文化融入	Q7 能听懂这个城市的方言	1 ~ 5	2.803	0.974
	Q8 在这个城市主要使用普通话或当地方言	1 ~ 5	3.759	1.286
	Q9 参加城市的业余文化活动	1 ~ 5	2.277	0.768
	Q10 接纳城市的生活方式（如信用卡透支等）	1 ~ 5	2.436	0.566
社会关系融入	Q11 有本地市民朋友	1 ~ 5	2.324	0.837
	Q12 社会交往范围广	1 ~ 5	2.418	1.219
	Q13 加入了党团组织（如工会、团委等）	1 ~ 5	1.805	0.917
	Q14 参与社会活动（如社区活动、公益活动）	1 ~ 5	1.308	1.278
心理融入	Q15 认为自己是一个城市人	1 ~ 5	3.371	0.567
	Q16 想在这个城市里生活	1 ~ 5	4.079	0.913
	Q17 想在这个城市成家立业	1 ~ 5	4.129	1.251

2. 社会融入水平的测度

为了使不同的指标被整合在同一维度下纳入分析模型中，本研究参考以往文献的通常做法，沿用因子分析法对社会融入指标进行降维和综合指数化分析。

① 胡书芝. 乡城移民家庭城市融入研究［D］. 华中科技大学，2014.

首先，对制度融入 3 个指标进行因子分析，发现 KMO 值为 0.714，Bartlett 球形检验值达到 3563.17，显著性水平达到 0.000，说明其符合因子分析的要求。按照特征值大于 1 的标准，3 个指标能够聚合成 1 个公因子，其方差贡献率达到 65.05%（见表 6–2）。对于因子得分的计算，本研究按照前文所述方法（详见本研究第 4.2.1 章节对就业质量综合指数的评价方法），以每项指标的因子得分系数为权重，计算制度融入的因子得分，并将因子得分转换为 1 ~ 100 之间的标准分，得分越高，制度融入水平越高。

表 6–2　制度融入的因子分析

指标	最小值	最大值	因子载荷	因子得分系数
遇到困难，所在社区会帮助我	1	5	0.674	0.337
当地政府出台了公共服务政策来帮助我们	1	5	0.642	0.389
当地户籍对我来说不重要	1	5	0.651	0.206
特征值	1.892			
累积方差贡献率	65.05%			
KMO 统计值	0.714			
Bartlett 检验	3563.17***			

因子提取方法：主成分分析法（Principal Component Analysis）；

因子旋转方法：最大方差法（Varimax with Kaiser Normalization）。

其次，对经济融入 3 个指标进行因子分析，发现 KMO 值为 0.726，Bartlett 球形检验值达到 4273.01，显著性水平达到 0.000，说明其符合因子分析的要求。按照特征值大于 1 的标准，3 个指标能够聚合成 1 个公因子，其方差贡献率达到 65.14%（见表 6–3）。同样地，以每项指标的因子得分系数为权重，计算经济融入的因子得分，并转换为 1 ~ 100 之间的标准分，得分越高，经济融入水平越高。

表 6-3　经济融入的因子分析

指标	最小值	最大值	因子载荷	因子得分系数
有较多的就业选择	1	5	0.682	0.154
就业稳定性好	1	5	0.713	0.187
在城市日常消费开支后收入有较多结余	1	5	0.724	0.389
特征值	1.467			
累积方差贡献率	65.14%			
KMO 统计值	0.726			
Bartlett 检验	4273.01***			

因子提取方法：主成分分析法（Principal Component Analysis）；

因子旋转方法：最大方差法（Varimax with Kaiser Normalization）。

再者，对文化融入 4 个指标进行因子分析，发现 KMO 值为 0.742，Bartlett 球形检验值达到 4925.57，显著性水平达到 0.000，说明其符合因子分析的要求。按照特征值大于 1 的标准，4 个指标能够聚合成 1 个公因子，其方差贡献率达到 66.28%（见表 6-4）。同样地，以每项指标的因子得分系数为权重，计算文化融入的因子得分，并转换为 1 ~ 100 之间的标准分，得分越高，文化融入水平越高。

表 6-4　文化融入的因子分析

指标	最小值	最大值	因子载荷	因子得分系数
能听懂这个城市的方言	1	5	0.753	0.342
在这个城市主要使用普通话或当地方言	1	5	0.704	0.183
参加城市的业余文化活动	1	5	0.668	0.194
接纳城市的生活方式（如信用卡透支等）	1	5	0.692	0.135
特征值	1.475			
累积方差贡献率	66.28%			
KMO 统计值	0.742			
Bartlett 检验	4925.57***			

因子提取方法：主成分分析法（Principal Component Analysis）；

因子旋转方法：最大方差法（Varimax with Kaiser Normalization）。

另外，对社会关系融入 4 个指标进行因子分析，发现 KMO 值为 0.739，

Bartlett 球形检验值达到 4637.35，显著性水平达到 0.000，说明其符合因子分析的要求。按照特征值大于 1 的标准，4 个指标能够聚合成 1 个公因子，其方差贡献率达到 65.91%（见表 6-5）。同样地，以每项指标的因子得分系数为权重，计算社会关系融入的因子得分，并转换为 1 ~ 100 之间的标准分，得分越高，社会关系融入水平越高。

表 6-5　社会关系融入的因子分析

指标	最小值	最大值	因子载荷	因子得分系数
有本地市民朋友	1	5	0.679	0.137
社会交往范围广	1	5	0.653	0.142
加入了党团组织（如工会、团委等）	1	5	0.704	0.109
常参与社会活动（如社区活动、公益活动）	1	5	0.681	0.125
特征值	1.754			
累积方差贡献率	65.91%			
KMO 统计值	0.739			
Bartlett 检验	4637.35***			

因子提取方法：主成分分析法（Principal Component Analysis）；

因子旋转方法：最大方差法（Varimax with Kaiser Normalization）。

最后，对心理融入 3 个指标进行因子分析，发现 KMO 值为 0.795，Bartlett 球形检验值达到 5286.42，显著性水平达到 0.000，说明其符合因子分析的要求。按照特征值大于 1 的标准，4 个指标能够聚合成 1 个公因子，其方差贡献率达到 68.63%（见表 6-6）。同样地，以每项指标的因子得分系数为权重，计算心理融入的因子得分，并转换为 1 ~ 100 之间的标准分，得分越高，心理融入水平越高。

表 6-6　心理融入的因子分析

指标	最小值	最大值	因子载荷	因子得分系数
认为自己是一个城市人	1	5	0.813	0.311
想在这个城市里生活	1	5	0.827	0.328
想在这个城市成家立业	1	5	0.810	0.305
特征值	1.791			

续表

指标	最小值	最大值	因子载荷	因子得分系数
累积方差贡献率	68.63%			
KMO 统计值	0.795			
Bartlett 检验	5286.42***			

因子提取方法：主成分分析法（Principal Component Analysis）；

因子旋转方法：最大方差法（Varimax with Kaiser Normalization）。

从测度结果来看，新生代农民工总体社会融入度得分为 50.13 ± 18.54 分，未达到 60 分的及格水平，因此整体的社会融入水平还较低。4 个社会融入因子中，心理融入的得分最高，为 64.37 ± 11.58 分，且存在的差异最小，说明新生代农民工群体在心理融入方面存在的分异较小。经济融入略高于整体社会融入水平，为 52.76 ± 19.21 分，但存在的差异较大，说明新生代农民工群体的经济融入水平可能存在较大的分化。制度融入、文化融入和社会关系融入维度得分均比较低，分别为 48.28 ± 19.05 分、41.83 ± 16.48 分，43.40 ± 18.37 分，都未达到理论上的中值 50（见表 6–7）。

表 6–7　新生代农民工社会融入水平因子得分

	制度融入	经济融入	文化融入	社会关系融入	心理融入	社会融入度
均值	48.28	52.76	41.83	43.40	64.37	50.13
标准差	19.05	19.21	16.48	18.37	11.58	18.54

3. 社会融入变量的信度与效度分析

为了保证后续实证分析是有效和可靠的，本研究还要对社会融入变量进行信度和效度分析。首先运用 Cronbach' s α 系数对社会融入各维度进行信度分析，信度检验结果显示，无论是总维度，还是分维度，新生代农民工社会融入各变量的 Cronbach' s α 值均大于临界值 0.7（见表 6–8），说明社会融入测量指标的信度较好，具有较高的内部一致性。

表 6–8 新生代农民工社会融入测量指标的信度检验

指标类型		Cronbach's α 系数	检验结论
总维度	社会融入	0.786	理想
分维度	制度融入	0.725	理想
	经济融入	0.734	理想
	文化融入	0.764	理想
	社会关系融入	0.738	理想
	心理融入	0.851	理想

其次，本研究通过计算社会融入各因子之间的相关系数来检验社会融入变量的结构效度。统计测量学理论认为，各维度之间的内部相关性系数应该适中，不能太高，也不能太低，相关性系数太高说明各维度之间有共线性，太低则说明各维度之间缺乏一致性。[①]心理学家 Tuker 认为，当因子之间的相关性系数均匀的介于 0.10 ~ 0.60 之间，测量题目与总分的相关性在 0.30 ~ 0.80 之间时，研究者可以获得满意的结构效度。[②]据此，检验结果发现，社会融入各因子之间均存在显著的两两相关关系，相关系数均分布在 0.450 ~ 0.586 之间，属于中等及以上的相关关系，且全部通过了显著性检验，因此总体上能达到结构效度对相关系数的要求；另外，社会融入度与其 5 个分维度之间也存在显著的相关关系，相关系数在 0.609 ~ 0.637 之间，也处于可接受的范围（见表 6–9）。可见，本研究所用的社会融入测量指标总体上具有良好的结构效度，各维度之间存在内部一致性，同时又比较独立，因此能有效测量新生代农民工的社会融入状况。

① 罗明忠，卢颖霞．农民工职业认同：构念与实证——基于广东南海部分农民工的调查与分析［J］．华东经济管理，2013，27（08）：87–91.

② 魏淑华．教师职业认同研究［D］．西南大学，2008.

表 6-9　新生代农民工社会融入各因子之间的相关系数矩阵

	制度融入	经济融入	文化融入	社会关系融入	心理融入
制度融入	1.00				
经济融入	0.521	1.00			
文化融入	0.473***	0.514***	1.00		
社会关系融入	0.462***	0.457***	0.579***	1.00	
心理融入	0.583***	0.586***	0.514***	0.450***	1.00
社会融入度	0.618***	0.637***	0.635***	0.609***	0.624***

注：*** 表示在 1% 水平上显著

6.2.2　就业质量变量的处理

本章节探讨社会融入因素对新生代农民工就业质量的影响效应。因此，就业质量是本研究的因变量，既包括总的就业质量指数，也包括 4 个分维度指数，即职业待遇整合、职业文化接纳、职业行为适应与职业身份认同。以上因变量均为综合性指数，通过因子分析生成，取值介于［0 ~ 100］之间（详见本研究第 4.2.2 章对就业质量评价结果的分析，此处不再赘述）。

6.3　分析方法与策略

6.3.1　结构方程模型

本研究试图研究新生代农民工社会融入对就业质量的影响路径，其中涉及制度融入、经济融入、文化融入、社会关系融入、心理融入、职业待遇整合、职业文化接纳、职业行为适应和职业身份认同等多个自变量和因变量。这些变量难以直接测量，具有潜在性、主观性、误差度较大等特征，且变量之间的因果关系非常复杂多样。在这种情况下，传统的回归统计方法难以获得理想的分析效果，而运用结构方程模型方法则比较合适。

结构方程模型（structural equation modeling，SEM）是一种建立、估计和检验因果关系模型的方法。它融合了因子分析、回归分析、路径分析等多种统计方法的功能，可以将一些不可直接观测的变量（即潜变量）纳入模型进行分析，同时还可以分析多个原因、多个结果之间的复杂关系。因此，结构方程模型的这些优势弥补了传统统计方法的不足，并迅速成为社会科学以及经济、管理等领域的一门重要的建模工具。

在结构方程模型中，变量主要分为观测变量与潜变量两种。其中，潜变量是比较抽象、看不见摸不着、难以直接观测到的变量，而观测变量则比较具体、能够被直接观测同时被用来收集数据的变量。在实际研究中，一个潜变量往往对应着多个观测变量，而观测变量则可视为对特定潜变量的反应性指标。

一个完整的结构方程模型通常由 2 个模型组成，一类为测量模型，用于测量变量与潜变量之间的关系；另一类为结构模型，用于测量潜在变量之间的关系，以及模型中其他变量无法解释的变异量部分。在结构模型中，回归分析中的参数是可估计的，这个分析在统计上称为“路径分析”。在测量模型中，根据潜变量所在的地位又可以分为内生变量与外生变量。其中，内生变量是指作为其他变量的结果出现一次或以上的变量，是由模型内部生成的变量。外生变量是指没有作为其他变量的结果的变量。把结构模型和测量模型整合起来就是标准的结构方程模型，也称为“全模型”[①]。从数理公式上来看，结构方程模型一般包括 3 个表达式：

$$X=\Lambda x\zeta+\delta \qquad \text{式（1）}$$

$$Y=\Lambda y\eta+\varepsilon \qquad \text{式（2）}$$

① 朱蓓倩. 上海外籍人口城市融入研究［D］. 华东师范大学，2016.

$$\eta = B\eta + \Gamma\xi + \zeta \qquad \text{式（3）}$$

式（1）和式（2）为测量模型。其中，X 为外生观测变量，Y 为内生观测变量；ξ 表示外生潜变量（即潜在自变量），η 为内生潜变量（即潜在因变量）；Λx 表示外生潜变量与其观测变量之间的关系矩阵，由 X 在 ξ 上的因子载荷构成；Λy 表示内生潜变量与其观测变量的关系矩阵，由 Y 在 η 上的因子载荷构成；δ 表示外生观测变量的测量误差向量；ε 表示内生观测变量的测量误差向量。

式（3）为结构模型。其中，B 为内生潜变量的系数矩阵，描述内生潜变量之间的关系；Γ 为外生潜变量的系数矩阵，描述外生潜变量 ξ 对内生潜变量 B 的影响；ζ 为结构方程的随机误差项，反映未被解释的部分。

6.3.2　分析策略

根据以上理论假设和分析方法，本研究利用 AMOS 21.0 软件，以新生代农民工的就业质量作为（潜在）因变量，以新生代农民工的社会融入作为（潜在）自变量，建构外生潜变量（制度融入、经济融入、文化融入、社会关系融入和心理融入）与内生潜变量（职业待遇整合、职业行为适应、职业文化接纳和职业身份认同）之间的结构方程模型进行分析。

首先，构建全样本模型，从总体上检验社会融入因素对新生代农民工就业质量的影响系数，以验证社会融入与就业质量之间的影响关系是否存在，其次，将样本按城市类型进行分组，对比分析不同地区新生代农民工的社会融入、就业质量以及社会融入对就业质量的影响作用，以证明地区差异的特征与规律。再次，利用工具变量方法，对社会融入与就业质量之间可能存在的内生性问题进行处理。

6.4 社会融入对新生代农民工就业质量影响的全样本分析

6.4.1 全样本模型结果检验

为了保证结构方程模型结果的适当性，必须对模型的各拟合指数和标准化后的路径系数进行检验。本研究首先采用 χ^2/df、IFI 值、CFI 值、TLI 值等 8 个指标来检验模型的拟合效果，结果显示（具体见表 6–10），模型整体绝对拟合指标 χ^2/df 的值为 1.932，小于 3.00 的参考值，属于"可接受"范围。此外，其余 7 项指标的显示值与参考值也均在可接受范围内，其中，模型的 IFI 值、CFI 值、TLI 值都大于 0.90，AGFI 值为 0.974（＞0.80），PNFI 值为 0.782（＞0.50），RMR 值为 0.649（＞0.50），RMSEA 值为 0.06（＜0.08）。因此，结构方程模型的各项拟合指标都比较理想，说明模型估计结果整体上具有较好的拟合优度，模型是可接受的，可以用于检验研究假设。

表 6–10　模型适配度检验结果

	χ^2/df	AGFI	IFI	CFI	TLI	PNFI	RMR	RMSEA
显示值	1.932	0.974	0.995	0.951	0.948	0.782	0.649	0.06
参考值	＜3.00	＞0.80	＞0.90	＞0.90	＞0.90	＞0.50	＞0.50	＜0.08
拟合情况	可接受	可接受	可接受	可接受	可接受	可接受	可接受	可接受

6.4.2 全样本模型结果分析

1. 新生代农民工的社会融入与其就业质量之间具有显著的正向关系

本研究在检验理论假设时，首先从总体上对社会融入与就业质量的相关关系进行验证，以证明二者之间是否存在相关性，其次，从社会融入着手，对不同维度社会融入与就业质量的相关影响进行检验，以证明各细分因素间存在相关关系的可能性。从图 6–1 所示的总体检验模型来看，新生代农民工的社会融入与其就业质量之间的 γ 系数为 0.759，在 1% 的统计水平上显著，说明二者之间存在显著的正相关关系，其社会融入状况越好，越有利于获得更高的就业质量，因此假设 1 成立，新生代农民工的社会融入对其就业质量具有较好的解释力。

进一步讲，新生代农民工来到城市务工的初期，乡土气息和小农意识还比较重，一般来说短期内还难以适应城市的职业技术规范和职业人际准则等，因而这段时期从事的就业岗位一般为临时性的非正规就业岗位，工作具有迷茫性与底层性特征。但随着在城市居留年限的增多和融合程度的不断推进，新生代农民工的生活方式、文化素养、社会关系也发生变化，这决定了他们在职业发展上的不同嬗变状态，特别是新生代农民工群体中的部分精英群体，他们在工作场域中积极学习新知识和接受新事物，也更加主动利用逐步积累起来的业缘关系。这些都可以增加新生代农民工的综合素质与发展机会，因而有的从底层的操作工转变为各类专业技术工作、部门经理，有的甚至开办公司、企业等。正如以往研究所指出的，农民工进城之初是改变原有的职业，进入到一些非熟练、低技术的部门工作，随着对城市生活的适应，再谋求较为固定的现代部门的工作。[①]

① 江立华. 城市性与农民工的城市适应［J］. 社会科学研究，2003（5）：92–96.

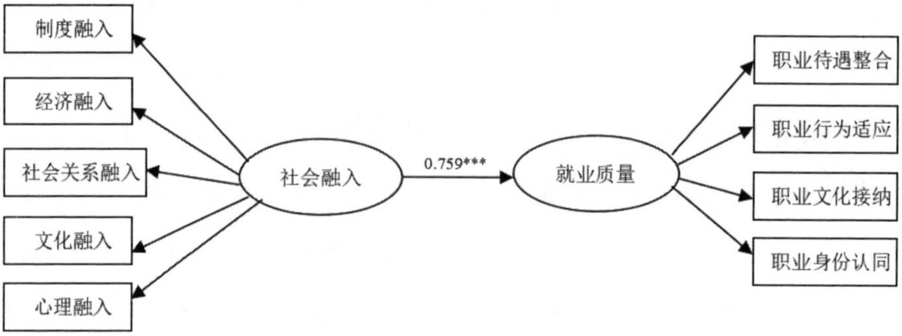

图 6–1　社会融入对就业质量影响的总体模型

注：*** 表示在 1% 的统计水平上显著

2. 社会融入不同维度对就业质量的影响程度不一

为进一步分析社会融入各个维度与就业质量间的深层次影响关系，同时也为了验证初步检验的结果，本研究对假设 2 ～假设 6 建立了 20 条路径结构来进行检验。各细分维度的检验结果如表 6–11 所示。从表 6–11 中可知，共有 16 条路径的影响系数通过了显著性检验，且社会融入不同维度对就业质量的影响程度存在一定的差异，具体来看：

第一，制度融入对 4 个就业质量维度的影响不完全相同。其中，制度融入能够显著提升新生代农民工的职业待遇整合水平。近些年来，随着我国市场经济和新型城镇化的快速发展，就业的市场化程度逐渐提高，然而，户籍制度改革与公共服务在维护新生代农民工的劳动权益、消除劳动力市场歧视方面的作用依然不能忽视。恰如以往研究所指出的，制度性歧视和权利排斥使得新生代农民工出现就业机会不平等、自由择业权不平等、工作条件和待遇不公平等，成为新生代农民工陷入就业贫困的根源。[①] 正因

① 宋宝安，刘赛特．我国农民工就业权利贫困与赋权反贫困策略研究——基于权利贫困理论［J］．山东社会科学，2017（07）：103–107.

如此，公共服务可及性水平的提高，能够有效地减少对新生代农民工的就业权益歧视，保障和提升他们的就业待遇，并增强其制度身份认同。此外，制度融入对职业身份认同也产生了显著的正向影响。制度融入过程中所获取的公共服务本身即是一个温馨、互动的共享平台，能使新生代农民工感到温暖、体贴，进而表现出更加积极的职业身份认同。不过，制度融入对职业文化接纳、职业行为适应的影响并没有通过显著性检验，可能是因为当前城市提供的公共服务比较注重职业介绍、养老医疗、社会保险、子女教育等硬性服务层面，对于职业精神培育、职业人际交往、心理调适等软性服务层面涉及不够，因此作用有限。这也预示着一些城市的户籍制度改革不能简单一转了之，而必须通过提供全方位的就业培训、文化教育等进行配套、赋权和增能，使新生代农民工能够养成现代性、城市性与适应性，成为合格、优秀的城市产业工人。因此，假设 2.1、2.4 得到了证实，假设 2.2、2.3 未通过验证，假设 2 得到了部分证实。

正如受访者小韩所说："我们在这个城市安了家，就希望政府给我们家人的待遇，比如让我们的小孩和城里的小孩一样能上学，加大医疗报销等，这样让我们感受到家的温暖，我们才更有保障，更愿意在城市工作。"（个案 28：小韩，女）

第二，经济融入对 4 个就业质量维度的影响比较一致，均具有显著的正向提升作用，假设 3、假设 3.1、3.2、3.3、3.4 均得到了证实。经济融入为新生代农民工提供了更多的经济机会，可以改善就业福利、经济地位等，并带来职业待遇整合水平的提高，这点不难理解。此外，如果新生代农民工在城市有一份体面的工作和一定的经济实力，也更有利于增加他们的工作满意度，加速他们对职业行为的适应、职业文化的接纳和职业身份的认同。

第三，文化融入对 4 个就业质量维度也均产生了一致的正向影响，假设 4、假设 4.1、4.2、4.3、4.4 均得到了证实。文化融入反映了新生代农民工在语言传媒、价值观念、生活方式等方面的文化涵化状况，相当程度上是文化素质的象征，也是农民工融入城市的动力，[①]不仅有助于新生代农民工积累口才、法律、营销等方面的知识与技能，同时还能促使新生代农民工增加其对非农职业的理解与融入，因而是提升新生代农民工各个方面就业质量的一个重要途径。

访谈中，几位受访者生动地道出了文化融入对新生代农民工就业的优势。

小伙子涛涛说道："在农村的话穿衣打扮也没什么讲究，来城市后就经常会去商场或者淘宝上买衣服，也买过不少品牌，比如耐克的 T 恤、新百伦的鞋等，穿得不好上班都不好意思见人，穿得好自己也更高兴，上班都会更有自信心。"（个案 29：涛涛，男）

小姑娘丽丽是江西宜春人，她在一家服装厂当检验员："以前都不懂如何化妆，现在在大城市生活久了，也开始用面膜、化妆品、护肤品、做头发啥的，希望能像办公楼、写字楼里的白领一样，活得精致一点。"（个案 30：丽丽，女）

1982 年出生的小林在上海打拼 10 多年了，目前自己在上海开一家面馆。小林目前能说一口流利的上海话，不知道的甚至以为她是上海人。"学方言不仅是学到了上海话，而且也交流了很多的信息，你看我现在开着的这个面馆，就是在和上海的朋友聊天中得知的，现在每天的生意都忙不赢，把老家的几个姨娘都带过来了，养活了一大家子人。而且每天来往的客户

① 罗明忠，卢颖霞. 农民工的职业认同对其城市融入影响的实证分析［J］. 中国农村观察，2013（05）：10–23，95.

当中也有很多说上海话的，试想下，如果语言都不通，怎么能和客户打交道，怎么会有好的就业机会和岗位？”（个案 31：小林，女）

此外，在访谈中，我们还发现部分新生代农民工比较重视自身文化素养的提升、行业知识的学习等。小于说：“我平常爱看国内外时政热点，还有经济新闻，上网查一些跟我工作、行业有关的信息和资料，没事也看看创业的知识等，以前没读什么书，现在要补起来，让自己多学学多看看，更有内涵，提高自己的就业竞争力。”（个案 32：小于，男）

脏乱的着装，木讷的语言，蹩脚的普通话，这些老一代农民工身上的文化特征，使他们一眼看上去就离城市职业人的差别很大。而现在，随着新生代农民工自身文化素质的提高和城市居留时间的积累，新生代农民工开始自觉或不自觉地习得城市的文化，并从城市人身上学到更多的现代性元素，比如穿着时尚得体、注重上下班时间观念、关注新闻热点、学习文化知识等。这些都是城市职场中较为流行的工作和生活时尚，新生代农民工通过接受和习惯于这样的城市融入过程，无疑有助于他们成为一个城市化、职业化的职场人，进而为获得高质量就业提供更多的可能性。

第四，社会关系融入对职业待遇整合、职业行为适应、职业身份认同 3 个维度产生了显著正向影响，对职业文化接纳的影响则不显著。社会关系融入为新生代农民工在就业中提供了更多可利用的地位资源，有利于促进职业待遇整合。此外，社会关系融入也意味着人际交往技能的提升和个人关系网的延伸，从而有助于加强人际、心理等方面的职业适应，促进职业身份认同的转变。社会关系融入对于职业文化接纳的影响不显著，可能职业文化接纳不仅受新生代农民工自身因素的影响，同时也受企业用工制度和人力资源管理风格的影响，因此社会层面的关系融入难以发挥有效的作用。因此，假设5.1、5.2、5.4得到了证实，假设5.3未通过验证，假设5得到了大部分证实。

我们在访谈中发现，新生代农民工就业过程中的适应与成长有不少来源于其社会交往圈的扩大。这体现了社会关系融入对职业适应、职业认同等的影响。

小崔老家是安徽六安地区的，经过十几年的打拼，他在上海买了车，成了家，很喜欢上海："有句话说得好，你是谁并不重要，重要的是你和谁在一起。这个社会就是这样，像我2004年刚来上海的时候，不管是去超市买东西，还是坐公交车和地铁，我都感觉本地人蔑视我们外乡人，他们嫌我们土，穿衣服脏，身上又有一股汗味，所以不愿与我们来往，他们不认同我们，我们也没必要认同他们。所以那会儿周围朋友大部分都是和我一样工作刚起步、没学历的老乡亲戚，虽然关系都很好，但毕竟圈子有限，而且平时没事就是打牌、睡觉什么的，这种情况下也没有想着怎么提高自己，没有技术，看不到希望，几度想回老家生活。但是，坚持就是胜利，我还是扛过来了，而且环境真的能够改造人，现在你看我认识的人多了，见多识广了，像我现在工作的单位就有几个本地的同事，我发现他们也没传说中的那样，什么上海人抠门、小气、瞧不起外地人，而且我跟这些本地人在一起也称兄道弟，经常吃饭喝酒，甚至是推心置腹地交流，他们家结婚生子什么的，也会邀请我去，所以我现在觉得本地人还是很值得信赖的。我从他们身上学习到的东西也蛮多的，比如以前我连坐电梯、握手、吃饭点什么菜等工作中的礼仪都不懂，现在适应多了，入乡随俗，希望以后能够在这里获得更好的发展。"（个案33：小崔，男）

第五，心理融入对职业待遇整合、职业行为适应和职业身份认同具有显著的正向影响。农民工的劳动供给行为不仅基于经济理性最大化，而且与社会理性和情感理性紧密联系。[①] 尤其是对于新生代农民工而言，他们相比于老一代农民工有着更加强烈的城市融入意愿，因此心理融入对于新生代农民工而言也是非常重要的。心理融入水平的提高能够增强新生代农民工对城市的归属感、认同感和就业的稳定性，使他们以更加积极、乐观的姿态应对工作中的挑战，从而实现更高质量的适应与认同。这一结果进一步证实了以往研究关于城市身份认同对农民工就业质量影响的相关结论[②]。但是，心理融入对职业文化接纳的影响则不显著，进一步表明职业文化接纳比较滞后和困难，可能需要更长的时间和用工环境的改善，而并非主观想象那么简单。因此，假设 6.1、6.2、6.4 得到了证实，假设 6.3 未通过验证，假设 6 得到了大部分证实。

在长沙市一个流水线上工作的小何渴望融入城市，诚如他所说："不想今天在这个城市打工，明天在那个城市打工，还是想在这个城市稳定下来，像本地人一样在这里安居乐业，找到归属感，否则的话在城市工作就会很难受，做事情也提不起精神。"正是怀着这样一种积极的心理意愿，小何在工作中也是非常认真，操作机器非常熟练，得心应手，成为车间中的一个业务能手。（个案 34：小何，男）

① 邓睿，冉光和．子女随迁与农民工父母的就业质量——来自流动人口动态监测的经验证据［J］．浙江社会科学，2018（01）：66–75．

② 邓睿．身份的就业效应——"城市人"身份认同影响农民工就业质量的经验考察［J］．经济社会体制比较，2019（05）：91–104．

表 6-11　全样本模型各路径系数估计结果

路径	非标准化估计系数	标准化估计系数	C.R.（t 值）
职业待遇整合←制度融入	0.379	0.292***	0.647
职业行为适应←制度融入	0.070	0.012	0.085
职业文化接纳←制度融入	0.256	0.464	3.906
职业身份认同←制度融入	0.513	0.425***	7.347
职业待遇整合←经济融入	0.762	0.641***	6.943
职业行为适应←经济融入	0.745	0.623***	5.921
职业文化接纳←经济融入	0.434	0.417***	6.592
职业身份认同←经济融入	0.791	0.768***	6.048
职业待遇整合←文化融入	0.556	0.535***	3.796
职业行为适应←文化融入	0.437	0.496***	4.225
职业文化接纳←文化融入	0.672	0.504**	6.482
职业身份认同←文化融入	0.395	0.358***	4.375
职业待遇整合←社会关系融入	0.348	0.291***	0.026
职业行为适应←社会关系融入	0.373	0.378***	3.842
职业文化接纳←社会关系融入	0.059	0.054	1.515
职业身份认同←社会关系融入	0.141	0.093**	1.659
职业待遇整合←心理融入	0.304	0.308***	0.336
职业行为适应←心理融入	0.209	0.175*	2.087
职业文化接纳←心理融入	0.092	0.116	4.183
职业身份认同←心理融入	0.454	0.382***	5.806

注：*、** 和 *** 分别表示在 10%、5% 和 1% 的统计水平上显著

由上述分析可知，社会融入对新生代农民工的就业质量具有显著正向影响，尤其是经济融入、文化融入的影响最大，能显著提升四个维度的就业质量。此外，制度融入、社会关系融入和心理融入的影响也不容忽视，其中，社会关系融入和心理融入对职业待遇整合、职业行为适应和职业身份认同具有显著影响，制度融入对职业待遇整合、职业身份认同具有显著影响。这说明，总体上来讲，新生代农民工就业质量的提升，既受制度、经济、社会、文化等客观融入状态的影响，同时也受到主观融入态度的影响，前者为新生代农民工的就业质量提供良好的物质文化效用和客观保障机制，后者则提供心理调节和主观福利机制，这都有助于促使新生代农民工形成满意的劳动参与意愿和积极的劳动参与行为，最终有助于实现高质

量就业。

6.5　社会融入对新生代农民工就业质量影响的地区差异分析

我国是一个城市类型多样的国家，在不同城市，经济发展水平、政策制度、城市特性、人口结构各有不同，导致新生代农民工的社会融入环境也有差异，由此可能影响到其就业质量表现，使得社会融入对新生代农民工就业质量的影响呈现出地区差异。为验证这个理论设想，我们将调查数据分为超大城市、大城市、中小城市三类样本，分别对它们的社会融入、就业质量以及社会融入对就业质量的影响作用进行对比分析。

6.5.1　新生代农民工社会融入与就业质量水平的区域比较

1. 不同地区新生代农民工的社会融入差异

表 6–12 显示，不同城市地区新生代农民工的社会融入度水平有显著差异性。已有研究发现，农民工社会融入水平在不同区域、不同等级城市存在差异，但得出的结论并不一致，甚至完全相反。例如，有研究发现三线城市社会融入水平最高、二线次之、一线城市最低。① 也有研究发现城市规模与社会融入水平之间呈倒 U 形关系，即大城市和小城市社会融入水平较低，中等城市社会融入水平更高②。同时又有研究认为城市规模与社

① 胡书芝，陈成文．城市融入的区域比较与城市化道路选择——基于广州、长沙、柳州 900 户乡城移民家庭的模型分析［J］．经济地理，2014（6）：85–89.

② 朱明宝，杨云彦．城市规模与农民工的城市融入——基于全国 248 个地级及以上城市的经验研究［J］．经济学动态，2016（04）：48–58.

会融入水平之间呈正 U 形关系，即大城市和小城市社会融入水平高于中等城市。[①] 本书与第一类研究的发现比较一致，即总体上，城市规模越大，新生代农民工社会融入度越低，具体表现为中小城市社会融入度最高、大城市次之、超大城市最低。

此外，在社会融入的不同维度，各个城市之间也存在显著的差异，并呈现非单一的复杂性特征。其中，超大城市经济发展比较活跃，因此在经济融入领域具有优势。中小城市新生代农民工的迁移距离较短，与城市的心理、文化和社会隔阂较小，因此社会关系融入、文化融入和心理融入水平处于领先地位。另外，由于超大城市对外来人口实施严格的户籍限制，以及中小城市的公共服务水平和质量还不成熟，导致大城市的制度融入水平相对较好。

表 6-12　不同地区新生代农民工的社会融入水平比较

	制度融入	经济融入	文化融入	社会关系融入	心理融入	社会融入度
超大城市	39.47	56.42	40.12	39.64	55.32	46.19
大城市	54.38	51.86	43.26	42.05	59.24	50.15
中小城市	52.23	49.61	45.53	49.18	69.15	53.14
T 检验	6.97***	7.95***	6.74**	6.83***	4.73*	5.88***

注：*、**、*** 分别表示在 10%、5% 和 1% 的水平下显著

2. 不同地区新生代农民工的就业质量差异

关于新生代农民工就业质量（尤其是职业适应、职业认同等方面）在不同地区、不同规模城市之间的差异，相关研究并不多见，仅有的少数研究大多针对工资待遇水平的地区差异进行了分析，而且得出的观点也并不

① 张文武，欧习，徐嘉婕．城市规模、社会保障与农业转移人口市民化意愿［J］．农业经济问题，2018（09）：128-140.

统一。例如，大多数研究认为城市规模越大，经济发展的“厚劳动力市场效应”和“学习效应”越为显著，因此不仅工资水平越高，同时在总的就业质量方面也更加具有优势，从而吸引农民工偏爱大城市。[①] 这种优势即使是在控制住生活成本以后，城市规模与农民工工资水平之间仍呈显著正相关关系。[②] 但也有研究表明，如果以实际工资来看，把大城市的物价、生活成本、选择偏差等因素考虑进来，则大城市并不存在工资和就业质量上的优势，甚至有可能转换为劣势。[③] 本书与前者的研究发现比较一致，即总的来讲，不同地区新生代农民工的就业质量水平存在显著差异，表现为城市规模越大，经济发展的规模效应和集聚效应越强，由此导致就业质量呈梯度上升的变动特征（见表 6–13）。

从就业质量的不同维度来看，除了职业身份认同水平没有显著差异之外，其他维度在各个城市新生代农民工之间均存在显著的差异。其中，超大城市职业待遇整合和职业文化接纳水平高于大城市和中小城市，中小城市职业行为适应状况好于超大城市和大城市，这与前文的回归分析结果是一致的。

① 胡斌红，杨俊青. 农民工为何“偏爱”大城市？——基于城市规模与农民工就业质量的研究［J］. 学习与实践，2019（06）：24–34.

② 周密，罗婷婷，赵晓琳，谭晓婷. 城市规模与农民工工资溢价效应——基于教育 – 工作匹配视角［J］. 农业技术经济，2018（08）：35–43.

③ 宁光杰. 中国大城市的工资高吗？——来自农村外出劳动力的收入证据［J］. 经济学（季刊），2014，13（03）：1021–1046.

表 6-13　不同地区新生代农民工的就业质量比较

	职业待遇整合	职业行为适应	职业文化接纳	职业身份认同	就业质量
超大城市	46.24	45.16	44.47	50.31	46.55
大城市	42.63	47.09	37.35	52.46	44.88
中小城市	33.68	51.62	34.26	46.74	41.58
T 检验	4.91***	2.51**	4.65***	3.52	4.39***

注：*、**、*** 分别表示在 10%、5% 和 1% 的水平下显著

通过以上两方面的结果不难看出，不同地区新生代农民工的社会融入与就业质量水平均存在显著的地区差异特征，显示出现阶段新生代农民工社会融入进程与就业的分化特征。那么，不同地区新生代农民工的社会融入与其就业质量之间的影响关系是否存在差异？这就需要分别建立三类地区的分析模型来回应和验证。

6.5.2　新生代农民工社会融入对其就业质量影响效应的区域比较

将 3 个样本的数据代入结构方程模型后，结果显示社会融入对超大城市、大城市、中小城市新生代农民工就业质量的标准化路径系数分别为 0.785、0.629、0.501，且分别在 1%、1% 和 5% 的统计水平上通过显著性检验（见表 6-14）。这说明不同地区新生代农民工的社会融入度对其就业质量均有显著影响，且社会融入因素对超大城市新生代农民工就业质量状况的解释力最高，大城市次之，中小城市受社会融入的影响最低。

表 6-14　不同地区新生代农民工社会融入与其就业质量的关系结构

城市类型	路径	标准化路径系数
超大城市	社会融入→就业质量	0.785***
大城市	社会融入→就业质量	0.629***
中小城市	社会融入→就业质量	0.501**

注：** 和 *** 分别表示在 5% 和 1% 的统计水平上显著

表 6–15 给出了分组样本的具体路径分析结果，从中可以发现社会融入变量的影响作用与全样本模型比较一致，这里不再赘述，接下来本研究将主要分析社会融入对就业质量影响的地区差异特征。总的来看，表 6–15 显示，3 个分组样本通过检验的路径数目不同，标准化估计系数以及显著性程度也有不同，其中，超大城市的样本有 15 条路径通过显著性水平检验，中小城市的样本则只有 9 条。大城市样本通过检验的路径数目虽然也有 15 条，但其标准化估计系数（或显著性程度）要普遍低于超大城市模型。因此，整体而言，超大城市模型中通过显著性检验的影响因素明显更多，同时，其影响程度要普遍高于大城市模型和中小城市模型。以下进行具体的分析：

首先，制度融入对超大城市、大城市新生代农民工的职业待遇整合、职业身份认同均有显著正向影响，对中小城市的影响则没有通过显著性检验。这可能是因为，在大城市尤其是超大城市，户籍身份作为一种先赋因素，让外来农民工难以获得平等的医疗、就业、教育等市民待遇，其资源禀赋与本地居民有着先天不足，使得新生代农民工的就业质量缺乏有效的制度保障。换言之，大城市尤其是超大城市的户籍含金量较高，但同时制度排斥更明显，人口调控更为严格，这种情况下越是能够在制度上实现社会融入，就越有利于赋予新生代农民工更多的就业保障权利，从而帮助他们提升就业质量。与之相比，中小城市户籍含金量较低，各类公共服务资源质量和水平与大城市、超大城市相差很远，对新生代农民工的吸引力比较小，加上户籍制度改革力度较大，城市户籍的作用大大下降，因此制度融入对新生代农民工就业质量的影响也就不显著。

其次，经济融入对不同地区城市新生代农民工各维度的就业质量均有显著正向影响，且对超大城市的影响系数和显著性程度最高，其次是大城市，中小城市最低。大城市尤其是超大城市经济发达，发展机会多，工资水平高，产业多样化，职业培训制度和劳动力市场环境相对规范，这不仅是吸引广大年轻的农民工向大都市集聚的动力，同时也给新生代农民工的经济融入带来了更高的学习便捷度和溢出效应，使新生代农民工可以学习到更多更有价值的维权意识、职业知识技能等，从而更快地融入现代劳动力市场之中，实现高质量就业。与之相比，中小城市的经济发展水平落后，受限于财力资源，地方政府和用人单位对劳动保护和提升措施供给相对不成熟，而且中小城市新生代农民工多为自营劳动者①，其社保、住房公积金等福利缺失明显，相关的职业培训和教育也不足，导致在职业福利、职业精神、职业知识技能提升等方面都很难真正融入城市劳动力市场，因此较差的经济融入质量使得其对就业质量的影响也有限。

再者，文化融入对超大城市、大城市新生代农民工的就业质量同样产生了显著影响，对中小城市的影响则没有通过显著性检验。其原因在于，大城市尤其是超大城市吸纳的人口范围比较广，以跨区域流动的人口为主，根据迁移距离和圈层理论，流动距离越大，语言、生活方式等差异越大。因此，语言等文化融入对超大城市新生代农民工的就业质量很重要。以往研究也表明，掌握语言技能能够增强社会认同、减少歧视，从而有利于创业等经济活动的展开。②与之相比，中小城市吸引的人口范围比较小，多为就近迁移、就地就业者，其与流入地的语言习惯、生活方式、风土人情

① 林李月，朱宇，柯文前，等．基本公共服务对不同规模城市流动人口居留意愿的影响效应［J］．地理学报，2019，74（04）：737–752.

② 魏下海，陈思宇，黎嘉辉．方言技能与流动人口的创业选择［J］．中国人口科学，2016（6）：31–36．

等文化差异小，大大降低了文化冲击带来的不适应感，因此不足以对其就业质量产生显著性影响。

此外，社会关系融入对不同地区新生代农民工就业质量的影响也呈现随城市规模增大而依次上升的变动规律。具体而言，在大城市特别是超大城市，新生代农民工流动范围比较大，远离了家庭和亲朋好友的庇护，对当地社会关系资源的挖掘利用就显得非常重要。同时，大城市、超大城市面临制度和社会的双重排斥，城市居民对外来务工人员的社会接纳意愿低，使得跨区域流动者在就业机会、就业空间等方面面临更多的困扰，这反过来对其就业质量产生较大的影响；中小城市虽然人脉资源、社会关系在新生代农民工求职就业当中也比较重要，但由于不同群体之间的社会距离较小，群际关系复杂度相对单一，因此减弱了其影响效应。

最后，心理融入对三类地区新生代农民工的职业待遇整合、职业身份认同均在 1% 的统计意义上产生了显著性影响，差异不是特别明显。这说明无论是在大城市、超大城市，还是在中小城市，心理融入对新生代农民工就业质量的作用都是比较重要的。尽管生存和经济理性依然是许多新生代农民工进城务工的主要动机，但是，与老一代农民工相比，新生代农民工更加注重精神体验和心理感受，他们怀着诗和远方的梦想去城市开阔眼界、闯荡城市。因此良好的心理融入更能使他们在城市找到归属感、认同感，从而减少就业流动性，激发出更大的创造力和工作积极性去实现他们的城市梦，最终有利于提升其就业质量水平。这一结果也说明，相比于老一代农民工，新生代农民工的就业质量不仅取决于制度、经济、社会、文化等客观的社会融入水平，同时还取决于他们在城市的心理融入状况，较高的经济、社会、文化和制度融入水平或许可以在短期内提高新生代农民工的就业质量，但若想长期稳定地提升新生代农民工的就业质量，则需要从增强他们的心理融入水平着手来提高其在城市的发展意愿和归属感。

表 6-15　不同地区分组检验的标准化路径估计结果

路径	超大城市		大城市		中小城市	
	路径系数	C.R.（t 值）	路径系数	C.R.（t 值）	路径系数	C.R.（t 值）
职业待遇整合←制度融入	0.376***	5.312	0.235**	3.017	0.145	2.989
职业行为适应←制度融入	0.164	2.391	0.083	1.104	0.029	0.657
职业文化接纳←制度融入	0.089	3.190	0.042	1.249	0.028	0.832
职业身份认同←制度融入	0.575***	6.393	0.437***	3.980	0.210	3.533
职业待遇整合←经济融入	0.845***	6.274	0.782***	5.473	0.632**	5.061
职业行为适应←经济融入	0.832***	6.351	0.706***	5.081	0.422**	4.370
职业文化接纳←经济融入	0.635***	5.082	0.543***	5.835	0.236**	4.119
职业身份认同←经济融入	0.871***	6.472	0.785***	5.247	0.674**	3.054
职业待遇整合←文化融入	0.676***	5.198	0.485**	2.185	0.219	1.016
职业行为适应←文化融入	0.468***	6.328	0.324**	3.591	0.025	1.524
职业文化接纳←文化融入	0.443***	4.837	0.392**	3.259	0.106	2.273
职业身份认同←文化融入	0.388***	5.735	0.293**	4.063	0.238	3.376
职业待遇整合←社会关系融入	0.459***	2.420	0.387**	0.035	0.373**	0.694
职业行为适应←社会关系融入	0.405***	7.068	0.346**	3.789	0.308*	1.293
职业文化接纳←社会关系融入	0.161	1.234	0.059	1.995	0.027	0.706
职业身份认同←社会关系融入	0.237***	4.372	0.118**	2.264	0.053*	2.085
职业待遇整合←心理融入	0.216***	3.480	0.191***	2.783	0.189***	1.047
职业行为适应←心理融入	0.536	1.287	0.297	1.527	0.096	1.066
职业文化接纳←心理融入	0.642	2.652	0.471	1.092	0.208	1.728
职业身份认同←心理融入	0.331***	2.041	0.314***	1.413	0.305***	1.839

注：*、** 和 *** 分别表示在 10%、5% 和 1% 的统计水平上显著

6.6　内生性问题处理

上文利用结构方程模型，验证了社会融入对新生代农民工就业质量的影响效应及其地区差异，但由于模型可能遗漏了重要变量，加上新生代农民工社会融入与就业质量之间可能存在反向的因果关系，即就业质量越高的新生代农民工，更容易融入城市社会，导致模型结果估计不可靠。对此，

本书尝试用工具变量方法来控制潜在的内生性问题。首先将社会融入和就业质量分维度指数进行加总，生成一个总的“社会融入”和“就业质量”变量，其次借鉴周世军等的研究[①]，选择“家庭耕地面积”和“是否享有新农合”两个变量作为“社会融入”的工具变量进行内生性检验与分析。一般认为，家庭耕地面积越多，新生代农民工离土离乡成本越高，越不利于融入城市，同样地，拥有新农合增加了新生代农民工回流的可能性，也容易对市民化和城市融入造成影响。[②]但是耕地面积和新农合参与状况不会直接影响到个体的就业质量。因此，本书所选择的工具变量在理论上具有合理性。

由于社会融入与就业质量均为连续变量，常用的工具变量方法是两阶段最小二乘法（2SLS）。因此接下来本研究将采用两阶段最小二乘法（2SLS）进行工具变量回归，并对结果依次进行弱工具变量检验、过度识别检验和内生性检验（见表 6-16）。从第一阶段的回归结果中可以看出，“家庭耕地面积”和“是否拥有新农合”两个工具变量分别在 1%、5% 的水平上对“社会融入”有显著影响，说明不存在弱工具变量问题；Sargan 检验的 *P* 值为 0.48，即无法推翻原假设，说明工具变量是有效的、外生的；此外，内生性 Hausman 检验的 *P* 值为 0.315，没有通过显著性检验，说明无法拒绝社会融入为外生变量的原假设。综上所述，本书选用的工具变量既不存在弱工具变量问题，也不存在内生性问题。在使用工具变量回归后，新生代农民工的社会融入对其就业质量依然有显著的正向影响，再次印证了前文实

① 周世军，刘丽萍，卞家涛．职业培训增加农民工收入了吗？——来自皖籍农民工访谈调查证据［J］．教育与经济，2016（01）：20–26.

② 石智雷，朱明宝．农民工社会保护与市民化研究［J］．农业经济问题，2017，38（11）：77–89，111–112.

证分析结果具有稳健性。

表 6–16　社会融入对新生代农民工就业质量影响的 TSLS 回归结果

解释变量	2SLS		OLS
	第一阶段（因变量：社会融入）	第二阶段（因变量：就业质量）	
家庭耕地面积	–0.125***	——	——
是否享有新农合	–0.093**	——	——
社会融入	——	1.283***	0.974***
其他变量	已控制	已控制	已控制
调整的 R^2	0.215	0.302	0.286

注：*、** 和 *** 分别表示 $P < 0.1$、$P < 0.05$、$P < 0.01$；模型拟合中引入的控制变量包括性别、年龄、婚姻状况、就业岗位、受教育程度

6.7　总结与讨论

本章研究利用结构方程模型，从制度融入、经济融入、文化融入、社会关系融入、心理融入 5 个方面，分析和验证了社会融入对新生代农民工就业质量的影响效应及其地区差异。在处理了内生性问题后，得出了以下主要研究发现：

（1）社会融入因素对新生代农民工的就业质量均产生了显著的正向影响，经济融入、文化融入、社会关系融入、制度融入和心理融入均能够有效地促进新生代农民工就业质量的提升。事实上，作为一个特殊的跨城乡流动的就业群体，新生代农民工面临的不仅仅是物理空间的移动，更加是整个生存和发展环境的巨变与重置。如果新生代农民工不能很好地适应这种环境的变迁，那么不仅会给新生代农民工造成很大的压力，同时也会影响工作任务完成的质量，打击其职业发展信心，最终给就业质量带来不利影响，因此对城市各方面的适应与融入状况就成为影响新生代农民工能否获取高质量就业的特殊因素，其就业质量的结果在很大程度上体现了新

生代农民工在制度、经济、文化、社会和心理等不同维度上和城市社会融合与嵌入的效果。

（2）不同地区新生代农民工的社会融入、就业质量以及社会融入对就业质量的影响均具有显著的区域差异性特征。总的来讲，在社会融入方面，中小城市新生代农民工水平最高，大城市次之，超大城市最低；在就业质量方面，超大城市新生代农民工水平最高，大城市次之，中小城市最低；在社会融入对就业质量的影响方面，超大城市的影响作用最为突出，其次是大城市，中小城市的影响最小，分维度来看，心理融入对不同地区就业质量的影响没有特别明显的差异，但经济融入、文化融入、制度融入、社会关系融入等客观融入状态的影响差异较大，成为不同地区新生代农民工就业质量差异形成的主要来源。以上结果也表明，虽然中小城市的社会融入水平高于大城市和超大城市，但并没有带来更高的就业质量，而超大城市社会融入水平尽管低于大城市和中小城市，却带来了更高的就业质量。这看似不符合逻辑却有其合理性，说明社会融入对就业质量的影响与不同地区社会经济发展环境和社会融入质量的差异有关，或者说，城市规模越大，社会经济发展水平与社会融入质量越高的地区，越有利于发挥社会融入对就业质量的影响作用。

具体而言，超大城市人口拥挤，生存压力大，社会和制度排斥明显，人在他乡的漂泊感、孤独感强烈，使得新生代农民工融入超大城市的难度大、水平低，但这反过来也彰显了超大城市社会融入的优势与价值，一旦新生代农民工能够较好地融入超大城市，新生代农民工也就能获取更多的社会关系资源、更平等的公共服务、更有价值的文化素养，那么便有可能促使新生代农民工获得工资福利待遇更高的就业岗位。此外，超大城市的优势还在于它能够为新生代农民工提供一个较为良好的经济、文化等社会融入的参照环境。因为超大城市经济比较发达，人口受教育程度高，思想观念先进，产业结构以第二、第三产业为主，公司正规化、现代化甚至国际化程度比较高，教育培训等各类资源优势也明显，这些较好的经济文化环境和发展态势增强了超大城市社会融入的质量和弹性效应，表现为即便融入的绝对水平不高，但通过融入度的小幅增加也有助于获得更好的社会融入成就与质量，进而显著提升新生代农民工各方面的就业质量。

相比于超大城市，中小城市制度、社会排斥小，购房和生活成本低，在城市融入上相对容易、更有优势，但受制于城市本身难以产生社会经济发展的集聚效应和学习效应，使得社会融入的质量相对较低，进而制约了社会融入的作用发挥。换言之，中小城市的经济发展中传统农业比重大，工业多处于产业链的低端，现代工业和现代企业制度发展滞后，且在价值观念、文化风俗、人口素质等方面和农村有很多相似性。这些不利的工作氛围和社会经济发展环境使得新生代农民工即便社会融入水平较高，也不能很好地触发其职业转变和发展，因此对就业质量的影响有限。

至于大城市，其在社会融入的门槛、成本方面低于超大城市而高于中小城市，在公共服务质量、就业机会、经济发展水平、人口文化素质等方面好于中小城市，但与超大城市还有差距。这决定了大城市新生代农民工的社会融入水平和质量介于超大城市和中小城市之间，并进一步导致其对就业质量的影响也处于中间层次。

以上研究结果对于政策制定与完善具有一定的启示意义，提示相关部门一是要进一步提高新生代农民工在城市的社会融入度，这不仅是以人为本的新型城镇化的内在要求，同时也是提升其就业质量的必要之举。具体要关注新生代农民工的制度融入、经济融入、社会关系融入、文化融入和心理融入状况，通过全方面提升新生代农民工的社会融入水平，使新生代农民工在城市稳定就业、高质量就业。二是要着眼区域差异，厘清不同地区城市在社会融入与就业质量问题上的特殊表现，从而有针对性地加以推进。其中，对于大城市和超大城市而言，要着力提升新生代农民工社会融入的水平，尤其要提升新生代农民工在经济、制度、社会和文化方面的社会融入水平，比如政府需要积极探索居住证、户籍制度改革的有效措施，满足新生代农民工对公共服务的需求，另外，要积极改善市民对新生代农民工的交往态度，消除社会排斥和歧视等，吸纳新生代农民工参与城市的文化活动，帮助新生代农民工积累城市文化资本和就业能力，从而获得更高的就业质量。对于中小城市而言，则要着力提升新生代农民工社会融入的质量，通过提高城市本身的社会经济发展水平和公共服务质量，使身处其中的新生代农民工耳濡目染、学习涵化，从而提高社会融入的质量，进而来实现更高质量的就业。

第 7 章　全面提升新生代农民工就业质量的对策建议

2017 年 4 月，中共中央、国务院发布了《中长期青年发展规划（2016—2025）》，从青年就业创业、青年社会融入与社会参与等 10 个方面为青年人口的健康发展指明了方向。青年兴则国家兴，青年强则国家强。青年一代是中国特色社会主义建设的生力军，是实现“两个一百年”奋斗目标、实现中华民族伟大复兴中国梦的重要力量。作为青年群体的一个重要组成部分，新生代农民工兼具青年和流动的双重身份，是我国城镇化、工业化和现代化建设的一股关键力量，也为企业和社会经济的发展注入了满满的青春活力。能否满足好青年农民工的就业需求，维护好青年农民工的就业权益，解决好青年的就业问题，直接决定着这支生力军在现代化、工业化进程中是否有强劲的战斗力。

然而，通过前文分析可知，从社会融入的角度看，受制度阻隔、社会排斥、文化隔离和自身人力资本不足等因素的制约，新生代农民工中的大多数人就业质量仍然偏低，不仅工资福利等职业待遇整合水平偏低，同时在职业行为适应、职业文化接纳和职业身份认同等层面也难以有效融入城市劳动力市场中。因此，从这个角度来说，要提高新生代农民工的就业质量，就必须全面、精准了解他们的就业特征，有效解决他们在职业待遇整合、职业行为适应、职业文化接纳和职业身份认同过程中遇到的问题，并通过构建良好的社会融入环境，推动制度融入、经济融入、文化融入、社会关系融入和心理融入等全方位的融入，为新生代农民工实现由生存型向发展型、由区隔型向融入型的就业转型提供支撑、创造条件，最终实现高质量就业的人生理想。具体而言，根据研究结果，可以从“多元主体整合、四个维度引领、城市融入驱动” 三个方面出发，采取以下主要对策来提升新生代农民工的就业质量。

7.1　以协同治理为基础，构建就业支持系统网络

新生代农民工就业质量的提升，并不仅仅是新生代农民工自身的事情，也是各级政府、各类用人单位的事情。所以，建立起政府、用人单位和新生代农民工自身就业支持网络系统，对于帮助新生代农民工实现高质量就业至关重要。

7.1.1　政府加强组织领导，创造良好的宏观就业环境

对于新生代农民工的就业质量而言，政府的责任和监管是必不可少的，政府要发挥组织领导职能，逐步形成岗位开发、维权监管、技能指导等一整套完善的工作机制，为新生代农民工打造一个公平、包容、有序和良性运行的宏观就业环境。具体可以通过以下途径展开：

第一，抓岗位信息重“举荐”。

提升新生代农民工的就业质量首先要保证新生代农民工有岗位就业。当前“招工难、就业难”现象仍然并存，一方面许多岗位虚位以待；另一方面许多新生代农民工找不到合适的岗位。这种状况就造成了新生代农民工与用人单位在求职过程中的信息不对称。因此，政府要破除由于信息不对称带来的就业屏障，以“爱心、热心、贴心、诚心、责任心”更好地为新生代农民工提供优质的“送岗位、送信息”服务。

一是要积极开辟多种渠道开发岗位，主动与企事业单位取得联系，广泛收集和掌握适合新生代农民工务工的就业信息，并进行举荐。

二是要牵头建立一些公益性的职业中介机构。目前，我国的职业中介机构很多都是营利性的，并且不规范。新生代农民工要通过这些机构就业的话，要付出较高的成本，如各种中介费、担保费和面试费等。所以要建立一些真正公益性的专门为促进新生代农民工就业的服务机构，通过这些机构将新生代农民工的职业要求与用人单位的要求联系起来，有针对性地开展各种人才招聘活动，来达到促进新生代农民工就业的目的。

三是要善于在移动互联网和自媒体的背景下利用“大数据、互联网+、云计算”等互联网技术，搭建专门的就业信息公布平台，例如APP、移动客户端和微信公众号等，全面实现公共就业服务全程网络化、信息化、智能化，这样用人单位和新生代农民工就业都可以通过这个平台实时获取到分门别类的就业信息，相互了解各自的需要，从而进一步提高信息对称程度，帮助新生代农民工进行有目的性的职业选择，做到有的放矢。

第二，抓就业法规促“监管”。

政府要进一步完善劳动市场中的法律法规和规章制度，加大对用人单位的劳动关系监管和惩戒力度，用强制性的力量来保证劳动力市场的公正、合法与合规。具体而言，在就业法律法规和维权上：

一是要进一步落实和贯彻好劳动合同法。劳动合同的签订落实，将有助于提升新生代农民工的就业稳定性，提高新生代农民工的工资和福利水平。因此，要加强对劳动合同法的执行力度和对企业的监督，严格要求企业遵守劳动合同法，从源头上解决用人单位不重视劳动合同签订工作、劳动合同管理混乱的问题。

二是要进一步加强和完善社会保险法的落实推广，特别是要加强社会保险法在外资、个体、私营等体制外企业中的执行力度。社会保险法是维护弱势就业群体权益的基本保障制度，目前在许多单位中，对其的一些相关规定执行不彻底，或者根本就没有。

三是要加大劳动保障执法监察力度，定期和不定期开展新生代农民工工资支付等情况专项检查活动，严厉打击恶意欠薪、克扣工资等违法行为，切实维护新生代农民工合法权益。

四是要畅通农民工维权渠道。按照“科学化、制度化、规范化、常态化”的要求，在司法、工会、劳动等部门之间建立维权工作协作机制，通过设立维权 APP、微信公众号、现场讲解等方式，为新生代农民工提供工伤赔偿、拖欠工资、休息休假等方面的维权培训，增强广大新生代农民工的维权意识和自主、科学、合理的维权本领。

第三，抓职业指导强“技能”。

新生代农民工的就业需要科学的指导，更需要对他们进行专门的职业教育活动。目前，我国新生代农民工就业体制中一个明显的缺陷，就是缺乏明确的职业指导和教育制度。因此，授人以鱼，不如授人以渔，政府必须要用相关的政策措施督促相关职能部门建立起专业化的职业指导制度和教育制度，在新生代农民工就业过程中形成常态化的就业指导和教育模式。

一是要进一步丰富职业指导的内容。我们知道，新生代农民工是一个特殊的就业者群体，他们是一个外来务工者，在职业技能、职业文化、职业心理等各个方面都面临着与城市非农就业岗位的匹配问题，因此，行为方式、文化观念和态度意识等的转变都是提升就业质量的关键。所以，要根据新生代农民工跨城乡流动的特点，以新生代农民工能力全面发展为宗旨，提供内容丰富、层次分明的职业教育和指导体系，既要着眼于就业技能等硬性知识的培养，同时也要注重职业观念、职业态度、职业素养等软性知识的培养，既要着眼于进城务工前的城市社会文化教育，同时又要着眼于进城务工后的职业技能指导，具体包括职业观念指导、职业规划指导、职业技能指导、职业心理指导、城市社会文化教育、思想道德教育、法律教育等内容，以促进新生代农民工就业质量的全面提升。

二是要进一步创新职业指导的方法。针对当前新生代农民工培训时间和地点安排不合理、针对性不强等问题，要着力打造灵活性、多形式的培训体系，采用“培训券”“订单式”“基地式”和“合作式”等多种创新形式开展职业指导培训，这样新生代农民工就可以根据自己的时间和需求参与到培训当中来，提高新生代农民工对就业培训的实际参与率。

三是要进一步加强师资队伍建设。教师是提供职业教育的最直接的主体，要加强教师队伍自身的能力建设，提高指导教师的专业水平和教学能力，通过开展双百教师发展、教干素养提升、骨干教师领航、教育技术应用、新老教师助力等几大工程来提升指导教师的综合素质，定期、系统化通过研修、学术交流等方式进行教师培训，确保教师教学质量的持效性。

7.1.2　用人单位创新企业管理，提供充分的就业支持

新生代农民工中绝大多数为务工经商人口，企业等用人单位构成新生代农民工就业和发展的基本空间，对新生代农民工的就业承担一定的责任和义务。因此，对于企业的管理者而言，要创新管理、规范用工，为新生代农民工提供有利的就业条件支持。具体可以通过以下途径展开：

一是要严格规范用工制度。依照和执行国家的相关规定，建立、完善工资增长和支付机制；提高社会保险的参保率；保障新生代农民工休息休假的权利。

二是要切实开展职业培训。用人单位要转变观念，切实把新生代农民工当作宝贵的人力资源来开发，加大培训的经费投入，提高培训内容的针对性、时效性和实用性，采用课堂讲授、传帮带、干中学等多种形式，让新生代农民工尽快掌握业务工作技能，适应岗位要求。

三是要大力加强人文关怀。对于企业的管理者而言，除了物质需求的满足之外，还需要本着以人为本的原则，从人文关怀的高度来关心新生代农民工的工作和生活，以提升新生代农民工对企业的忠诚度、认同感和归属感。比如，在周末或下班后组织开展各种积极向上、健康阳光的活动，包括开展拓展训练、才艺比拼、举行体育竞赛、参与社区组织等活动，也要关心新生代农民工的情感婚恋需求，为新生代农民工融入企业和城市生活创造有利条件。这样才能使企业和新生代农民工实现双赢，真正克服“招工难”“就业难”问题，从而在产业升级和竞争中赢得更多的劳动力优势，促进企业、个人持续发展。

7.1.3 个体开发潜能，主动提高自身的就业能力

新生代农民工个体的能力开发也是获得高质量就业的基本前提和基础。具体来说：一方面要做好职业发展规划。访谈发现，新生代农民工普遍缺乏职业规划意识，他们受教育程度不高，很多人不知道职业规划，偶尔了解也只是听说过，并没有进行实际的职业规划，甚至片面地认为职业规划没有什么用处，致使很多新生代农民工不清楚自己“要做什么、适合做什么、能做什么”，非常不利于他们的择业和职业发展。因此，新生代农民工要转变职业价值观，增强职业发展规划的意识，并付诸实践，对自己的职业兴趣、职业性格、职业能力、职业优势、职业劣势等做一个详细、客观的认识，明确短期、中期、长期的职业发展目标，为未来的职业生涯发展与晋升奠定基础。另一方面要做好自身的能力储备。打铁还须自身硬，新生代农民工的高质量就业是靠能力获得的，而不是靠关系、投机钻营来获得的。因此，新生代农民工自身要积极提升就业能力，利用业余时间加强学习和人力资本投资，弥补自身受教育程度和职业技能不足的缺陷，从而提高在就业市场上的竞争力。

7.2 以全面发展为目标，找准就业质量四个维度的着力点

新生代农民工就业质量的高低可以从职业待遇整合、职业行为适应、职业文化接纳和职业身份认同四个维度理解，因此，从本质上说，政府、企业和个人等主体应当找准这四个维度的着力点，不仅要继续完善工资、社保等传统的薪酬待遇体系，还必须进一步站在社会融入的理论高度，充

分考虑新生代农民工对非农职业的适应与认同，全方位、多维度发力才能达到最好的效果。因此，以社会融入为引领，找准四个维度的着力点是提升新生代农民工就业质量的基本途径。

7.2.1　继续提升职业待遇整合水平

调查显示，工作压力、经济拮据是广大青年农民工面临的首要压力，他们迫切希望增加收入水平，提高职业技能。对此，要尽最大努力去满足广大青年职工的物质需求。具体可以通过以下途径展开：

第一，要构建合理的工资报酬体系。

要构建合理的工资支付、增长、保障机制，使新生代农民工的工资报酬一方面能够根据区域社会经济发展进行动态调整；另一方面能够根据工作实绩、职位变动、工龄增加等因素进行相应调整，形成“区域谈底线、行业谈标准、企业谈增长”的工资报酬共决机制，这样不仅有利于缓解新生代农民工的经济压力，激励其工作积极性，同时也利于降低组织的管理成本，提高企业的长远效益。

第二，要完善与新生代农民工就业特征相适应的社会保险制度。

近年来，我国社会保障网建设逐渐完善，关于新生代农民工群体的参保办法也出台了相应的政策。但根据调查，新生代农民工的社会保险参保率并不高，接近四成的被访者没有任何社会保险，他们抵抗风险的能力非常脆弱。国家“十四五”规划提出要健全农民工、灵活就业人员、新业态就业人员参加社会保险制度。下一步还要继续深化新生代农民工的社会保障改革，逐步提高新生代农民工社会保险的覆盖面，兜住民生底线，助力全民参保计划。

一是要夯实参保的经济基础。职工参保本质上是一种消费和购买行为，需要有一定经济条件作为支撑。因此要加大财政支持力度，划转国有资本补充社会保障基金，降低用人单位和新生代农民工双方的社保缴费费率，让用人单位和新生代农民工都有购买社会保险的经济能力。

二是要完善新业态下的社会保险制度。从新生代农民工就业所涉及行业来看，一方面，他们延续着老一代农民工就业的偏好，进入车间、工厂等传统行业；另一方面，在共享经济、平台经济等新经济形态下，越来越多的新生代农民工开始涉足于快递、电商等新兴产业，成为快递小哥、外卖骑手、淘宝店主、网约司机、网约家政等新业态就业群体的一员。新就业形态工作时间比较自由、灵活，因此获得了不少新生代农民工的青睐，但是，新就业形态流动性强，缺乏明确、稳定的用工关系，在社会保险参保上面临着更多的挑战。因此，要完善适应新就业形态特点的用工和社保制度，加强对新业态领域的社保经办管理，可以支持用人单位与新业态从业人员建立法定的劳动合同关系，同时也可以对新业态从业人员给予更加灵活的政策倾斜，扶持、鼓励他们在缴费方式、缴费时限、待遇领取等方面进行灵活选择。

三是要完善社会保险转移接续办法。我国社会保险目前还不能跨省转移，新生代农民工如果回到流出地省份，仅能带走自己缴的那部分社会保险，企业缴的那部分社会保险则拿不到，导致新生代农民工参保的积极性不高。因此，要破除政策壁垒，促进城乡之间、地区之间、单位之间社会保险关系的转移与接续，包括在身份资格认定、缴费年限认同、保障资金转移、待遇核定计发等方面建立起顺畅的联接通道。另外，在技术层面，针对新生代农民工就业流动性比较强的特点，要探索和完善“网上社保”

的建设。党的十九大报告也首次提出要建立全国统一的社会保险公共服务平台。网上社保平台的建设将有助于打破信息孤岛，优化社保经办服务流程，确保社会保险待遇方便、快捷、有效落实。

四是要加大政策宣传力度。诸多实证研究表明，对社会保险政策的认知有限也是导致农民工群体参保率偏低的重要因素。[①]我们的调查也发现，新生代农民工参保意识逐渐增强，但是他们当中很多人不知道如何参保、在哪里参保、怎么领取养老金、报销医药费等，因此影响了参保的积极性。所以说，要加大宣传、简化手续，通过网络媒体、公众号、发放手册等方法，提高新生代农民工对参保、转移接续等社会保险政策的知晓率，最终使新生代农民工能公正平等地享受养老、医疗、工伤等各项社会保险待遇。

第三，要规范工作时间。

本研究表明，64.4% 的新生代农民工每天的工作时间都在 8 小时以上，对绝大多数新生代农民工来说，8 小时工作制度还只是一种奢望。因此要规范新生代农民工的工作时间，在降低其劳动强度上下功夫。

一是要保障新生代农民工休息休假的权利，加大对带薪年休假、探亲假、婚假、产假、节假日等制度的执行、落实和规制力度，丰富新生代农民工用于文化闲暇活动的时间。

二是要加强工作时间维权意识。党的十八届四中全会提出了建设“法治中国”的口号。对于新生代农民工而言，也要增强法律意识，特别是在面对企业的过度劳动或通过延长工作时间变相压低工资时，要懂得运用法律武器来捍卫自身的合法权益。

① 郭瑜. 需求与现实：农民工养老保险参与程度的影响因素分析——基于 7 城市数据的考察［J］. 农业技术经济，2010（11）：37–45.

三是要提升新生代农民工的工资率和收入水平。按照西方经济学原理，个人的劳动供给是一条向后弯曲的曲线，即随着工资的增长先上升后下降。也就是说，当收入水平较低时，工资的增长会诱导劳动者增加劳动供给，减少闲暇时间，这被称为替代效应，而当收入水平较高时，劳动者会减少劳动供给，增加闲暇消费时间，这被称为收入效应。可见，当新生代农民工拥有足够高的收入的情况下，过度劳动比较不容易发生。因此，归根结底，要加快经济发展和技术升级，大力提升新生代农民工的工资率和收入水平，使得工资增长对新生代农民工工时影响的收入效应大于替代效应，减少“低收入长工时”现象。

第四，要完善和优化工作环境。

本研究表明，新生代农民工的工作环境相比过去有了很大的改善，但是仍不时存在着危害新生代农民工健康的不利因素，最终会造成健康上的不平等。因此，要进一步优化新生代农民工的工作环境。

一是要加强工作安全的知识宣传。依托微信公众号、宣传栏等载体宣传职业卫生知识，对工作场所中的危害设备、危害因素及其防护措施做警示和指导说明。

二是要强化工作环境安全检查和安防管理措施。以新生代农民工就业集中的非公企业和中小企业为重点，加强对劳动场所的监管力度，落实定时工作环境安全检查任务，联合公安、消防、卫生等部门采取定期或不定期、专项或综合、重点或普遍、明察或暗访等多种督查形式，细致检查内容，查出问题，找出根源，以点促面，及时排除职业安全隐患。

三是要加强整改。对用工单位存在的职业安全隐患，及时进行督促整改，加大整改情况的跟踪督促力度，努力改善新生代农民工的生产条件和劳动环境，促进工作场所管理水平的提升。

第五，要促进职业发展与晋升。

我们的调查发现，新生代农民工在职业晋升上普遍缺少渠道和机会，职业发展空间还非常不足。因此，解决新生代农民工“发展难”的问题就显得尤为重要。要完善选人用人机制。在市场经济社会里，包括外来农民工在内的每个人都有公平竞争、职业晋升的机会。所谓英雄莫问出处，科学的选人用人机制，就是用人单位要摒弃不良用人观念，跳出身份歧视的传统思维，畅通新生代农民工的职业晋升通道，重视能力而不是身份，增强职业晋升过程的公平性、透明性，使每一个新生代农民工能够通过公平竞争的渠道，凭借自身的能力获得晋升，真正实现“能者上、庸者下、平者让”的用人局面。

7.2.2　不断增强职业行为的适应性

职业行为适应在内容上涵盖的范围较为广泛，一般包括职业知识技能适应、职业人际适应、职业心理适应等方面。新生代农民工参与着城市的劳动分工，生活方式、消费方式等与城市同龄人并无明显差异，但是，由于制度分割、流动性就业等诸多原因的困扰，新生代农民工并没有真正认识到自己角色的转换，也未能很好地融入现代职场之中，由此产生种种不适应的“病症”。因而，如何能在进城之后快速地转换为一名职业人，更快更好地提升自己的职业适应力，从而在竞争激励的就业市场上把握机会、实现梦想、创造价值，这是每一位新生代农民工必须要思考和解决的一个重要问题。具体可以通过以下途径展开：

第一，做好角色转换，加强职业学习。

人的一生需要扮演很多角色，从职业发展的角度看，人的职业角色也具有多重性。著名职业生涯规划大师舒伯提出了职业生涯彩虹图理论来讨论一个人的职业角色及其转换过程。舒伯认为，一个人的职业发展随着年龄的增长而发生变化，他把这种变化绘制成一个生涯彩虹图。在这个生涯彩虹图中，纵向层面代表的是纵观上下的生活空间，是由一组职位和角色所组成，分成儿童、学生、休闲者、公民、工作者、家长 6 个不同的角色，他们交互影响交织出个人独特的生涯类型，由学生到工作者有一个明显的转换期。

从学生到社会，从农村到城市，从留守儿童到进城务工人员，新生代农民工正在对新的社会角色进行着想象、体验与塑造。新的就业环境、新的工作规范都要求他们迅速地进入角色和适应岗位，包括知识技能的准备等。但许多新生代农民工刚刚步入工作岗位，工作经验积累不多，角色转换比较慢。因此，对于新生代农民工而言，也要按照舒伯的生涯发展阶段论，及早认识职业角色，时刻做好职业转换的准备。

一是要确立自己的职业定位，认识自己的优势、劣势、机会和短板，对自己适合什么样的职业角色要有一个清晰的自我认识。

二是要不断充电和学习。知识、技能和资源是要通过不断学习和提高才能获得。按照学习行为理论，人类掌握的任何知识和技能都是通过学习获得的[①]。特别是对于新生代农民工而言，由于学历低、社会经验不足和职业生涯刚刚起步，对工作经验的积累和社会的认识还非常有限，使得其在激烈的竞争环境中很难获得一份好工作。这时，新生代农民工必须通过

① NE MILLER J DOLLARD. Social Learning and Imitation [M]. New Haven Yale University Press, 1941.

全面的学习行为，进行知识的更新与技术的获取，以提高就业质量。

三是要在新时代下不断突破自我，获得更高水平的知识技能。当前，各行各业的动能转换和产业升级要求劳动者具备与之相适应的较高的劳动素质，党的十九大报告中提出“建设知识型、技能型、创新型劳动者大军”。随着时间的推移和社会的发展进步，新生代农民工成为劳动者大军的重要主力军，尤其是制造业、建筑业、服务业等传统产业的转型升级发展，需要依赖更多高水平的新民工，这关系到“中国制造 2025”战略能否顺利实现。因此，新生代农民工也要转型升级，树立自觉学习的意识，调整时间分配结构，将工作和业余时间的重点放在职业学习上，而不是贪图玩乐，以真正实现从农民工向“知识型、技能型、创新型”产业工人队伍的蜕变。

第二，掌握职场人际交往的技巧与方法，增强职业人际适应力。

人是社会中的存在，是群体动物，不可能脱离他人。职场也是如此，人一经就业就与其他成员建立起相应的人际关系。当前，职业人际交往能力的欠缺是新生代农民工职业适应力不足的另一个重要体现。因此，如何进一步提升新生代农民工的职场人际交往的能力与技巧，是影响到新生代农民工职业行为适应能力的又一重点。

一是要充分认识到职场人际关系的重要性。作为一个职场人，往往并不是做好自己的本职工作、埋头苦干就可以的，同时还需要抬头走路，积极与周围的领导、同事以及客户相互沟通和交流，这甚至比自己盲目埋头苦干更有帮助。这也就是说，良好的职场人际关系网络不仅可以为其成功就业提供各种支持，而且可以为以后的职业成功奠定基础。新生代农民工从农村走来踏入陌生的城市职业社会中更是如此。因此，新生代农民工一定要从思想上高度重视职场人际社会网络的作用。只有这样，才能有目的地去构建良好、融洽的职场关系圈子，也才能从这个圈子中摄取自身所需的资源。

二是要努力扩大自身的职场人际交往圈子。新生代农民工在城市职场中一定要更加主动积极地加强与业缘关系网络成员的交流和互动，扩大自身的人际交往圈子。比如在逢年过节的时候多与同事、朋友进行交流、相互拜访，积极参加各种家庭、朋友聚会，要经常与各类朋友保持交流、沟通，通过各种方式增进感情，加快融入组织之中。总之，初入职场的新生代农民工，要尽可能主动积极地加强与社会网络其他成员的交流和互动，切忌独来独往、沉默寡言，这样才能帮助自己尽快地适应职业新环境，同时也有利于得到更多领导和同事对你的了解和关爱。

三是要学会如何进行有效的职场人际交往。在职场交往中，人与人之间的关系往往比较复杂，并不是像同学关系等那般单纯容易处理，更加需要掌握一定的交往技巧和策略。例如，当面对领导、上级的指责或者批评时应当如何表现、如何反应，当与同事发生矛盾时又有哪些化解方式和法则。事实上，职场关系虽然复杂，但当我们把握真诚、善意、互惠等原则时，人际关系也可以变得很简单，正如古话所说，“世事洞明皆学问，人情练达即文章”。对于新生代农民工而言，尤其要注意把握良好的人际交往法则，例如学会控制自己的情绪。因为新生代农民工比较年轻气盛，做事情不够圆滑，直来直去，因此很容易和老员工甚至老板、领导发生冲突，因此，新生代农民工要学会管理和控制自己的不良情绪，避免因情绪冲动而陷入失业、重新就业的被动之中。

第三，关注职业心理适应，加强职业心理健康机制建设。

当前，就业形势仍然严峻，新生代农民工在流动就业过程中更容易产生各种心理问题，例如依赖和恋旧心理、自负或自傲心理、浮躁心理、自卑或畏缩心理等。因此，新生代农民工在面对挫折和失败的时候，必须要有良好的心理适应能力，在身处逆境时也能够镇静对待，坦然处之。

首先，要充分发挥各方面的力量来开展积极向上的文体活动，进而帮助新生代农民工缓解身心压力。新生代农民工所在单位的工会、共青团、妇联等组织，要注意观察新生代农民工的工作紧张程度，并适时地对新生代农民工进行走访调研，了解他们的生活以及对文体活动的喜好，利用节假日或者工作不是特别繁重的时间，开展丰富多彩的登山比赛、户外健走、趣味运动会等活动，让新生代农民工感受到组织的人文关怀。

其次，新生代农民工居住所在地街道、社区等，也可以经常性地开展一些文体活动，组织新生代农民工参与，这既有利于缓解新生代农民工身心压力，又有助于加强新生代农民工对基层工作的理解与认同，形成文明健康的生活方式和积极向上的工作情趣。

再次，工青妇等群团组织可以通过设立专门的心理咨询机构、开通心理咨询热线、举办心理健康讲座等方式，为新生代农民工开展心理咨询和心理健康教育，进行心理危机干预，帮助他们正确分析问题，提高认知能力，缓解消极、自卑、压抑、孤独等不良情绪，保持轻松、平和的心境，从而更好地完成工作任务。

7.2.3　充分培育职业精神与文化素养

按照波兰尼对显性文化和隐性文化划分的观点，工作技能属于显性文化，是具体的操作技术，拿起来就可以应用，而思维、道德、精神等则属于隐性文化，它是隐蔽而又综合性的，它通过培养一种思维方式、文化素养和创造潜力，能使工作进入快速上升通道。由此来看，精神文化的养成不是一蹴而就的，精神文化一旦养成，就会内化成人们的信念和态度，同时会以内聚的价值观影响着人们的行为选择[①]，故其对人的影响是长期的、潜移默化的、由内而外的。从这个意义上说，养成良好的职业精神文化规范是引导新生代农民工进行正确的职业行为举止的基础，也是提升其就业质量的重要途径。

与此同时，我们的实证研究也表明，在新生代农民工的就业质量上，他们的职业精神与文化素养是一个不容忽视的重要板块，同时也是亟待补齐的一个短板。而且，如果新生代农民工只有操作技能，没有足够的知识内涵，就难以成长为一个合格的高素质人才，当然也就很难为实现“中国制造 2025”目标任务提供有力的人才支撑。因此，无论从理论基础来看，还是从实践表现而言，都必须从更高层面审视新生代农民工职业文化问题，对提升新生代农民工的职业文化素养做出更为完善的顶层设计，推出更为有力的举措来发挥文化素养对就业质量提升的驱动力。具体可以通过以下途径展开：

第一，规约职业精神，在相关职业资格框架中纳入职业精神文化的要求。

国家为有效地开发和利用人力资源，设立了职业资格制度，规定从业人员为了获得某一种职业资格，需要具备特定的任职条件和要求，比如学历、参加资格考试。因此，获得职业资格证书，也就表明劳动者具有从事某一职业所必备的学识和技能。不过，当前，我国国家职业资格鉴定体系

① 宫敏燕. 文化视角下农民工市民化问题探析［J］. 继续教育研究，2017（07）：31-33.

以专业资格为主要标准，考察的是劳动者的硬实力，对于劳动者的软实力或者说超专业资格，则明显不足，甚至处于空白状态。实际上，在法国、德国等西方发达国家，职业资格框架体系比较全面，不仅考察了劳动者的专业知识与技能资格，同时也关注劳动者的超专业资格，在他们的资格框架体系中，责任意识、个体自治能力、团结协作能力等被视作为超专业资格，因此实现了专业资格与超专业资格的完美结合，能够从源头上提高劳动者的职业精神与职业文化素养水平，因此能够很好地保障人才培养和职业发展的质量。[①] 发达国家对职业资格的任职规定对于我们国家具有重要的启示意义，我们国家的职业资格框架体系仍处于起步和建构阶段，对于什么是职业资格，建构什么样的职业资格，还没有很好的标准和体系，因此可以借鉴国际上的成功经验，对人才进行全面界定和培养，尤其要考虑职业技能培养与职业精神培育相结合的现状，与国际做法保持接轨。基于此，职业资格作为一个指挥棒，将职业精神、职业规范、职业道德等“软专业资格”纳入国家职业资格框架体系中，一方面可以丰富国家职业资格的内涵；另一方面可以引导劳动者更加注重个人的人格发展和个性完善，更加关注新时代所需的劳模精神、工匠精神、敬业精神等，从而在源头上为职业精神培育提供了顶层支撑和合法性路径。

第二，创设“显性 + 隐性”双重教育培训模式，夯实职业精神文化培育的基础。

新生代农民工不仅仅要学习成为一名合格的工人，更为重要的是要对现代职业精神和文化规范进行深度学习。相对于实际操作技术教育而言，

---

① 史艺农，滕勇．西方发达国家职业资格证书制度探析［J］．教育与职业，2007（20）：59-61．

职业精神和文化教育更加是一项抽象的理论教育工作，但这并不意味着职业精神文化的培育就是虚无缥缈的，相反，职业精神文化的培育是需要扎根现实，以具体的教学课程体系和应用实践来实现。

首先，优化新生代农民工的职业培训教育体系，设置思想道德和公共关系礼仪等方面的人文通识课程，将实践技能培训、创新能力提升和职业精神培育同步推进，从培育新生代农民工的职业思维方式入手，让新生代农民工了解职业精神不仅是一种应有的工作态度，更是一种神圣的责任担当，是恪职尽守、精益求精以及爱岗敬业的一种工作理念。

其次，单纯地灌输职业精神教育是难以起到实效的，所以，职业精神教育工作还离不开价值教育的实践，需要我们不断探索和丰富创新的教育方式，增强教学的实践效果。比如对于敬业精神的引导，可以围绕新生代农民工的年龄和群体特点，开展他们喜闻乐见的主题活动，包括“最美班组”“星级宿舍”“文明标兵”的评比等，广泛开展爱岗敬业、岗位建功活动，激励广大新生代农民工从本岗位工作做起，以实际行动服务组织，奉献社会，展现作为，彰显价值，干出一番事业，自觉履行团结协作、爱岗敬业的职业精神。

第三，大力开展职业精神宣传，形成良好的社会风尚。

对于新生代农民工来讲，他们处于身心发展和文化培养的早期，还有很强的可塑性。因此，还需要从各个方面来大力开展职业精神宣传教育，对这一阶段的新生代农民工进行及早干预。

首先，民政、工会、妇联、共青团等相关部门要加强对劳动者职业道德、职业精神的宣传力度，同时对当代青年农民工进行多种形式的职业精神教育，可以通过进社区、进单位，开展相关讲座、报告等形式，在全社会形成积极的职业意识。

其次，大众传媒、企业要积极宣传好的社会风尚，在公共场所设置职业精神教育的格言、警句牌，树立当代美好职业精神事迹的新模范，用典型事例传播健康的职业精神文化，为新生代农民工的职业道德形成积极的社会氛围，引导和帮助新生代农民工正确认识劳动生活中的权利和义务，推动新生代农民工等劳动者形成敬业、诚信、干一行爱一行专一行的职业理念。

再次，在互联网 + 时代下，也要改变传统的宣传方式，要借助微信公众号、微博宣传栏等网络和多媒体来进行宣传工作，采用比较具有创意的宣传形式，然后借助更多的宣传手段对积极的职业精神事例进行宣传，让新生代农民工通过榜样来引领自己前进，然后最大限度地激励新生代农民工内化为自己的敬业精神。

第四，加强业余文化学习，全方面提升精神文化素养。

新生代农民工的职业文化缺失问题产生的一个重要原因是文化素质不高。一项研究表明，33.49% 的农民工认为“农民工反社会公德的主要原因”是“文化程度低”[①]。由于文化素质不高，新生代农民过于追求物质需要，对精神文明和新思想的接受能力偏弱，在职业道德上也存在自由散漫，责任意识、大局意识、规则意识、质量意识、奉献精神、组织纪律意识淡薄等问题，普遍存在职业精神欠缺的现象。因此，要全面提升新生代农民工的职业精神接纳水平，就必须从更广泛的文化意蕴上提高他们的精神文化素养。

① 窦远．强化职业道德教育，塑造新型农民工人［J］．科技资讯，2011（02）：247.

首先，新生代农民工要反思和转化原有的经验体系与价值观念，建立新的技能体系与认知结构，以适应非农岗位的挑战。例如，在平时的日常生活中，养成收看时政新闻、阅读书报杂志等学习行为习惯，提升常识了解能力；学好普通话和法律知识等，提升自己的法律知识素养，使自己能够使用清晰有力的语言进行合理抗争和劳动维权等。

其次，要打造学习交往圈，帮助新生代农民工走出内卷化的圈子，通过与城市人、高职生、大学生等异质性群体交流学习，获得更多的文化知识来源，实现转化与就业成长。

最后，要优化公共文化资源的空间配置，在偏远城区和城郊接合部等新生代农民工相对集中的区域，大力兴建图书阅览室、健身室、球场等公益性文化活动设施，让新生代农民工能够方便快捷地接触到图书文化资源，提升自身的综合文化素养。

7.2.4 努力获取积极的职业身份认同

职业身份认同是新生代农民工职业发展的内在驱动力。思想是行动的指南，没有良好的职业认同与理想信念，就会导致精神上“缺钙”，也就容易出现职业疏离，进而影响其长远发展。因此，对广大新生代农民工来说，还需要不断增强对自己所从事职业的认同感、归属感、接受力和适应性。但是，在我们的实证研究中，大部分新生代农民工的职业情感比较消极，工作喜欢度不高，甚至产生了职业身份认同危机。因此，加强新生代农民工职业身份认同工作，迫在眉睫。具体可以通过以下途径展开：

第一，创建良好的舆论氛围，增强与完善社会认知。

从认同的相关研究来看，职业认同具有社会性特征，外界的支持、认可对新生代农民工形成良好的职业认同密切相关。从实践经验来看，社会大众尤其是市民对新生代农民工的广泛认知及认可，会有利于增强新生代农民工的价值体验和职业归属感。因此，要增强新生代农民工的职业身份认同，首先可以从社会环境方面提供政策思路。

一是要创建与完善身份认同的外部环境。要正确引导社会舆论，加大对农民工群体的积极正面的宣传力度，制作宣传的图片、作品和标语，利用广告栏、户外 LED 显示屏等，将先进事例呈现在社会公众面前，多角度、多层面地反映新生代农民工积极进取的工作态度、乐于拼搏的高尚品格和为城市社会经济发展做出的巨大贡献，以此转变市民、城镇职工和社会对农民工角色的偏见和错误认知，形成尊重新生代农民工、理解新生代农民工、关心新生代农民工的良好舆论氛围，使新生代农民工通过获得更多的社会尊重和市民认可来找到职业归属感、认同感和幸福感。

二是要利用微观社会资本来推动新生代农民工对职业身份认同。本研究证实了新生代农民工社会网络资本的建构对其职业身份认同起着重要的推动作用。新生代农民工除了要建立一个以老乡、工友和同事为中心的社会关系网络外，也应该走出乡土型社会交往网络，加强与城市型社会网络成员的联系，在城市中也要构建一个属于自身的新型社会网络圈子。比如可以在工作之余从事一些兼职活动，参加一些社会公益活动，加入一些社团和社会组织。这些社团组织一般都是由有着相同兴趣爱好、信仰或有着共同价值理念的人组成，城市居民参与者较多。因此，通过这些方式与城市居民进行互动和交往，一方面可以丰富业余生活；另一方面也可以结识不同的人，突破基于血缘和地缘的初级社会关系网络，将自身的人际交往圈子拓展至次级关系网络，从而有利于在心理上缩短与市民、城镇职工之间的距离。同时在一定程度上弱化其乡土依赖心理，坚定对自己未来的期望和归属，使自己更加倾向留在城市进行职业发展。

第二，完善薪酬与福利保障机制，奠定身份认同的物质基础。

以往的研究普遍认为薪酬福利是影响职业认同的重要因素[①]。新生代农民工的职业身份认同问题，很大程度上还是对所从事职业的职业声望、职业待遇的不认可。因此，要完善薪酬与福利保障机制，为新生代农民工获取积极的职业身份认同奠定坚实的物质基础。具体可以通过以下途径展开：

首先，加强户籍制度及相关配套制度的改革与创新。制度身份是影响新生代农民工身份认同的关键因素，同时也是新生代农民工能否获得公平工资收入、保险福利和晋升机会的重要因素。因此，要继续深化户籍制度改革，做到城乡户籍、区域户籍统筹发展，减少城乡、区域之间的就业、社保、教育等社会资源发展水平的差异，通过制度明确新生代农民工在城市的身份与地位，保障和维护新生代农民工的薪酬与福利待遇落实到位。

其次，相关企业和用人单位要严格执行国家的相关规定，建立和完善新生代农民工工资增长与保障机制，并根据单位的实际情况和个人的工作业绩，给予员工合理的薪酬待遇。在实际条件允许的情况下，还可以适当提高新生代农民工的工资福利、社会保险待遇，从而增强对所从事职业的认同与情感。

第三，实行人性化、服务性的人力资源管理机制，进一步提升新生代农民工的职业情感。

---

① 韩辉．社区青年社工职业认同及影响因素的实证研究——基于北京市社区的调查［J］．中国青年社会科学，2018，37（03）：120–126.

新生代农民工不仅看重工资待遇，而且还关注企业的人文关怀与用工环境。盲目地高强度工作，忽视对员工的人文关怀，一方面增加了劳动者的工作压力，使其不能全力投入工作中，另一方面也使生活环境相对封闭，因此在职业认同上容易适得其反。与此同时，基于社会交换和互惠理论，得到过组织帮助的员工会表现出更加积极的工作态度与行为（如增加工作投入、积极与同事相处等）[①]，从而有效增加对组织和职业的情感认同。因此，实行人性化、服务性的人力资源管理机制，对于提升新生代农民工的职业情感也是非常重要的。

一是要给予新生代农民工合理的闲暇时间，通过加大对带薪年休假、探亲假、婚假、产假等制度的执行落实力度，保障新生代农民工休息休假的权利，这样新生代农民工就有更多的时间用于文化闲暇活动。

二是要举办多种形式的娱乐活动，丰富业余生活。新生代农民工进入城市后，逐渐摆脱了乡土社会的痕迹，其穿着打扮越来越个性化、时尚化，电脑、手机、移动互联网等信息化设备的使用技能大大提高，与城市人并无二致，自然他们的精神文化生活需求也水涨船高，需求层次由生存型向发展型转变。对于用人单位而言，可以秉承“快乐工作，享受生活”的理念，组织青年农民工兄弟参加各种积极向上、健康阳光的娱乐活动，例如拔河比赛、登山运动等，愉悦青年农民工兄弟的身心，激励他们以更积极的姿态、更饱满的情感投入到工作中去。对于相关职能部门而言，可以广泛链接各种资金渠道，加大乒乓球室、灯光球场等文化娱乐设施的修建和完善，并向广大新生代农民工免费开放，让新生代农民工乐于参与、便于参与文

① 刘辉，陈梦筱. 农民工双重身份认同对工作投入的影响研究——组织支持感的中介作用［J］. 当代经济管理，2016，38（05）：68-73.

化活动，使新生代农民工获得更为丰富的城市体验，激发他们的认同感与归属感。

三是要针对新生代农民工最为关心的经济、婚恋、住房、福利、子女教育、家庭抚养等问题，采取多种措施帮助解决，通过加强0～3岁托幼服务体系和子女教育保障机制建设，解除新生代农民工的子女教育之忧；通过建立农民工医保卡，解除新生代农民工的看病之忧；通过鼓励社区、团委、企业工会等举办一些针对进城务工青年的联谊活动和交友平台，满足青年农民工对婚恋生活的迫切需求。通过以上种种人文关怀的措施，最终使新生代农民工能够兼顾家庭与事业、工作与生活，从而切实把自己当作这座城市的主人，提升对自己所从事职业的认可度、忠诚度。

7.3 以城市融入为驱动，为就业质量的提升创造良好的社会融入环境

本研究的实证结果表明，新生代农民工就业质量的提升不只是一个单纯的经济行为，而是一个全面参与和嵌入城市生活的社会融入行为，其就业质量的结果在很大程度上体现了新生代农民工在制度、经济、文化、社会和心理等不同维度上与城市社会融合与嵌入的效果。因此，怎样从城市融入的角度构建措施来提高新生代农民工的就业质量问题，就是我们需要进一步思考和解决的问题。具体可以通过以下途径展开：

7.3.1 推动制度改革，扫除制度障碍

国家“十四五”规划强调“推进以人为核心的新型城镇化建设”，并将“统筹推进户籍制度改革和基本公共服务均等化，健全常住人口市民化激励机

制”作为推动更多人口融入城镇的首要举措。因此，加快新生代农民工的城市融入，必须首先从制度上进行改革，赋予新生代农民工同等的市民权利，为促进新生代农民工融入城市扫除制度障碍，以改善新生代农民工的就业待遇状况和社会经济地位，进一步增强其对所从事职业的适应与认同。

第一，要实现新生代农民工平等的公民身份。

新生代农民工虽然工作和生活都在城市，但在户籍身份上仍然是外来人口、农民工，这一户籍身份严重影响了他们在城市的养老、医疗、住房等市民待遇，他们的子女也难以享受平等的教育权利，这种反复的代际传递，使得新生代农民工始终无法获得“合法”的市民身份，成为阻碍新生代农民工真正融入城市，成为市民的最直接和最根本的因素。有学者就指出当前农民工公共政策困境的根源是公民身份的不平等。① 因此，加强户籍制度改革，赋予新生代农民工平等的公民身份尤为重要。

应该说，近年来，国家在推动户籍制度改革方面已取得了初步的成效。2014 年 7 月，国务院发布《关于进一步推进户籍制度改革的意见》，决定取消农业户口与非农业户口的性质区分，建立城乡统一的户口登记制度，为新生代农民工融入城市、获得市民身份权益提供了有力的政策支持。同时，党的十八届五中全会明确指出要加快提高户籍人口城镇化率。目前，不少中小城市致力于积极放开户籍，而一些大城市也在不断探索落户城市的“积分制”制度。然而，总的来讲，对户籍制度及相关配套制度的改革仍然不能停滞，仍然需要攻坚克难。

按照马歇尔的公民身份理论，公民身份的本质是平等，它包括 3 个方

① 冷向明，赵德兴. 中国农民工市民化的阶段特性与政策转型研究［J］. 政治学研究，2013（01）：17-25.

面的要素：公民权利要素、政治权利要素和社会权利要素。[①]在这个三位一体的权利体系中，公民权利和政治权利是社会权利的基础，而社会权利则为公民权利和政治权利的实现提供了物质基础。因此，要全方位地保障新生代农民工同等的公民权利、政治权利和社会权利。

一是要保障新生代农民工基本的公民权利和政治参与权利。畅通新生代农民工政治参与和利益表达渠道，进一步加强和完善民意调查、信息公开、咨询听证、协商谈判、议事票决等制度，扩大有序政治参与的平台，为新生代农民工提供充分的表达利益诉求的制度性平台。

二是要保障新生代农民工的社会权利。进入转型社会以来，社会权利成为保护弱势群体权益、促进社会公平正义的重要切入点。社会权利的享有意味着公民“拥有普遍性的福利资格及其相应的义务”[②]。对于新生代农民工的社会权利而言，政策部门要转变管理理念，根据属地化管理、公共服务均等化的原则，以常住人口为基数配置社会公共资源，使新生代农民工在养老、医疗、就业、社会保险等方面能够享受与城镇居民同等的福利待遇。要及时了解和反映新生代农民工群体的社会权利诉求，理解他们的难处，呼吁推进户籍、劳动就业、社会保障、教育、收入分配等各种制度的改革，建立新生代农民工综合服务平台，为新生代农民工提供政策咨询、就业培训、社会保障、文化教育、医疗卫生、权益维护、党团活动等综合服务，以化解新生代农民工在城市生活的具体困难，满足新生代农民工的具体需求，提升新生代农民工的制度融入指数。例如，全面实施共青

---

① T. H. 马歇尔，安东尼·吉登斯. 公民身份与社会阶层［M］. 江苏：江苏人民出版社，2008.

② 冷向明，赵德兴. 新生代农民工融入城镇：政策困境及其变革研究——基于公民身份的视角［J］. 社会主义研究，2013（02）：98-102.

团关爱农民工子女志愿服务行动，促使新生代农民工子女能够在本地入读幼儿园、接受义务教育、参加高考，或就读职业技术学校等，为新生代农民工的社会融入提供实实在在的帮助。再如，将在城镇稳定就业的新生代农民工纳入公共租赁住房保障范围，完善城镇低收入住房保障家庭租赁补贴制度，促进新生代农民工住房保障工作制度化，让新生代农民工在城市租得起、住得下、留得住。

第二，要健全新生代农民工融入城市的激励机制。

建立健全激励机制是从制度上推进新生代农民工融入城市的又一重要途径。可行的办法是要探索建立纵向转移支付为主、横向转移支付为辅、多样化转移支付的成本分摊机制，从而协调不同城市和政府间的成本与收益，激励地方政府切实推动新生代农民工融入城市。其一，加大中央转移支付力度。中央制定相关的激励政策，合理、有序落户城镇的人数越多，给予教育、医疗、就业等公共服务的财政转移支付以及城市建设用地指标也就相应增多。其二，探索横向转移支付机制。破除地方本位意识，使流入地政府和流出地政府共同承担新生代农民工融入城市的成本与收益。其三，转移支付的内容多样化。不仅建立区域间“钱随人走”的成本分担机制，同时建立跨区域宅基地、集体建设用地等土地指标的折算与转移机制，真正做到“人地钱相挂钩”，实现“农业转移人口市民化”的目标。

7.3.2　提高经济发展水平，消除劳动力市场分割

经济融入是新生代农民工在城市生存和发展的基础，也是劳动者就业的基本条件和权利。本研究的实证结果发现，经济融入对于促进新生代农民工各方面就业质量都有着显著的提升作用。因此，要不断提高经济融入

水平，消除劳动力市场分割，为提升新生代农民工就业质量提供有力的经济发展基础。

第一，大力发展经济，提高经济发展水平。

总体上，就业质量与经济发展水平呈正向关系，经济越发达的地区就业质量越高，反之亦低。因此，提升新生代的农民工就业质量，最根本的还是要从大力发展经济，提高经济发展水平着手。要坚定不移地推动经济持续高质量发展，只有经济水平高质量发展了，才能创造出更多更好的就业岗位，才能有更强的能力保障弱势群体的就业权益。正是在这样的高质量经济发展环境中，新生代农民工也就更能够获得经济发展的溢出效益和集聚效应，从而能够更好地融入当地的经济发展环境之中，并提高新生代农民工在城市就业的获得感、幸福感和安全感。

第二，要完善劳动力市场建设，消除劳动力市场分割。

改革开放以来，我国劳动力市场化程度不断加深，制度化监管体系不断趋于放松，市场分割程度也大大减弱，劳动力可以在城乡、地区之间自由流动与配置。但是，受计划经济时期路径依赖的限制，我国城乡二元劳动力分割仍然在很大范围内继续延续，突出体现在以户籍为基础的制度安排强化了城乡、区域之间的劳动力市场收益分割，形成了极具中国特色的农民工市场，即这些农村转移劳动力大多在城市次级劳动力市场就业，其工资福利待遇、工作稳定性等就业环境的完善程度都无法与城镇一级劳动力市场相提并论，使劳动力的就业质量在初级与次级劳动力市场中处于非均衡状态。因此，要进一步加强劳动力市场化建设，尤其要以完善的制度和健全的机制消除劳动力市场分割带来的消极影响。比如努力消除制度歧视和身份歧视，赋予农村转移劳动力平等的就业机会、就业服务、劳动关系，建立起城乡、区域之间高效一体的劳动力市场，尤其是在新业态、新经济、新模式的发展背景下，很多新生代农民工的用工关系碎片化、短工化，更加需要充分保障、完善他们的就业福利和就业环境，使不同身份的新生代农民工都能实现更高质量的就业。

7.3.3　倡导先进文化和共享价值，提升新生代农民工的现代性

文化融入是新生代农民工社会融入的一个核心方面，通常包括语言能力、思维方式、价值观念、现代性、文化参与、风俗习惯等方面的内容，文化融合的成果之一是帮助新生代农民工突破传统思想的禁锢，成为具有现代性的个人，从而使之在新的文化背景中具有合适的行为方式。例如，使用城市主流语言、接受城市的生活方式、自觉提升文化素养等，从而在寻找工作、胜任工作、职业发展等方面展现优势。因此，要倡导先进文化和共享价值，提升新生代农民工的现代性，使新生代农民工在共享的文化氛围中更快地整合于城市劳动力市场中。

第一，要加大公共文化设施及服务投入的力度。

新生代农民工往往租住在城市偏远地区，文化设施和服务非常匮乏。因此，要依据《国家基本公共文化服务指导标准（2015—2020）》以及《文化部关于进一步做好为农民工文化服务工作的意见（2016）》等政策要求，在新生代农民工群体的公共文化设施及服务建设上投入人力物力财力，鼓励引导企业、社会团体和个人通过捐赠、资助、购买公共服务等形式投资兴建、改建、共建文化设施，着力推进体育馆、博物馆、图书室、美术馆等社会公共文化设施的建设，并鼓励各类文化场馆免费或低收费向新生代农民工开放，让新生代农民工能够利用大众传媒、社区图书馆等资源读书

看报，帮助新生代农民工更快更直接地接受和融入城市文化中去，不断积累城市文化资本。

第二，要开展形式多样的文化活动。

党的十九大报告提出，“没有文化的繁荣兴盛，就没有中华民族伟大复兴”。新生代农民工渴望丰富多彩的文化活动，但受收入水平、户籍类型、闲暇时间等因素的制约，新生代农民工文化活动数量少，质量低，成为城市公共文化娱乐活动的旁观者，而不是参与者。因此，构建适合新生代农民工特点的精神文化服务体系就显得尤为重要。要开展形式多样的文化活动，尤其要提供一些贴近他们生活实际、反映他们特殊性需求的文化活动。比如，在新生代农民工相对集中的企业、社区等场所组织开展价格低廉、参与面广的群众文化活动，提供类似“露天电影”“节庆活动”“广场演出”等文化活动，充分激发新生代农民工参与文化活动的热情与积极性，使得新生代农民工在城市的日常生活中获得更为丰富的文化体验，增长知识、提高才干、修养情操，真真切切地感受到城市文化的魅力，自觉形成与现代城市文明一致的文化风俗和生活方式，实现由“送文化”向“造文化”的跨越。

第三，要创新公共文化服务方式。

时下新生代农民工可以说是“数媒土著”，网络已然成为他们生活当中不可或缺的部分。因此，要针对新生代农民工的需求特点，加强数字文化服务和流动文化服务，使广大新生代农民工可以随时随地阅读时政热点、社会新闻、经济信息等等，进一步开阔眼界、增长自信。同时要广泛动员各种社会资源，联合党工团组织、商务媒体和公益组织等力量，采取文化志愿服务、订单服务等不同的渠道，为新生代农民工提供“两看一上”（看报纸、看电视、有条件的能上网）等积极向上的文化服务，以提高新生代农民工的现代性和文化素质，使新生代农民工在面试、找工作、职业发展的过程中更加自信、强大，最终获取更高质量的就业。

7.3.4　营造和谐、包容的社会互动氛围，培育就业质量提升的软环境

按照经济社会学理论，个人离不开社会，社会中的每个个体都生活在一定社会关系网络之中。新生代农民工通过社会关系融入，有助于开阔视野、获取资源、维护权益，帮助他们更好地了解和掌握劳动法律法规、职场规范、职业技能，最终成为一个职业化的人。因此，要营造和谐、包容的社会互动氛围，为新生代农民工就业质量的提升培育良好的社会接纳环境，让城镇中的每一个人拥有更加美好的生活。

第一，要培育城市居民与新生代农民工之间的社会信任。

城市居民作为“本群”或社会优势群体一方，其对作为“他群”或社会弱势群体的新生代农民工群体的接纳意愿和社会信任情况在一定程度上也影响着新生代农民工在城市就业的意愿、稳定性。要从改变本地居民的交往态度和行为出发，有效改善城市居民与新生代农民工之间的群体关系和信任状况。例如，在生活场景中，我们也常常看到有些城市居民与新生代农民工居住在同一个社区之中，甚至是楼上楼下的邻居，这个时候就应该发挥社区的功能，开展一些活动项目，为城市居民与新生代农民工之间建立相互平等、相互支持的信任关系提供契机。城市居民要积极利用社区这个平台，增强与新生代农民工群体的情感交流，帮助他们学习普通话、本地方言、都市时尚，为新生代农民工个人在语言、服饰和心理等方面向城市性、现代化转型提供良好的示范，加强对城市生活规则的宣传和普及。

第二，要打造平等包容的城市文化。

古训有云“海纳百川”“有容乃大”，费孝通先生更是提出了“各美其美，美人之美，美美与共，天下大同”的人文思想，可见包容思想是中华民族的传统美德。对于城市来讲，也同样要有海纳百川的广阔胸襟，敞开胸怀，对于一切有梦想和有能力在城市创业、奋斗、生活的他乡群体，城市都应该予以认同和接纳，让他们感受到自己的主人翁地位，以提升其在城市的职业发展意愿。

第三，要拓宽新生代农民工社会参与的渠道。

社会参与既是新生代农民工社会融入的途径，也是新生代农民工成长成才的过程。国家《中长期青年发展规划（2016—2025）》提出，“引领青年有序参与政治生活和社会公共事务”。但是，当前新生代农民工在城市中社会参与的热情不高，党、团组织覆盖面不够，政治和社会公共事务管理的参与比例低，社会支持范围狭窄，与城市之间还存在明显的社会隔离。本次调查研究也进一步证实了以上观点和事实。因此，要为满足新生代农民工的组织参与和社会事务参与需求创造条件。首先，要扩大社会组织的覆盖面。目前党团等组织主要在体制内单位开展活动，体制外就业人员参与组织活动较少，影响了社会组织作用的发挥。这就要求党团组织扩大服务对象，把体制外就业的新生代农民工纳入服务范围中来，提高他们对社会组织的参与程度。其次，要提高新生代农民工参与社会事务的意识和能力。通过举办志愿服务、社区治理等，为广大新生代农民工提供更多参与社会事务的机会，让他们在实践中感受到社会参与的快乐与意义，进而增强他们热情工作的积极性、主动性。再次，要畅通社会参与的渠道，围绕新生代农民工的兴趣爱好和本职工作、学习、生活，培育和壮大行业协会、公益组织、社会团体等各类民间社会组织，为新生代农民工就业质量的全面提升提供广泛的社会支持。

7.3.5　促进心理融入，构筑温暖的精神家园

良好的心理融入，是新生代农民工奋斗和获取高质量就业的后方稳定器，也是新生代农民工逐梦的温暖港湾，没有心理融入，很难想象他们能够在城市长期、稳定就业。心理融入是新生代农民工融入城市的真正标志，新生代农民工只有把自己当作城市人时，才算完全融入城市。因此，要消除新生代农民工与城市之间的心理隔阂，增强新生代农民工的城市归属感，使城市成为新生代农民工情感寄托的精神家园，为获取高质量的就业解决后顾之忧。

例如，要树立城市宜居文化品牌，强调城市的心理文化功能。当前很多的城市规划设计过于注重城市的经济功能，忽略了城市的心理文化功能，表现为城市建设简单的以高楼大厦为主，“个体化时代”“陌生人社会”的特征被放大，进城农民情感交流的需求被忽略，难以实现真正的融合。因此，在新生代农民工的社会融入过程中，除了要关注公共服务均等化等硬性福利的建设外，还要更加注重人的情感交流和精神家园建设。要通过建构熟络和信任的城市文化，使熟人社会文化在城镇化中得到发扬，从而增强城市对新一代农民工的吸引力，真正体现以人的发展为核心的新型城镇化逻辑。

第 8 章　结论与展望

8.1　主要结论

本研究立足于社会融入视角，利用定量与定性相结合的研究方法，沿着“基础理论研究—经验性测量研究—影响因素实证研究—对策建议研究”的思路对新生代农民工的就业质量进行了全面系统的分析。具体而言，首先从社会融入视角构建新生代农民工就业质量的理论内涵和测量体系，并加以验证。其次对新生代农民工就业质量的现状进行综合测评。再次采用回归模型分析方法，考察了新生代农民工就业质量的影响机制。接着利用结构方程模型，探讨社会融入因素对新生代农民工就业质量的影响效应及其地区差异。最后从“多元主体整合、四个维度引领、城市融入驱动” 3 个方面提出了相关对策建议。通过以上内容的分析，本研究得出了以下 9 个方面的基本结论。

第一，新生代农民工的就业质量具有融入性特征。

社会融入是理解新生代农民工就业质量的一个关键视角。尽管市民群体在就业过程中也存在各种就业质量问题，但相对而言，新生代农民工从农村弱势文化迁入到城市强势文化中进行就业，会面临着更多的挑战，包括需要适应一个崭新的职场环境，遵守新的职场行为文化规范，融入新的职场群体、获得平等的就业待遇等方面。因此，作为一个特殊的乡城移民群体，新生代农民工的就业质量是一项更为复杂和特殊的系统工程，它不仅仅是物质待遇上的强大，而且是认知、精神和行为上的强大，涉及职业待遇、职业行为、文化观念、职业精神、身份意识等多个层面对非农职业的转变与融入，因而是一种由就业权益扩大、经济地位提升等外在表现，逐步过渡到对职业行为、职业文化、职业身份等方面的内在适应、认可与接纳过程。

第二，新生代农民工的就业质量由职业待遇整合、职业文化接纳、职业行为适应和职业身份认同 4 个维度构成。

本研究按照多元性、代表性、系统性、针对性和可行性的原则，并结合以往的研究成果，从职业待遇整合、职业文化接纳、职业行为适应和职业身份认同 4 个方面构建了新生代农民工就业质量的测量指标体系。其中，职业待遇整合反映了新生代农民工就业质量的普遍性，职业行为适应、职业文化接纳、职业身份认同反映了新生代农民工就业质量的特殊性，四者结合有助于更为精准、全面的认识和评估新生代农民工的就业质量。在此基础上，通过因子分析方法对就业质量的初始指标进行调整，发现修正后的量表中各维度就业质量的方差贡献率、特征值模型拟合、信度系数、区分效度、收敛效度等验证指数均较为理想，显示出良好的信度和效度。因此，最终构建的新生代农民工就业质量指标体系包含 4 个一级维度、12 个二级维度和 30 个三级题项。以此量表对新生代农民工的就业质量水平进行测量和评价，具有一定的适用性和解释力。

第三，新生代农民工的就业质量状况仍不理想。

对新生代农民工就业质量的描述性统计分析表明，新生代农民工的就业质量状况仍然不理想，他们不仅面临着传统的低工资、低福利等就业难题，同时在职业适应与身份融合方面还有很大的提升空间。具体表现在以下几个方面：

首先，在职业待遇整合方面，第一，工作时间长，而工资水平低。第二，工资领取状况虽有好转，但养老保险、医疗保险、工伤保险等社会保险权益仍明显缺失。第三，工作环境虽总体较好，但职业发展空间不足，普遍缺少就业培训、职业晋升的渠道和机会。

其次，在职业行为适应方面，第一，职业知识技能仅在浅层适应，在深层次方面还有明显的不适应，尤其是职业学习和技能提升不足。第二，在与同事、上司 / 雇主以及顾客等职场人际对象的交往上均存在不同程度的适应困局和障碍。第三，在职业心理适应上还存在职业压力难以调适、职业发展信心和自我价值感缺失等问题。

再次，在职业文化接纳方面，第一，组织文化融入明显不足，第二，敬业精神、工匠精神、团队精神等职业精神存在系统性缺失问题，职业精神和职业文化淡漠的问题特别明显。

最后，在职业身份认同方面也存在一定的消极因素。一是在职业身份归属上比较多元与模糊，甚至产生了职业身份认同危机。二是在职业情感上比较消极，工作喜欢度不高，职业发展意愿不稳定。

总之，新生代农民工虽然转移到了非农职业，参与着城市的劳动分工，但在职业待遇整合、职业行为适应、职业文化接纳、职业身份认同等方面与非农职业之间还存在明显的区隔与隔离，这需要引起全社会的关注，采取有效措施帮助新生代农民工更好地融入劳动力市场中。

第四，新生代农民工就业质量的发展状况呈现总体水平低和内部不平衡特点。

对新生代农民工就业质量的测评结果表明，一方面，新生代农民工在总的就业质量和各维度就业质量上的发展状况普遍不充分，另一方面，不同维度就业质量的发展水平又有不平衡性特征，即新生代农民工职业待遇整合的绝对水平虽然不高，但发展相对较快，而在更为深刻的职业行为适应、文化观念、身份认同等领域的发展则还尤为滞后。因此，新生代农民工是一个游离在城市边缘的矛盾体，尽管他们对成就动机、职业成长与城市融入感更为渴望，但又缺乏足够的职业耐受力，对物质财富的追求和依赖程度还非常高，而对于社会文化心理层面的就业质量，则可能还需要更长时间的积淀和消化。这反过来也进一步说明新生代农民工的职业待遇整合仍然停留在低水平的发展阶段，因为按照经济学中的劳动力供给理论，就业质量的提升是一个持续不断的过程，在工资福利待遇较低的时候，劳动者对就业质量的诉求往往集中于提高工资水平、获得劳动保护等物质方面，当基本劳动权益得到较好满足后，劳动者会越来越注重就业的自我价值感、认同感、融入感等精神文化层面的发展。因此，这提示我们在致力于提供“物”的劳动权益保障的同时，要更加注重软性文化教育，从“人”的层面实现新生代农民工职业角色内涵的转型，这也是新生代农民工就业质量发展的必然要求和高级目标。

第五，新生代农民工就业质量的影响因素多元化，且各种因素对新生代农民工各维度就业质量的影响关系有所不同。

回归结果表明，在新生代农民工就业质量的提升过程中，新生代农民工的个体特征、流动特征、就业特征、人力资本特征、社会资本特征变量均在不同程度上发挥着显著影响，凸显了新生代农民工就业质量影响因素的多元化和差异性。

总体而言，在个体特征中，女性、年龄小、不在婚者在诸多方面的就业质量状况均比较差，要给予他们更多的关注和帮助。在流动特征中，不同区域新生代农民工的就业质量呈现复杂的非单一性特征。频繁的流动造成与企业的联系脆弱，不仅影响新生代农民工的经济待遇，同时在职业精神文化层面也会造成不利的影响。在就业特征中，不同行业新生代农民工群体间的就业质量差异不大，但不同就业企业、就业岗位新生代农民工群体间的就业质量存在显著差异。在人力资本中，受教育程度的提高对新生代农民工的就业质量具有积极的促进作用，主要通过职业待遇整合、职业行为适应和职业文化接纳得以体现。务工年限对 4 个维度的就业质量均产生了一致的正向影响。在社会资本中，不同形式社会资本在新生代农民工就业质量提升过程中所扮演的角色有所不同。网络规模能够在精神上帮助新生代农民工快速适应转移就业环境，以免其沦为城市的边缘、孤岛群体，但对职业待遇、职业文化和身份转变作用有限。要促进职业待遇整合、职业文化接纳和职业身份认同水平的提升，还需要新生代农民工突破内卷化的交往圈子，通过积累跨越型社会资本来实现。

第六，新生代农民工的就业质量存在“经济接纳、社会拒入”现象。

回归结果还表明，新生代农民工个体的各种资源禀赋对职业待遇整合的解释程度最高，其次是职业行为适应和职业身份认同，对职业文化接纳的解释力最小。这说明已有的新生代农民工就业保障的政策重点依旧集中在工资、参保等领域，对职业适应与身份认同等社会心理层面的关注度非常欠缺，其作用力也非常有限，“经济接纳、社会拒入”现象在就业质量领域也得到了体现。

第七，社会融入是新生代农民工实现高质量就业的重要依托。

社会融入对新生代农民工的就业质量具有显著正向影响，无论是客观的融入状态（制度融入、经济融入、文化融入、社会关系融入），还是主观的心理融入状况，均能够有效地促进新生代农民工就业质量的提升。因此，从社会融入的角度看，新生代农民工的就业质量问题具有连续性和过程性特征，其就业质量的提升不是新生代农民工在城市务工之初就直接形成的，而是在逐渐适应和融入城市的过程中，通过获得相关权利和公共服务、适应就业经济环境、学习和参与城市文化活动、扩展社会交往范围、形成城市归属感等社会融入行为逐步实现的。

第八，不同地区新生代农民工的社会融入、就业质量以及社会融入对就业质量的影响均具有显著的区域差异性特征。

从地区差异来看，在社会融入方面，中小城市新生代农民工水平最高，大城市次之，超大城市最低；在就业质量方面，超大城市新生代农民工水平最高，大城市次之，中小城市最低；在社会融入对就业质量的影响方面，超大城市的影响作用最为突出，其次是大城市，中小城市的影响最小，分维度来看，心理融入对不同地区就业质量的影响没有特别明显的差异，但经济融入、文化融入、制度融入、社会关系融入等客观融入状态的影响差异较大，成为不同地区新生代农民工就业质量差异形成的主要来源。以上结果说明社会融入对新生代农民工就业质量的影响随着城市规模的加大而增强。大城市尤其是超大城市新生代农民工面临的社会融入环境更加复杂，对其就业质量的影响也更加突出，中小城市新生代农民工面临的社会融入环境更加单一，对其就业质量的影响也相对简单。

第九，“多元主体整合、四个维度引领、城市融入驱动” 是全面提升新生代农民工就业质量的根本之举。

本研究针对社会融入在新生代农民工就业质量提升过程中的重要内涵与作用，提出了一个由“多元主体整合、四个维度引领、社会融入驱动”三部分构成的对策建议体系，这是解决新生代农民工就业质量偏低问题的根本出路。总的来讲，一是要建立起社会协同的就业支持系统，通过政府、用人单位和新生代农民工自身三者共同努力，实现新生代农民工的高质量就业。二是要找准职业待遇整合、职业行为适应、职业文化接纳和职业身份认同 4 个维度的着力点，不仅要继续完善工资、社保等直接的劳动权益保障，同时要使其在就业行为、文化和心理上都展现良好的适应、接纳与认同状态，使新生代农民工的就业质量能够得到全面提升。三是要推动制度融入、经济融入、文化融入、社会关系融入和心理融入，为新生代农民工就业质量的提升构建良好的社会融入环境。

8.2 不足与展望

本研究的主要贡献在于从社会融入的视角分析了新生代农民工就业质量的特殊内涵、测量维度以及影响机制，这有助于全面准确地把握和提升新生代农民工的就业质量。然而，受研究水平和时间精力等主客观因素的影响，本研究仍然存在诸多局限和需要改进的地方，尤其在以下 3 方面还存在明显的不足：

第一，在调查数据上存在不足。一是缺乏跟踪调查数据，本研究的数据仅仅是一次性抽样调查上的截面数据，缺少对新生代农民工社会融入与就业质量的跟踪，不能很好地将社会融入与就业质量的变化一一对应起来，因此影响了社会融入对就业质量因果关系的解释力；二是缺乏市民的调查数据，没有对城市本地职工的就业质量进行调查分析，缺乏横向比较和参照群体，难以有效说明新生代农民工的就业质量状况是否融入了城镇劳动力市场、与城镇职工的差距到底有多大。三是调查数据的质量还有待提升，本研究虽然获得了 2000 多份的调查样本总量，但毕竟不是大型的、权威的调查数据，在样本质量上难免存在着一定的欠缺。

第二，在理论分析上存在不足。社会融入是本研究的理论工具和立论依据，笔者花了很多笔墨强调社会融入视角对于研究新生代农民工就业质量的必要性和重要性，可以说是提出了一个值得研究的问题，但在具体的破题和分析问题方面还有很多不足，比如，为什么应该专门从社会融入的角度来研究新生代农民工的就业质量？其理论假说是什么？对此，本研究在文中虽尝试进行理论分析，但自知深度不够、提炼不足，多为自己的逻辑分析，在以后的研究中还需要结合经典理论和文献逻辑，提出更为明确、有说服力的理论基础。

第三，在实证分析上存在不足。本研究虽然采用数理模型的研究方法探讨了新生代农民工职业待遇整合、职业行为适应、职业文化接纳和职业身份认同状况以及其影响机制，但无论是对各个维度的就业质量状况的描述，还是对其内在影响机制的研究，都还显得比较单薄和浅显，对于个别结果的解释有时还难以自圆其说。另外，尽管本研究努力提高就业质量测量指标的信度和效度，但由于缺乏专门化的量表和研究，因此相关指标，尤其是职业行为适应、职业文化接纳和职业身份认同3个维度的操作化测量仍处于探索阶段，有待进一步改进和完善。

针对以上的不足，后续研究一方面要致力于展开追踪调查和本地城镇职工调查等，为本研究的开展提供更加多元的基础数据；另一方面要加强对现有国内外相关研究和理论的分析，为社会融入与就业质量的关系研究提供更加成熟的理论依据和解释工具，另外也使研究更细化、深入和全面。

参考文献

外文类：

[1] AKERLOF G A，KRANTON RE. Economics and Identit [J] . The Quarterly Journal of Economics，2000（3）.

[2] ALBA R，Nee V. Remaking the American mainstream：assimilation and contemporary immigration [M] . Boston：Harvard University Press，2005.

[3] ALTINDAG D，CANNONIER C and MOCAN N. The impact of education on health knowledge[J]. Economics of Education Review, 2011, 30(5): 792–812.

[4] ANDREAS HIRSCHI. Callings in career：A typological approach to essential and optional components [J] . Journal of Vocational Behavior. 2011（79）：60–73.

[5] BEAN D，LEACH M，LOWELL L. Immigrant job quality and mobility in

the United States [J] . Work and occupations, 2004 (31) .

[6] BERRY J W, PHINNEY J S, SAM D L. Immigrant youth: Acculturation, identity, and adaptation [J] . Applied psychology, 2006 (3) .

[7] BESCOND D, CHATAIGNIER A, Mehran F. Seven indicators to measure decent work: An international comparison [J] . International Labor Review, 2003, 142 (2) .

[8] BLAU G J. The measurement and prediction of career commitment [J] . Journal of Ocuupational Psychology, 1985, 58: 277–288.

[9] BOLLEN, HOYLE. Perceived Cohesion: A Concep–tual and Empirical Examination [J] . Social Forces, 1990, 69 (2) .

[10] BOUGE E S. Internal migration. In P. M. Hauser&O. D. Duncan (Eds.) , The Study of Population [M] . Chicago: University of Chicago Press, 1925.

[11] KELMAN H C. Compliance, identification, and internalization: Three processes of attitude change [J] . Journal of Conflict Resolution, 1958.

[12] ESSER I, K M OLSEN. Perceived Job Quality: Autonomy and Job Security within a Multi–Level Framework [J] . European Sociological Review, 2012 (28) .

[13] EUROPEAN COMMISSION. Employment and social policies: a framework for investing in quality [J] . Communication, 2001 (6) .

[14] FREDRIC K. schroeder. Workplace Issues and Placement: What is High Quality Employment? [J] . Work, 2007, Vol. 29 (4) .

[15] GHAI D. Decent work: Concept and indicators [J]. International Labor Review, 2003, 142 (2).

[16] GORDON, MILTON. Assimilation in American Life [M]. Glencoe, IL: Free Press, 1964.

[17] GRANOVETTER. Economy action and social structure: the problem of embeddedness [J]. American journal of sociology, volume91, 1985.

[18] HABERFELD Y. Estimating Self-Selection of Immigrants: Comparing Earnings Differentials Between Natives and Immigrants in the US and Israel [J]. International Migration, 2013, 51 (1): 115-135.

[19] HAN ENTZINGER, RENSKEBIEZEVELD. Benchmarking in immigrant integration [M]. ErasmusUniversity Rotterdam, 2003.

[20] HERSHENSON D B, LAVERY G J. Sequencing of vocational development Stages: Futher studies [J]. Journal of Vocational Behavior, 1978 (12).

[21] ILO. Report of the Director-General: Decent Work. International Labor Conference [R]. 87th session, Geneva, 1999.

[22] JANINE LESCHKE, ANDREW WATT. Job Quality in Europe, European Trade Union Institute for Research [J]. Education and Health and Safety (ETUI — REHS), 2008 (7).

[23] Josine Junger-Tas, Ethnic mi-norities, social integration and crime [J]. European Journal on criminal policy and research, 2001 (9): 5-29.

[24] KANTOR P，RANI U，UNNI J. Decent Work Deficits in Informal Economy Case of Surat [J]. Economic and Political Weekly, 2006 (27).

[25] KALERVO OBERG. Cultural Shock： Adjustment to New Cultural Environments [J]. Practical Anthropology，1960 (4).

[26] KREMER L，HOFMAN J E. Teachers' professional identity and burnout [J]. Research in Education，1981 (34)：89–93.

[27] LUCIE DAVOINE，CHRISTINE EHREL. Monitoring Employment Quality in Europe：European Employment Strategy Indicators and Beyond [J]. International Labor Review，2008，Vol. 147 (2).

[28] MEURS D，PAILHE A，SIMON P. The persistence of intergenerational inequalities linked to immigration：Labour market outcomes for immigrants and their descendants in France [J]. population，2006 (61).

[29] MEYER JP，ALLEN NJ，SMITH CA. Commitment to organizations and occupations：extension and test of a three–component model [J]. Journal of Applied Psychology，1993.

[30] MIREILLE RAZAFINDRAKOTO，FRANCOIS ROUBAUD. Job Satisfaction：A Measurement of Employment Quality Compared with Aspirations in eight African Capitals" [J]. Development Institutions and Mondialisation，2011 (12).

[31] MORRISON E W. Longitudinal study of the effects of information seeking on new–comer socialization [J]. Journal of Applied Psychology,

1993, 78 (2) .

[32] NE MILLER J DOLLARD. Social Learning and Imitation [M] . New Haven Yale University Press, 1941.

[33] NEKBY L, RODIN M. Acculturation Identity and Employment Among Second and Middle Generation Immigrants [J] . Journal of Economic Psychology, 2010 (1) : 35-50.

[34] NICK DRYDAKIS. The effect of ethnic identity on the employment of immigrants [J] . Review of Economics of the Household, 2013, 11 (2) .

[35] PARK R, E BURGESS. Introduction to the Science of Sociology [M] . Chicago: Univerityof Chicago Press, 1924.

[36] REDFIELD R, LINTON R, HEISKOVITS M J. Memorandum for the Study of Acculturation [J] . American Anthropologist, 1936, Vol. 38, No. 1.

[37] ROOPALI JOHRI. Work Values and the Quality of Employment: A Literature Review [J] . Department of Labor, 2005.

[38] SAVICKAS ML, PORFELI EJ. Career Adapt Abilities Scale, Construction, reliability, and measurement equivalence across 13 countries [J] . Journal of Vocational Behavior, 2012, 80 (3) : 661-673.

[39] SOLÉM, DIAZ-SERRANO L, RODRÍGUEZ M. Disparities in work, risk and health between immigrants and native-born Spaniards [J] . Social Science & Medicine, 2013, 76 (1) : 179-187.

[40] UNECE. Task Force on the Measurement of Quality of Employment, Measuring Quality of EmploymentCountry Pilot Reports [J]. United Nations Geneva, 2010.

[41] WEISS, ROBERT S. Learning from Strangers: The Art and Method of QualitativeInterview Studies [M]. New York: The Free Press, 1994.

专著类:

[1] T. H. 马歇尔，安东尼·吉登斯. 公民身份与社会阶层 [M]. 江苏: 江苏人民出版社，2008.

[2] 埃米尔·涂尔干. 社会分工论 [M]. 渠东，译. 北京: 生活·读书·新知三联书，2000.

[3] 奥格本. 社会变迁 [M]. 杭州: 浙江人民出版社，1989.

[4] 费孝通. 乡土中国 [M]. 上海: 上海三联书店，1995.

[5] 柯尔曼. 社会理论的基础 [M]. 北京: 社会科学文献出版社，1992.

[6] 赖德胜. 2011 中国劳动力市场报告——包容性增长背景下的就业质量 [M]. 北京: 北京师范大学出版社，2011.

[7] 明娟. 工作转换与农民工就业质量 [M]. 北京: 社会科学文献出版社，2018.

[8] 帕克，等. 城市社会学 [M]. 宋俊岭，等译. 北京: 华夏出版社，1987.

[9] 托马斯·库恩著. 科学革命的结构 [M]. 金吾伦，胡新，译. 北京

大学出版社，2004.

［10］吴明隆．结构方程模型——AMOS 的操作与应用（第 2 版）［M］．重庆：重庆大学出版社，2010.

［11］张海洋．中国的多元文化与中国人的认同［M］．北京：民族出版社，2006.

［12］郑欣．进城：传播学视野下的新生代农民工［M］．北京：社会科学文献出版社，2018.

中文期刊文献类：

［1］白凯，王晓娜．社会氛围对旅游劳工移民地方融入的影响研究——以丽江古城为例［J］．人文地理，2018，33（5）：133–142.

［2］边燕杰，李煜．中国城市家庭的社会网络资本［J］．清华社会学评论，2001（2）．

［3］边燕杰．找回强关系：中国的间接关系、网络桥梁和求职［A］．中国社会科学院社会学研究所．中国社会学（第一卷）［C］．上海：上海人民出版社，2002.

［4］蔡瑞林，张国平，谢嗣胜．青年农民工高质量就业的蕴意及其影响因素［J］．中国青年社会科学，2019，38（3）：111–119.

［5］曹科岩．新生代农民工就业质量分析及对策［J］．当代青年研究，2017（03）：59–64.

［6］曹兆文．国际劳工组织体面劳动衡量指标探要［J］．人口与经济，2011（6）：57–61.

［7］柴玉辉．高职毕业生工作适应性研究［D］．太原科技大学，2012.

[8] 陈成文，孙嘉悦．社会融入：一个概念的社会学意义［J］．湖南师范大学社会科学学报，2012，41（6）：66–71．

[9] 陈成文，周静雅．论高质量就业的评价指标体系［J］．山东社会科学，2014（7）：37–43．

[10] 陈坚．从沙利文的人际理论看青少年良好人际关系模式的建立［J］．云南电大学报，2008，10（4）：32–35．

[11] 陈旭峰，田志锋，钱民辉．社会融入状况对农民工组织化的影响研究［J］．中国人民大学学报，2011，25（01）：56–63．

[12] 程艳萍．制造业中农民工向高素质产业工人转化的路径探析［J］．科技与创新，2014（17）：123–124．

[13] 崔岩．流动人口心理层面的社会融入和身份认同问题研究［J］．社会学研究，2012，27（5）：141–160，244．

[14] 邓碧会，邓维，李兢．大学生职业适应性状况及相关对策的实证研究［J］．重庆大学学报（社会科学版），2008（4）：59–63．

[15] 邓睿，冉光和．健康自评和社会网络资本对农民工就业质量的影响［J］．城市问题，2018（02）：58–66．

[16] 邓睿，冉光和．子女随迁与农民工父母的就业质量——来自流动人口动态监测的经验证据［J］．浙江社会科学，2018（01）：66–75．

[17] 邓睿．身份的就业效应——“城市人”身份认同影响农民工就业质量的经验考察［J］．经济社会体制比较，2019（05）：91–104．

[18] 董显辉．职业文化的内涵解读［J］．职教通讯，2011（15）：5–9．

[19] 窦远．强化职业道德教育，塑造新型农民工人［J］．科技资讯，

2011（2）：247.

［20］杜晓静，李慧娟，王智红，等. 心理资本视角下“90后”大学生就业问题实证研究［J］. 高教探索，2014（3）：159-166.

［21］段成荣，靳永爱. 二代流动人口——对新生代流动人口的新划分与新界定［J］. 人口与经济，2017（2）：42-54.

［22］范成杰. 城市居民个人背景与职业适应性研究——以杭州市为例［J］. 社会，2006（1）：98-111，208.

［23］风笑天，王小璐. 城市青年的职业适应：独生子女与非独生子女的比较研究［J］. 江苏社会科学，2003（4）：18-23.

［24］冯建蓉. 从强关系到弱关系：农民工社会网络转变的社会学分析［J］. 西南农业大学学报（社会科学版），2011，9（12）：79-83.

［25］符平，唐有财，江立华. 农民工的职业分割与向上流动［J］. 中国人口科学，2012（6）：75-82，112.

［26］戈玲丽. 迁移、社会融入与流动人口生育意愿［D］. 南京大学，2018.

［27］宫敏燕. 文化视角下农民工市民化问题探析［J］. 继续教育研究，2017（7）：31-33.

［28］郭庆，余运江，黄祖宏. 流动人口社会融入感的空间差异及影响因素研究——基于ESDA的视角［J］. 人口与发展，2015，21（4）：52-59.

［29］郭庆. 从意愿到事实：农民工养老保险参保意愿和行为差异的影响因素研究［J］. 西北人口，2017，38（5）：58-64.

［30］郭庆. 农民工的社会信任与城市融合研究［D］. 上海：华东师范

大学，2013.

[31] 郭庆. 农民工体育贫困状况与精准扶贫策略研究——基于城市融入视角的实证分析 [J] . 武汉体育学院学报，2017，51（5）：21-27.

[32] 郭庆. 社会融合对农民工就业质量的影响研究 [J] . 调研世界，2017（7）：22-27.

[33] 郭星华，姜华. 农民工城市适应研究的几种理论视角 [J] . 探索与争鸣，2009（1）：61-65.

[34] 郭瑜. 需求与现实：农民工养老保险参与程度的影响因素分析——基于 7 城市数据的考察 [J] . 农业技术经济，2010（11）：37-45.

[35] 国福丽. 国外劳动领域的质量探讨：就业质量的相关范畴 [J] . 北京行政学院学报，2009（1）：86-91.

[36] 国家统计局. 2018 年农民工监测调查报告 [EB/OL] [2019-04-29] . http：//www. stats. gov. cn/tjsj/zxfb/201904/t20190429_1662268. html.

[37] 韩辉. 社区青年社工职业认同及影响因素的实证研究——基于北京市社区的调查 [J] . 中国青年社会科学，2018，37（3）：120-126.

[38] 郝晓宁，孙继艳，薄涛. 社会融合对流动人口心理健康影响的研究——基于 2014 年全国流动人口动态监测数据的检验 [J] . 人口与发展，2018，24（4）：14-23.

[39] 何美金，郑英隆. 农民工的形态演变：基于中国工业化进程长期性的研究 [J] . 学术研究，2007（11）：53-59.

[40] 胡斌红，杨俊青．农民工为何“偏爱”大城市？——基于城市规模与农民工就业质量的研究［J］．学习与实践，2019（6）：24-34.

[41] 胡仕勇，吴中宇，曹晓斌．国有企业青年职工职业适应性研究［J］．当代青年研究，2004（1）：9-15.

[42] 胡书芝．乡城移民家庭城市融入研究［D］．华中科技大学，2014.

[43] 胡书芝，陈成文．城市融入的区域比较与城市化道路选择——基于广州、长沙、柳州 900 户乡城移民家庭的模型分析［J］．经济地理，2014（6）：85-89.

[44] 黄斌欢．双重脱嵌与新生代农民工的阶级形成［J］．社会学研究，2014，29（2）：170-188，245.

[45] 江立华．城市性与农民工的城市适应［J］．社会科学研究，2003（5）：92-96.

[46] 金晓彤，崔宏静，李茉．新生代农民工教育型文化消费对务工收入的逆向作用机制分析［J］．农业技术经济，2014（9）：79-88.

[47] 金晓彤，韩成，聂盼盼．新生代农民工缘何进行地位消费？——基于城市认同视角的分析［J］．中国农村经济，2017（3）：18-30.

[48] 赖德胜，石丹淅．我国就业质量状况研究：基于问卷数据的分析［J］．中国经济问题，2013（5）：39-48.

[49] 冷向明，赵德兴．新生代农民工融入城镇：政策困境及其变革研究——基于公民身份的视角［J］．社会主义研究，2013（2）：98-102.

[50] 冷向明，赵德兴. 中国农民工市民化的阶段特性与政策转型研究 [J]. 政治学研究，2013（1）：17–25.

[51] 李凤兰，李飞. 城市化进程中失地农民职业适应的社会学分析 [J]. 改革与战略，2009，25（1）：34–36.

[52] 李军峰. 就业质量的性别比较分析 [J]. 市场与人口分析，2003（6）：1–7.

[53] 李培林，田丰. 中国农民工社会融入的代际比较 [J]. 社会，2012，32（5）：1–24.

[54] 李强，李凌. 农民工的现代性与城市适应——文化适应的视角 [J]. 南开学报（哲学社会科学版），2014（3）：129–139.

[55] 李荣彬，张丽艳. 流动人口身份认同的现状及影响因素研究——基于我国 106 个城市的调查数据 [J]. 人口与经济，2012（4）：78–86.

[56] 李善乐. 大学生就业质量：基于个体问卷数据的分析 [J]. 人口与发展，2017，23（2）：30–39，60.

[57] 李笑樱，闫寒冰. 教师职业认同感的模型建构及量表编制 [J]. 教师教育研究，2018，30（2）：72–81.

[58] 李长江，肖昌苏. 新生代农民工忠诚度现状及提升对策研究——基于浙江中小民营企业的调查 [J]. 安徽行政学院学报，2014，5（6）：89–94.

[59] 李振刚. 社会融合视角下的新生代农民工居留意愿研究 [J]. 社会发展研究，2014（3）：100–117，241.

[60] 李振刚. 新生代农民工文化资本对社会融合影响的实证研究 [J].

社会发展研究，2017，4（4）：85-104，239.

［61］李中建，袁璐璐. 务工距离对农民工就业质量的影响分析［J］. 中国农村经济，2017（6）：70-83 .

［62］梁海艳. 中国流动人口就业质量及其影响因素研究——基于 2016 年全国流动人口动态监测调查数据的分析［J］. 人口与发展，2019，25（4）：44-52.

［63］林竹. 新生代农民工就业质量测量与分析［J］. 贵州社会科学，2013（1）：85-89.

［64］林李月，朱宇，柯文前，等. 基本公共服务对不同规模城市流动人口居留意愿的影响效应［J］. 地理学报，2019，74（4）：737-752.

［65］刘传江，徐建玲. 第二代农民工及其市民化研究［J］. 中国人口. 资源与环境，2007（1）：6-10.

［66］刘奉越，庞学光. 基于社会流动的新生代农民工转化学习［J］. 现代远距离教育，2013（3）：45-48.

［67］刘辉，陈梦筱. 农民工双重身份认同对工作投入的影响研究——组织支持感的中介作用［J］. 当代经济管理，2016，38（5）：68-73.

［68］刘辉武. 文化资本与农民工的城市融入［J］. 农村经济，2007（1）：122-125.

［69］刘建洲. 无产阶级化历程：理论解释、历史经验及其启示［J］. 社会，2012，32（2）：51-83.

［70］刘素华. 就业质量：内涵及其与就业数量的关系［J］. 内蒙古社会

科学（汉文版），2005（5）：125–128.
[71] 刘莹莹，梁栩凌，张一名. 新生代农民工人力资本对其就业质量的影响［J］. 调研世界，2018（12）：30–35.
[72] 刘玉屏. 农民工语言再社会化实证研究［J］. 语言文字应用，2010（2）：63–71.
[73] 卢海阳，梁海兵. “城市人”身份认同对农民工劳动供给的影响——基于身份经济学视角［J］. 南京农业大学学报（社会科学版），2016，16（3）：66–76，158.
[74] 卢海阳，杨龙，李宝值. 就业质量、社会认知与农民工幸福感［J］. 中国农村观察，2017（3）：57–71.
[75] 卢海阳，郑逸芳，钱文荣. 农民工融入城市行为分析——基于 1632 个农民工的调查数据［J］. 农业技术经济，2016（1）：26–36.
[76] 陆益龙. 户口还起作用吗——户籍制度与社会分层和流动［J］. 中国社会科学，2008（1）：149–162，207–208.
[77] 罗明忠，卢颖霞. 农民工的职业认同对其城市融入影响的实证分析［J］. 中国农村观察，2013（05）：10–23，95.
[78] 罗明忠，卢颖霞. 农民工职业认同：构念与实证——基于广东南海部分农民工的调查与分析［J］. 华东经济管理，2013，27（8）：87–91.
[79] 罗明忠，卢颖霞. 影响农民工职业认同的个性特征因素分析——基于佛山市南海区部分农民工的问卷调查［J］. 农业经济与管理，2014（2）：72–79.
[80] 罗竖元. 社会网络、身份认同与新生代农民工的心理危机［J］. 华

南农业大学学报（社会科学版），2018，17（4）：95-105.
[81] 罗霞，王春光. 新生代农村流动人口的外出动因与行动选择［J］. 浙江社会科学，2003（1）：111-115.
[82] 吕炜，杨沫. 迁移时间有助于农民工融入城市吗？——基于职业流动和工资同化的动态研究［J］. 财经问题研究，2016（10）：101-109.
[83] 马继迁. 农民工就业质量的省际差异：江苏与浙江的比较［J］. 华东经济管理，2013（12）：135-139.
[84] 马艳，杨培祥，邬璟璟，等. 中国农民工的阶级属性与社会身份——基于马克思主义政治经济学的审视［J］. 财经研究，2018，44（7）：73-85.
[85] 毛尚华，方小斌. 论农民工职业精神的培养［J］. 文史博览，2006（20）：54-56.
[86] 明娟，王明亮. 工作转换能否提升农民工就业质量［J］. 中国软科学，2015（12）：49-62.
[87] 明娟. 工作转换对农民工就业质量影响的实证分析——基于工作原因、行业、城市转换维度［J］. 湖南农业大学学报（社会科学版），2018，19（1）：38-45.
[88] 明娟. 农民工就业质量状况及变动趋势［J］. 城市问题，2016（3）：83-91.
[89] 聂伟，风笑天. 就业质量、社会交往与农民工入户意愿——基于珠三角和长三角的农民工调查［J］. 农业经济问题，2016（6）：34-42.

[90] 聂伟，风笑天. 农民工的城市融入与精神健康——基于珠三角外来农民工的实证调查［J］. 南京农业大学学报（社会科学版），2013，13（05）：32–40.

[91] 宁光杰. 中国大城市的工资高吗？——来自农村外出劳动力的收入证据［J］. 经济学（季刊），2014，13（3）：1021–1046.

[92] 宁光杰，段乐乐. 流动人口的创业选择与收入——户籍的作用及改革启示［J］. 经济学（季刊），2017，16（2）：771–792.

[93] 潘杨. 高校教师职业认同、组织认同与创新行为研究［D］. 西南财经大学，2014.

[94] 庞子渊. 农民工就业质量及其社会与法律因素探析——基于珠三角的实证分析［J］. 社会科学研究，2013（6）：100–105.

[95] 彭国胜，陈成文. 社会制度与青年农民工的就业质量——基于湖南长沙市的实证调查［J］. 四川行政学院学报，2009（3）：91–94.

[96] 彭国胜. 人力资本与青年农民工的就业质量——基于长沙市的实证调查［J］. 湖北社会科学，2009（10）：102–105.

[97] 彭远春. 时空情境变换与农民工身份认同［J］. 信阳师范学院学报（哲学社会科学版），2008（2）：48–51，55.

[98] 钱芳，陈东有，周小刚. 农民工就业质量测算指标体系的构建［J］. 江西社会科学，2013（9）：189–192.

[99] 钱士茹，徐自强，赵斌斌. 新生代员工心理契约和离职倾向的关系研究［J］. 当代青年研究，2015（2）：81–87.

[100] 钱泽森，朱嘉晔. 农民工的城市融入：现状、变化趋势与影响因

素——基于 2011—2015 年 29 省农民工家庭调查数据的研究［J］. 农业经济问题，2018（6）：74-86.

［101］邱吉. 培育职业精神的哲学思考——从职业规范的视角看职业伦理［J］. 中国人民大学学报，2012，26（2）：75-82.

［102］任远，乔楠. 城市流动人口社会融合的过程、测量及影响因素［J］. 人口研究，2010，34（2）：11-20.

［103］任远，邬民乐. 城市流动人口的社会融合：文献述评［J］. 人口研究，2006（3）：87-94.

［104］沈蓓绯，纪玲妹，孙苏贵. 新生代农民工城市文化融入现状及路径研究［J］. 学术论坛，2012，35（6）：73-79.

［105］沈诗杰. 东北地区新生代农民工"就业质量"影响因素探析——以"人力资本"和"社会资本"为中心［J］. 江海学刊，2018（2）：229-237.

［106］沈诗杰. 心理资本调节下新生代农民工就业质量影响因素研究——基于吉林省调查数据的分析［J］. 学习与探索，2018（6）：42-51.

［107］石丹淅，赖德胜，李宏兵. 新生代农民工就业质量及其影响因素研究［J］. 经济经纬，2014（3）：31-36 .

［108］石红梅，丁煜. 人力资本、社会资本与高校毕业生就业质量［J］. 人口与经济，2017（3）：90-97.

［109］石莹，黄镇国. 我国劳动力市场中的性别歧视和户籍歧视［J］. 东岳论丛，2011，32（10）：134-138.

［110］石智雷. 迁移劳动力的能力发展与融入城市的多维分析［J］. 中

国人口·资源与环境，2013，23（01）：89–96.

［111］石智雷，朱明宝．农民工社会保护与市民化研究［J］．农业经济问题，2017，38（11）：77–89，111–112.

［112］史艺农，滕勇．西方发达国家职业资格证书制度探析［J］．教育与职业，2007（20）：59–61.

［113］宋宝安，刘赛特．我国农民工就业权利贫困与赋权反贫困策略研究——基于权利贫困理论［J］．山东社会科学，2017（7）：103–107.

［114］苏丽锋，陈建伟．我国新时期个人就业质量影响因素研究——基于调查数据的实证分析［J］．人口与经济，2015（04）：107–118.

［115］孙涛，赵岩，翟磊．社会融入视角下的城市流动人口服务管理研究——基于三亚市的实证调查［J］．公共管理学报，2014，11（4）：105–115，143.

［116］孙友然，焦永纪，张新岭，等．我国新生代农民工职业生涯规划研究［J］．职业时空，2012，8（11）：76–78，81.

［117］谭明，方翰青．我国职业适应性研究综述［J］．中国职业技术教育，2012（18）：34–39.

［118］谭明，方翰青．新生代农民工职业心理困境与成人心理教育对策研究［J］．职教论坛，2012（4）：47–51.

［119］唐骏，唐博．论职业文化的构建［J］．企业家天地，2009（10）：70–72.

［120］唐兴军，王可园．新生代农民工的身份认同困境探析——基于信

任的视角［J］. 华中农业大学学报（社会科学版），2014（5）：104-110.

［121］唐雪梅. 硕士研究生职业适应性研究［D］. 西南交通大学，2010.

［122］唐玉. 大学毕业生工作适应现状及其影响因素研究［D］. 苏州大学，2012.

［123］田凯. 关于农民工的城市适应性的调查分析与思考［J］. 社会科学研究，1995（5）：90-95.

［124］田永坡，满子会. 就业质量内涵及测量：基于国际对比的研究［J］. 第一资源，2013（4）：127-141.

［125］童宗斌. 职业生涯与工作适应：新生代农民工的城市实践［J］. 中国青年研究，2011（1）：10-14，41.

［126］汪华，孙中伟. 乡土性、现代性与群体互动：农民工老乡认同及其影响因素［J］. 山东社会科学，2015（2）：21-27.

［127］汪昕宇，陈雄鹰，邹建刚. 超大城市新生代农民工就业满意度评价及其比较分析——以北京市为例［J］. 人口与经济，2016（5）：84-95.

［128］王春光. 新生代农村流动人口的社会认同与城乡融合的关系［J］. 社会学研究，2001（3）：63-76.

［129］王桂新，罗恩立. 上海市外来农民工社会融合现状调查研究［J］. 华东理工大学学报（社会科学版），2007（3）：97-104.

［130］王桂新，王利民. 城市外来人口社会融合研究综述［J］. 上海行政学院学报，2008（6）：99-104.

［131］王茂福. 农民工职业适应水平实证分析［J］. 城市问题，2010（8）：

70–74.

[132] 王朋岗. 社会融合视角下新疆跨省流动人口长期居留意愿研究——新疆、北京和广东的比较研究［J］. 人口与发展，2015，21（2）：66–71.

[133] 王文兵，王维国. 论中国现代职业文化建设［J］. 中共长春市委党校学报，2004（4）：71–73.

[134] 王小章. 从“生存”到“承认”：公民权视野下的农民工问题［J］. 社会学研究，2009，24（1）：121–138，244–245.

[135] 王晓刚，陈浩. 失地农民就业质量的影响因素分析——以武汉市江夏区龚家铺村为例［J］. 城市问题，2014（1）：63–70，76.

[136] 王一帆，刘追，刘泽双. 基于三阶段灰色聚类的流动人口经济融入水平评价研究［J］. 人口与经济，2019（4）：1–18.

[137] 王益富，王丽丽，张建人，等. 员工职业适应能力量表的编制及初步应用［J］. 中国临床心理学杂志，2016，24（6）：1021–1028.

[138] 王益富. 企业员工职业适应能力：测量及影响机制［D］. 西南大学，2014.

[139] 王莹. 身份认同与身份建构研究评析［J］. 河南师范大学学报（哲学社会科学版），2008（1）：50–53.

[140] 魏淑华. 教师职业认同研究［D］. 西南大学，2008.

[141] 魏下海，陈思宇，黎嘉辉. 方言技能与流动人口的创业选择［J］. 中国人口科学，2016（6）：31–36 .

[142] 沃野. 典范的危机——徽州古村落生态文化的现代缺陷［J］. 学

术研究，2007（3）：53.

［143］吴玉峰．中学青年教师的职业适应水平及其影响因素研究［D］．武汉：华中科技大学，2006.

［144］肖小勇，黄静，郭慧颖．教育能够提高农民工就业质量吗？——基于CHIP外来务工住户调查数据的实证分析［J］．华中农业大学学报（社会科学版），2019（2）：135-143，169.

［145］谢勇．基于就业主体视角的农民工就业质量的影响因素研究——以南京市为例［J］．财贸研究，2009，20（5）：34-38.

［146］谢勇．基于人力资本和社会资本视角的农民工就业境况研究——以南京市为例［J］．中国农村观察，2009（5）：49-55.

［147］徐道稳．生存境遇、心理压力与生活满意度——来自深圳富士康员工的调查［J］．中国人口科学，2010（4）：104-110，112.

［148］徐美银．人力资本、社会资本与农民工市民化意愿［J］．华南农业大学学报（社会科学版），2018，17（4）：53-63.

［149］徐晓鹏．青年农民工就业质量的影响因素研究——基于河南郑州586份问卷数据［J］．调研世界，2016（11）：13-18.

［150］徐延辉，王高哲．就业质量对社会融合的影响研究——基于深圳市的实证研究［J］．学习与实践，2014（2）：101-111.

［151］许传新．学校适应情况：流动儿童与留守儿童的比较分析［J］．中国农村观察，2010（1）：76-86，96.

［152］杨聪敏．新生代农民工的“六个融合”与市民化发展［J］．浙江社会科学，2014（2）：71-77.

［153］杨河清，李佳．大学毕业生就业质量评价指标体系的建立与应

用［J］. 中国人才，2007（15）：28-29.
［154］杨菊华，贺丹. 分异与融通：欧美移民社会融合理论及对中国的启示［J］. 江苏行政学院学报，2017（5）：72-80.
［155］杨菊华. 城乡差分与内外之别：流动人口经济融入水平研究［J］. 江苏社会科学，2010（3）：99-107.
［156］杨菊华. 城乡分割、经济发展与乡－城流动人口的收入融入研究［J］. 人口学刊，2011（5）：3-15.
［157］杨菊华. 从隔离、选择融入到融合：流动人口社会融入问题的理论思考［J］. 人口研究，2009，33（1）：17-29.
［158］杨菊华. 流动人口在流入地社会融入的指标体系——基于社会融入理论的进一步研究［J］. 人口与经济，2010（2）：64-70.
［159］杨菊华. 中国流动人口的社会融入研究［J］. 中国社会科学，2015（2）：61-79，203-204.
［160］杨宜音. 新生代农民工过渡性身份认同及其特征分析［J］. 云南师范大学学报（哲学社会科学版），2013，45（5）：76-85.
［161］杨益成. 大学生就业质量研究综述［J］. 当代经济，2014（11）：94-96.
［162］尹海洁，王翌佳. 东北地区城市工作贫困群体就业质量研究——来自哈尔滨、长春和沈阳市的调查［J］. 中国人口科学，2015（3）：116-125.
［163］余运江，高向东，郭庆. 新生代乡－城流动人口社会融合研究——基于上海的调查分析［J］. 人口与经济，2012（1）：57-64.
［164］俞玲. 人力资本、歧视与农民工收入——基于浙江省问卷调查数

据的实证研究［J］．特区经济，2012（4）：68-70.

［165］悦中山，李树茁，费尔德曼．农民工社会融合的概念建构与实证分析［J］．当代经济科学，2012，34（1）：1-11，124.

［166］张海波，童星．被动城市化群体城市适应性与现代性获得中的自我认同——基于南京市561位失地农民的实证研究［J］．社会学研究，2006（2）：86-106，244.

［167］张静．新生代农民工就业适应性及应对措施——对北京市新生代农民工的问卷调研［J］．现代经济探讨，2016（6）：60-64.

［168］张凯．就业质量的概念内涵及其理论基础［J］．社会发展研究，2015，2（1）：86-108，244.

［169］张抗私，李善乐．我国就业质量评价研究——基于2000-2012年辽宁宏观数据的分析［J］．人口与经济，2015（6）：62-72.

［170］张抗私，朱晨．大学毕业生就业质量的影响因素［J］．人口与经济，2017（1）：75-84.

［171］张庆武，廉思，冯丹．新生代农民工经济融入状况研究——以北京为例［J］．学习与实践，2015（12）：103-112.

［172］张庆武．青年流动人口社会融入测量与实证研究［D］．北京交通大学，2017.

［173］张文宏，雷开春．城市新移民社会融合的结构、现状与影响因素分析［J］．社会学研究，2008（5）：117-141，244-245.

［174］张文武，欧习，徐嘉婕．城市规模、社会保障与农业转移人口市民化意愿［J］．农业经济问题，2018（9）：128-140.

［175］张昱，杨彩云．社会资本对新生代农民工就业质量的影响分析——

基于上海市的调查数据［J］．华东理工大学学报（社会科学版），2011，26（5）：9–20.

［176］赵静．职业认同视角下高职辅导员职业能力提升路径研究［J］．哈尔滨职业技术学院学报，2018（1）：34–36.

［177］赵亮，张世伟．人力资本对农民工就业、收入和社会保险参与的影响［J］．重庆大学学报（社会科学版），2011，17（05）：48–52.

［178］赵蒙成，李丹阳．新生代农民工就业质量的调查研究——苏州市新生代农民工的案例研究［J］．中国职业技术教育，2016（11）：41–46.

［179］赵蒙成．社会资本对新生代农民工就业质量影响的调查研究——SZ 市新生代农民工的案例研究［J］．人口与发展，2016，22（2）：48–55.

［180］赵蔚蔚，刘立坤．新生代农民工就业质量影响因素的统计分析［J］．统计与决策，2013（23）：87–90.

［181］赵晓歌，薛君．青年农民工职业适应性的影响因素探析［J］．青少年研究（山东省团校学报），2010（2）：47–49.

［182］赵晓歌，张敏．青年农民工职业适应性的实证研究［J］．学理论，2010（11）：27–28.

［183］郑梓桢．新生代农民工处城乡双重边缘化［N］．南方日报，2010–02–17（A05）.

［184］周密，罗婷婷，赵晓琳，等．城市规模与农民工工资溢价效应——基于教育 – 工作匹配视角［J］．农业技术经济，2018（8）：

35–43.

[185] 周丽萍. 中国人口城市化质量研究 [D]. 浙江大学，2011.

[186] 周世军，刘丽萍，卞家涛. 职业培训增加农民工收入了吗？——来自皖籍农民工访谈调查证据 [J]. 教育与经济，2016（1）：20–26.

[187] 朱蓓倩. 上海外籍人口城市融入研究 [D]. 华东师范大学，2016.

[188] 朱红根，解春艳. 农民工返乡创业企业绩效的影响因素分析 [J]. 中国农村经济，2012（4）：36–46.

[189] 朱虹. 打工妹的城市社会化——一项关于农民工城市适应的经验研究 [J]. 南京大学学报（哲学，人文科学，社会科学），2004（6）：51–57.

[190] 朱力. 论农民工阶层的城市适应 [J]. 江海学刊，2002（6）：82–88，206.

[191] 朱明宝，杨云彦. 城市规模与农民工的城市融入——基于全国 248 个地级及以上城市的经验研究 [J]. 经济学动态，2016（4）：48–58.

[192] 朱明宝，杨云彦. 近年来农民工的就业结构及其变化趋势 [J]. 人口研究，2017，41（5）：89–100.

[193] 祝影. 中国城乡经济发展差异的文化探析 [J]. 探索，2003（3）：115–117.

附录 1：调查问卷

调查员：________________　　问卷编号：________________

调查地点：______市______区______街道 / 乡镇

调查时间：______年______月______日______时

新生代农民工就业质量与社会融入调查问卷

尊敬的青年朋友：

您好！我们正在进行一项关于新生代农民工就业质量与社会融入问题的调查研究。本次调查的目的是为了全面深入了解新生代农民工的就业情况和社会融入状况，以帮助新生代农民工群体解决一些实际问题。您的回答没有对错之分，也无须填写自己的姓名，只要您把真实情况和想法告诉我们即可。调查结果仅供研究，我们将严格遵守《统计法》相关规定，绝不会泄露您的任何个人信息。

感谢您的配合与支持！

《新生代农民工就业质量研究》课题调研组

2016 年 6 月

填写说明

1. 请在每个适合自己情况的选项上打√，或者在______处填上适当的内容。

2. 无特殊说明，则默认为单项选择。

A. 基本情况

首先请您告诉我们有关您个人和流动的一些基本情况：

A1. 请问您的性别是：

（01）□男　　（02）□女

A2. 请问您的年龄是____周岁（请把具体数字填在横线上）

A3. 请问您的受教育程度是：

（01）□ 小学及以下　（02）□ 初中　　（03）□ 普通高中

（04）□ 中专 / 技校　（05）□ 大学专科　（06）□ 大学本科

（07）□ 研究生及以上　（08）□ 其他（请注明）______

A4. 请问您的婚姻状况是：

（01）□未婚　（02）□已婚　（03）□离异

（04）□丧偶　（05）□其他（请注明）______

A5. 请问您的政治面貌是：

（01）□中共党员（含预备党员）　（02）□共青团员

（03）□民主党派人士　（04）□无党派人士　（05）□群众

A6. 请问您的民族是：

（01）□汉族　　（02）□苗族　　（03）□白族

（04）□土家族　　（05）□其他（请注明）______

A7. 请问您第一次流动的时间是什么时候？______年______月

（指离开户籍地3个月及以上，以务工、经商、生活等为目的，不包括出差、探亲、旅游、看病等）

A8. 请问您曾经流动过多少个城市（包括当前城市）？______个

A9. 您户籍地老家是否还有田地可以耕种？

（01）□有（请注明：有______亩______分）

（02）□没有

（03）□不清楚

A10. 您是否享有新型农村养老保险？

（01）□有　（02）□没有　（03）□不清楚

A11. 您是否享有新型农村合作医疗？

（01）□有　（02）□没有　（03）□不清楚

A12. 您目前住在哪里？

（01）□ 单位或雇主提供的宿舍　（02）□ 自己买的商品房

（03）□ 自己搭建的简易棚屋　（04）□ 住老板（雇主）家

（05）□ 住亲戚朋友家　（06）□ 工棚

（07）□ 自己单独租的私人房子　（08）□ 政府提供的廉租房

（09）□ 自己买的经济适用房　（10）□ 合租的私人房子

A13. 在当前工作的城市中，您的手机保存了多少个联系人的电话号码？______人

A14. 平常下班后，您经常从事什么活动？（有几项选几项）

（01）□ 睡觉　（02）□ 逛街

（03）□ 看电视、听音乐、看电影

（04）□ 喝酒 （05）□ 打牌、打麻将 （06）□ 运动锻炼

（07）□ 唱歌跳舞（08）□ 看书或阅读报纸杂志（09）□ 上网

（10）□ 其他（请注明）

A15. 在这些电话联系人当中，从事下列工作的人数有多少？

职业类别	人数	职业类别	人数
农民		企业老板	
无业人员		学校老师	
建筑工人		医护人员	
商业服务员		律师	
个体工商户		政府办事员	
经理人员		政府领导	

B. 工作与就业情况

下面我们想了解您在城市的就业情况：

B1. 请问您现在在哪个行业工作？

（01）□农林牧渔业

（02）□金融 / 保险 / 房地产业

（03）□制造业

（04）□住宿和餐饮业

（05）□卫生、体育和社会福利业

（06）□建筑业

（07）□批发和零售业

（08）□教育、文化及广播电影电视业

（09）□居民服务、修理和其他服务业

（10）□交通运输与仓储通信业

（11）□其他（请注明）

B2. 请问您现在的主要职业是什么？

（01）□普通职员（如：流水线工人、保安、保姆、厨师、服务员、售货员、司机等）

（02）□雇主（如：私营业主、项目承包人等）

（03）□专业技术人员（如：有等级的技术工人等）

（04）□管理人员（如：车间主任、工段长、班组长、领班等）

（05）□自营劳动者（如：小商小贩）

（06）□其他（请写明）______

B3. 请问您现在就业的单位性质属于哪一类？

（01）□党政机关　（02）□事业单位　（03）□国有企业

（04）□外资或合资企业（05）□私营企业（06）□自雇（包括个体工商户）

（07）□其他（请注明）______

B4. 您现在就业的单位雇佣了多少人？

（01）□ 50 人以下　（02）□ 50 ~ 100 人　（03）□ 100 人以上

B5. 最近一年，您每个月的工资收入是多少？______元。

B6. 最近一年，您每个月的支出是多少？______元。

B7. 您每个月的工资能否按时足额领取？

（01）□从不能　（02）□较少能　（03）□一般

（04）□较常能　（05）□经常能

B8. 您每天工作几小时？______小时

B9. 您每周的加班情况是？

（01）□经常加班　（02）□较常加班

（03）□一般　（04）□较少加班　（05）□从不加班

B10. 您当前工作的环境卫生条件如何？

（01）□非常差　（02）□比较差

（03）□一般　（04）□比较好　（05）□非常好

B11. 您当前所从事工作的安全系数如何？

（01）□非常低　（02）□比较低

（03）□一般　（04）□比较高　（05）□非常高

B12. 在您的就业单位，您参加过职业培训吗？

（01）□从不参加　（02）□较少参加

（03）□一般　（04）□较常参加　（05）□经常参加

B13. 在您的工作中，您是否能获得公平的晋升机会？

（01）□从不能　（02）□较少能

（03）□一般　（04）□较常能　（05）□经常能

B14. 您目前的技能等级情况是？

（01）□无任何等级　（02）□初级工　（03）□中级工

（04）□高级工　（05）□技师　（06）□高级技师

B15. 您所在单位有没有为您购买以下社会保险？（请在对应选项上打“√”）

a. 养老保险	（01）□购买了	（02）□没有购买
b. 医疗保险	（01）□购买了	（02）□没有购买
c. 工伤保险	（01）□购买了	（02）□没有购买

B16. 您是否同意以下说法？（请在对应选项上打“√”）

问项	（01） 很不同意	（02） 不太同意	（03） 同意	（04） 比较同意	（05） 非常同意
a. 我能完成工作任务的要求					
b. 我会不断学习与职业相关的知识或技能					
c. 我对自己的工作职责非常了解					
d. 我能胜任技术含量高的工作岗位					
e. 我与上级 / 雇主之间能够保持融洽的相处关系					
f. 我与同事之间能够保持融洽的相处关系					
g. 我与客户的关系处理得不错					
h. 对于工作中的压力，我认为是暂时的和有办法解决的					
i. 我有信心实现我的职业发展目标					

B17. 您是否同意以下说法？（请在对应选项上打“√”）

问项	（01） 很不同意	（02） 不太同意	（03） 同意	（04） 比较同意	（05） 非常同意
a. 我能认真负责对待工作范围内的事情					
b. 我在工作中精益求精，经常思考如何把工作做得更好					
c. 我重视团队合作，愿意在工作中协作配合					
d. 我认可组织的规章制度（例如加班制度、请假制度等）					
e. 我按组织的要求言行自律					
f. 我的很多想法和组织的价值观念一致					

B18. 您是否同意以下说法？（请在对应选项上打“√”）

问项	（01）很不同意	（02）不太同意	（03）同意	（04）比较同意	（05）非常同意
a. 我常常想到自己是一位农民					
b. 我把自己看作是城市工人阶级的一员					
c. 我与城市工人阶级没有什么区别					
d. 我喜欢我现在的职业					
e. 我乐意告诉别人我现在的职业					
f. 我愿意以后长期从事现在的职业					

C. 社会融入情况

最后我们还想了解您在城市的社会融入情况：

C1. 您是否同意以下说法？（请在对应选项上打“√”）

问项	（01）很不同意	（02）不太同意	（03）同意	（04）比较同意	（05）非常同意
a. 遇到困难，所在社区会帮助我					
b. 当地政府出台了一些公共服务政策来帮助我们					
c. 当地户籍对我来说不重要					

C2. 您是否同意以下说法？（请在对应选项上打“√”）

问项	（01）很不同意	（02）不太同意	（03）同意	（04）比较同意	（05）非常同意
a. 我在城市的就业选择多					
b. 我的工作比较稳定					
c. 我在城市日常消费开支后仍有较多的收入结余					

C3. 您是否同意以下说法？（请在对应选项上打“√”）

问项	（01）很不同意	（02）不太同意	（03）同意	（04）比较同意	（05）非常同意
a. 我能听懂这个城市的方言					
b. 我在这个城市主要使用普通话或当地方言					
c. 我经常参加业余文化活动					
d. 我接纳城市的生活方式（如信用卡透支等）					

C4. 您是否同意以下说法？（请在对应选项上打“√”）

问项	（01）很不同意	（02）不太同意	（03）同意	（04）比较同意	（05）非常同意
a. 我有本地市民朋友					
b. 我在本地的社会交往范围广					
c. 我有加入当地的党团组织（工会、团委等）					
d. 我经常参与当地的社会活动（如社区活动、公益活动）					

C5. 您是否同意以下说法？（请在对应选项上打“√”）

问项	（01）很不同意	（02）不太同意	（03）同意	（04）比较同意	（05）非常同意
a. 我是一个城市人					
b. 我想在这个城市里生活					
c. 我想在这个城市成家立业					

（问卷到此结束，谢谢您的参与，祝您身体健康！工作顺利！万事如意！）

附录 2：访谈提纲

一、新生代农民工个人基本情况

年龄、出生地、现居住地、婚姻状况、文化程度、职业、工作单位、打工经历、家庭状况等。

二、新生代农民工就业状况

1. 工资和福利待遇方面：您现在从事什么工作？做这份工作多久了？每天工作多长时间？工资有多少？有没有社保？工作环境的安全系数、卫生指数如何？您有没有培训的机会？如果有，主要是培训什么内容？有没有提拔晋升的机会？工作累不累？

2. 职业行为适应方面：您工作的内容是什么？总体来讲，您觉得您还适应您的工作吗？能够应付繁重的工作任务吗？您怎么看待您在工作中的人际关系？您与领导、同事以及客户的关系处理的如何？您工作的压力大不大？如果有，您是如何化解工作压力的？您对在城市的职业发展有没有信心？

3. 职业文化接纳方面：您会认真负责对待您的工作和工作单位吗？您知道工匠精神吗？您在工作中会与同事团结协作吗？您单位的工作纪律严不严？您是否认可单位的管理规章制度？您是否会按单位的要求自觉自律？您觉得自己在职场文化方面像不像一个城里的职工？

4. 职业身份认同方面：在农民工、农民、城市产业工人等不同的叫法中，您觉得您属于哪一类群体？您喜欢您现在的职业吗（具体讲讲喜欢或不喜欢的原因）？您未来的就业是如何打算的？是否愿意以后一直从事现在的职业？为什么？

三、新生代农民工社会融入情况

1. 根据您的经历和感受，谈谈您在同工同酬、子女入学、社会保险权益享受等方面是否能够享受到与当地人一样的待遇？这些市民待遇对你在城市的职业发展有什么影响？

2. 根据您的经历和感受，谈谈您从打工开始到现在，您在日常消费、穿衣打扮、生活休闲问题等方面都发生了什么变化？您觉得这些变化对您找工作和职业发展有没有帮助？体现在哪些方面？

3. 根据您的经历和感受，谈谈您从最初进城到现在人际交往对象有没有发生变化？您是如何在新的环境中重新建立自己的社会交往和社会支持网络的？这些人际交往网络对您的职业发展有没有帮助？体现在哪些方面？

4. 根据您的经历和感受，谈谈您对打工地的认识和情感发生了怎样的变化？您觉得您喜欢现在所居住的城市吗，愿意留在这个城市一直发展下去吗？

（注：本访谈提纲只是作为一种主题和线索穿插在访谈过程中，并不是完全按照此提纲来完成访谈内容，也有可能补充其他问题。）

附录 3：访谈对象

个案编号	性别、年龄、职业等基本情况
个案 1 小胡	女，27 岁，湖南人，食品厂普工
个案 2 小郭	男，35 岁，江西人，搬运货物
个案 3 小阳	女，29 岁，在上海一家服装厂从事流水操作工作
个案 4 小陈	男，34 岁，负责安装和维修油烟机、热水器等设备
个案 5 小贺	男，27 岁，公司老板
个案 6 小蔡	男，29 岁，创业青年
个案 7 小张	男，28 岁，房地产销售顾问
个案 8 小成	男，30 岁，货车司机
个案 9 小吴	男，27 岁，安徽人，在长沙务工
个案 10 小赵	男，22 岁，广告公司行政人员
个案 11 小玲	女，32 岁，内衣厂员工
个案 12 小李	男，25 岁，在钢丝厂上班
个案 13 小龙	女，25 岁，汽车销售服务人员
个案 14 小杰	男，22 岁，理发店洗头师
个案 15 小黎	男，26 岁，湖南益阳的士司机
个案 16 小文	男，23 岁，滴滴司机
个案 17 小美	女，23 岁，超市营业员
个案 18 小胡	男，25 岁，建筑工人
个案 19 小彭	男，29 岁，电商科技企业老板
个案 20 小肖	女，26 岁，家具销售人员
个案 21 小孙	女，30 岁，8 年时间里换过 5 份工作
个案 22 小翟	男，21 岁，企业职员
个案 23 小曹	男，35 岁，建筑工人
个案 24 小宋	男，26 岁，有多次务工经历，正在找工作
个案 25 小艾	男，27 岁，机电厂工人
个案 26 小陈	女，24 岁，装修公司销售人员
个案 27 小丁	男，29 岁，机电厂工人
个案 28 小韩	女，34 岁，咨询公司上班

续表

个案编号	性别、年龄、职业等基本情况
个案 29 涛涛	男，25 岁，公司职员
个案 30 丽丽	女，29 岁，检验员
个案 31 小林	女，34 岁，面馆个体户
个案 32 小于	男，30 岁，快递员
个案 33 小崔	男，32 岁，酒店经理
个案 34 小何	男，33 岁，建筑公司技术人员